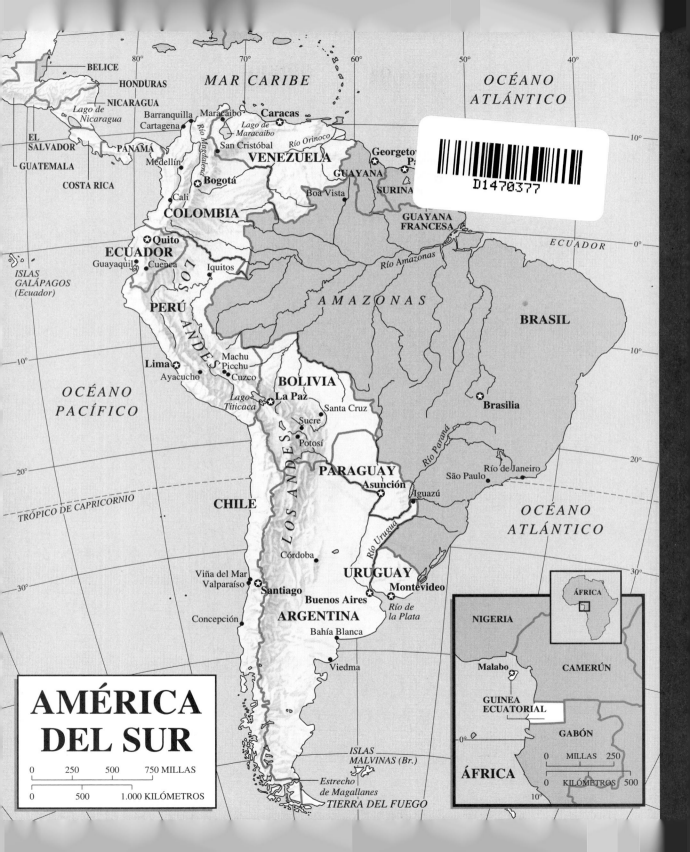

AMÉRICA DEL SUR

MAR CARIBE

OCÉANO ATLÁNTICO

BELICE
HONDURAS
NICARAGUA
Lago de Nicaragua
Barranquilla
Maracaibo
Caracas
EL SALVADOR
PANAMÁ
San Cristóbal
Lago de Maracaibo
Río Orinoco
GUATEMALA
COSTA RICA
Medellín
Cartagena
Río Magdalena
Bogotá
Georgeto
Cali
VENEZUELA
GUAYANA
Boa Vista
SURINA
COLOMBIA
GUAYANA FRANCESA
ECUADOR
Quito
Guayaquil
Cuenca
Iquitos
Río Amazonas
ISLAS GALÁPAGOS (Ecuador)
PERÚ
AMAZONAS
BRASIL
Lima
Machu Picchu
Ayacucho
Cuzco
LOS ANDES
OCÉANO PACÍFICO
Lago Titicaca
BOLIVIA
La Paz
Santa Cruz
Brasilia
Sucre
Potosí
Río Paraná
TRÓPICO DE CAPRICORNIO
PARAGUAY
Asunción
São Paulo
Río de Janeiro
CHILE
Iguazú
OCÉANO ATLÁNTICO
Córdoba
Río Uruguay
LOS ANDES
URUGUAY
Viña del Mar
Valparaíso
Santiago
Buenos Aires
Montevideo
Río de la Plata
Concepción
ARGENTINA
Bahía Blanca
Viedma
ISLAS MALVINAS (Br.)
Estrecho de Magallanes
TIERRA DEL FUEGO

0	250	500	750 MILLAS

0	500	1.000 KILÓMETROS

ÁFRICA

NIGERIA
CAMERÚN
Malabo
GUINEA ECUATORIAL
GABÓN
ÁFRICA

0	MILLAS	250

0	KILÓMETROS	500

ECUADOR

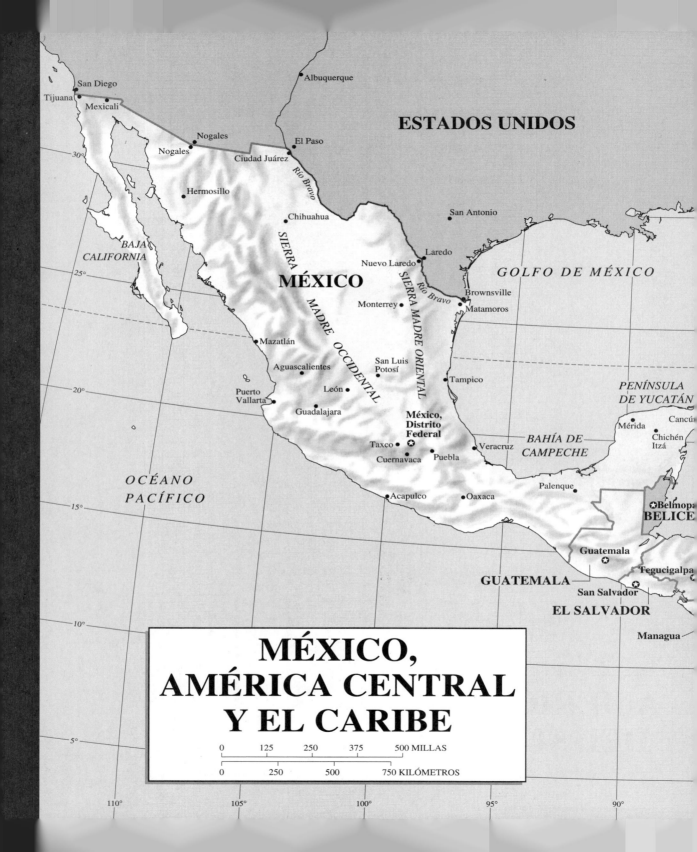

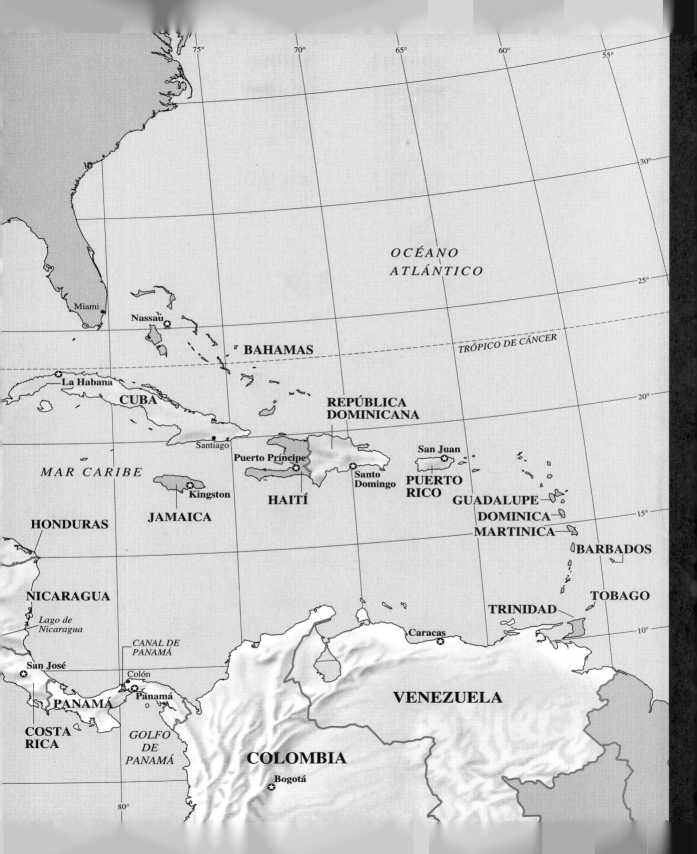

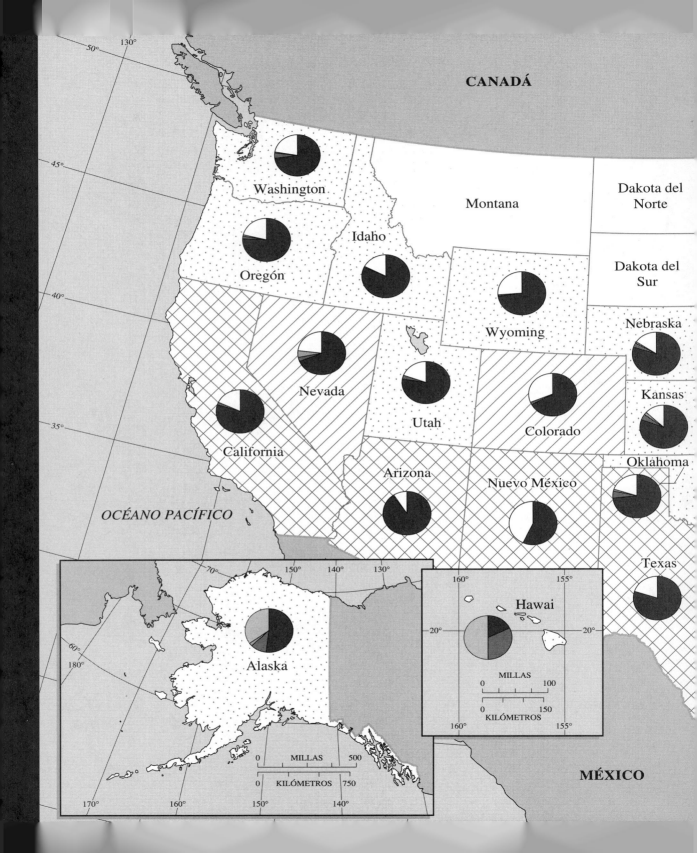

CANADÁ

Washington

Montana

Dakota del Norte

Dakota del Sur

Oregón

Idaho

Wyoming

Nebraska

Nevada

Utah

Colorado

Kansas

California

Arizona

Nuevo México

Oklahoma

OCÉANO PACÍFICO

Texas

Alaska

0   MILLAS   500
0   KILÓMETROS   750

Hawai

20°

MILLAS
0   100

KILÓMETROS
0   150

MÉXICO

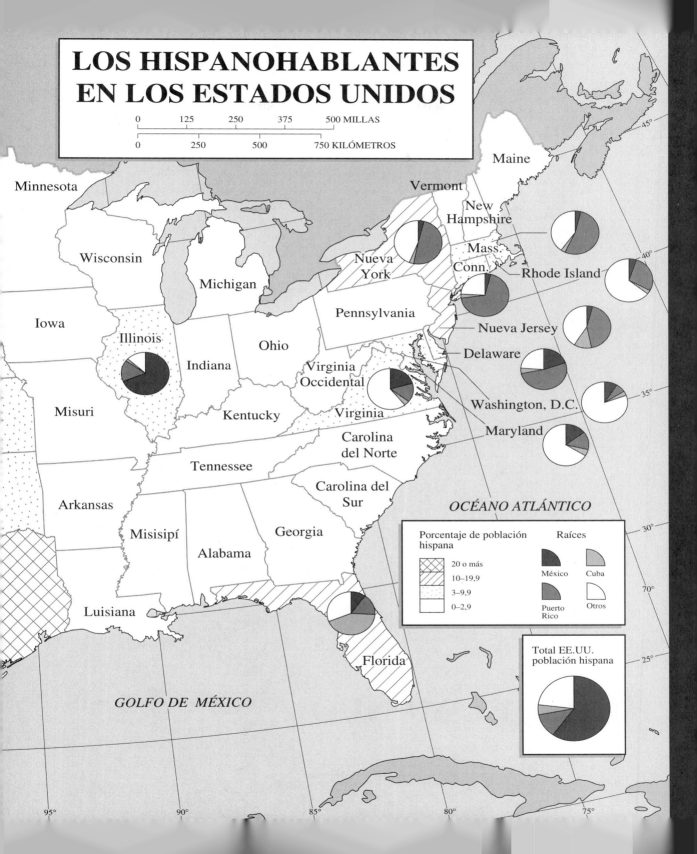

LOS HISPANOHABLANTES EN LOS ESTADOS UNIDOS

| 0 | 125 | 250 | 375 | 500 MILLAS |

| 0 | 250 | 500 | 750 KILÓMETROS |

Minnesota

Maine

Vermont

New Hampshire

Mass.

Conn.

Rhode Island

Nueva York

Wisconsin

Michigan

Pennsylvania

Nueva Jersey

Iowa

Illinois

Indiana

Ohio

Delaware

Misuri

Kentucky

Virginia Occidental

Virginia

Washington, D.C.

Maryland

Tennessee

Carolina del Norte

Arkansas

Carolina del Sur

OCÉANO ATLÁNTICO

Misisipí

Georgia

Alabama

Porcentaje de población hispana

Raíces

- 20 o más
- 10–19,9
- 3–9,9
- 0–2,9

México   Cuba

Puerto Rico   Otros

Luisiana

Florida

Total EE.UU. población hispana

GOLFO DE MÉXICO

95°   90°   85°   80°   75°

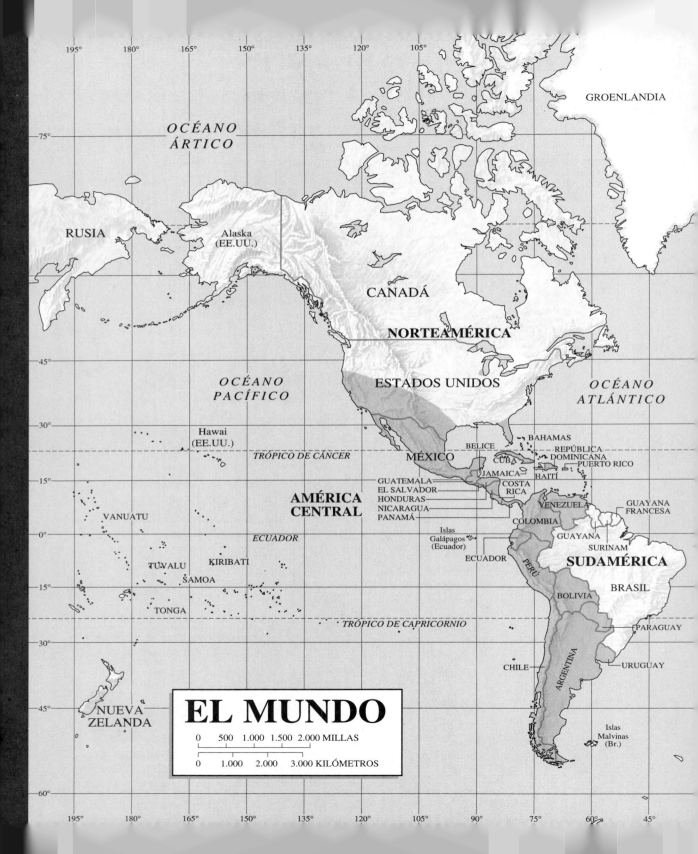

EL MUNDO

OCÉANO ÁRTICO

GROENLANDIA

RUSIA

Alaska
(EE.UU.)

CANADÁ

NORTEAMÉRICA

OCÉANO
PACÍFICO

ESTADOS UNIDOS

OCÉANO
ATLÁNTICO

Hawai
(EE.UU.)

TRÓPICO DE CÁNCER

MÉXICO

BAHAMAS

BELICE

REPÚBLICA
DOMINICANA
PUERTO RICO

CUBA

JAMAICA

HAITÍ

VANUATU

GUATEMALA
EL SALVADOR
HONDURAS
NICARAGUA
PANAMÁ

AMÉRICA
CENTRAL

COSTA
RICA

VENEZUELA

GUAYANA
FRANCESA

COLOMBIA

GUAYANA

ECUADOR

Islas
Galápagos
(Ecuador)

SURINAM

ECUADOR

SUDAMÉRICA

TUVALU

KIRIBATI

PERÚ

ŠAMOA

BRASIL

BOLIVIA

TONGA

TRÓPICO DE CAPRICORNIO

PARAGUAY

CHILE

ARGENTINA

URUGUAY

NUEVA
ZELANDA

Islas
Malvinas
(Br.)

EL MUNDO

| 0 | 500 | 1.000 | 1.500 | 2.000 MILLAS |

| 0 | 1.000 | 2.000 | 3.000 KILÓMETROS |

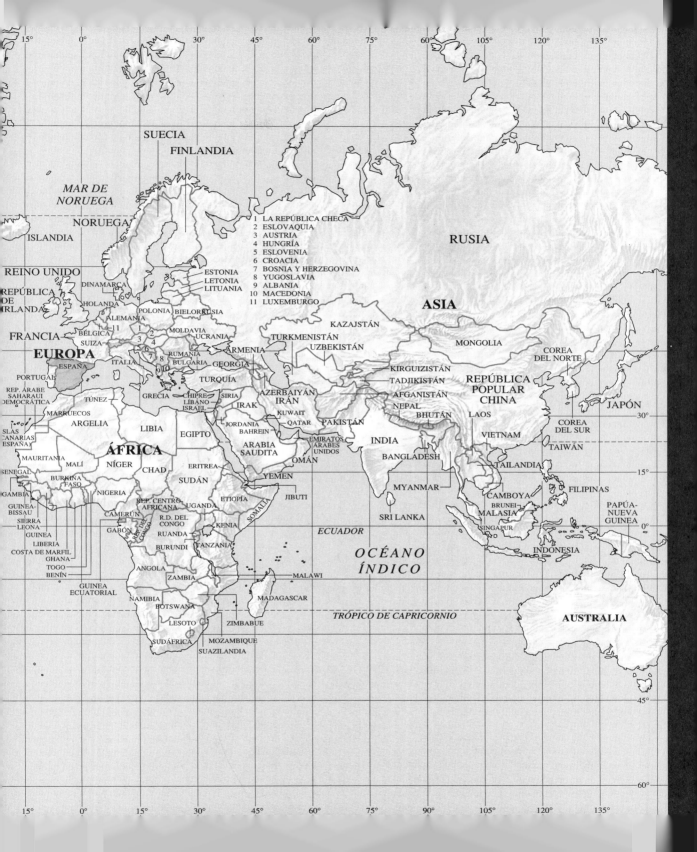

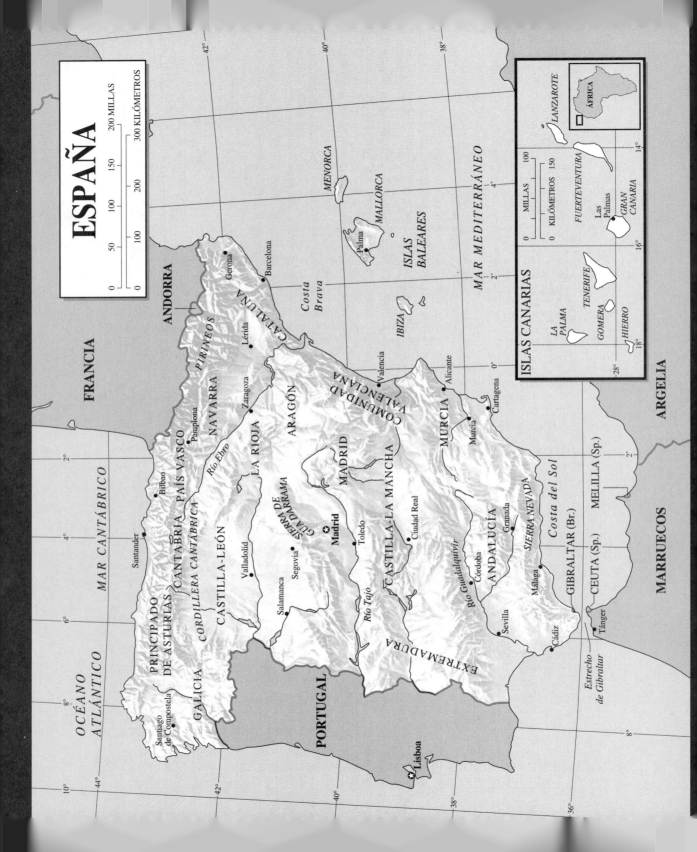

Hispanomundo

Latinoamérica

Hispanomundo
Latinoamérica

Bárbara Mujica

Harcourt College Publishers

Fort Worth   Philadelphia   San Diego   New York   Orlando   Austin   San Antonio
Toronto   Montreal   London   Sydney   Tokyo

Publisher	Phyllis Dobbins
Acquisitions Editor	Jeff Gilbreath
Marketing Strategist	Ken Kasee
Developmental Editor	Jason Krieger
Project Manager	Angela Williams Urquhart

Cover painting "Indias Caminantes, oil, 24×33," by artist Ruby Aránguiz, e-mail: ilink19@idt.net

ISBN: 0-03-013387-4

Library of Congress Catalog Card Number: 00-107140

Address for Domestic Orders
Harcourt College Publishers, 6277 Sea Harbor Drive, Orlando, FL 32887-6777
800-782-4479

Address for International Orders
International Customer Service
Harcourt College Publishers, 6277 Sea Harbor Drive, Orlando, FL 32887-6777
407-345-3800
(fax) 407-345-4060
(e-mail) hbintl@harcourtbrace.com

Address for Editorial Correspondence
Harcourt College Publishers, 301 Commerce Street, Suite 3700, Fort Worth, TX 76102

Web Site Address
http://www.harcourtcollege.com

Printed in the United States of America

1 2 3 4 5 6 7 8 9   066   9 8 7 6 5 4 3 2

Harcourt College Publishers

Indice

Preface

What is a typical American breakfast?

When I walk into my Colloquium on Hispanic Society on the first day of classes, that's the question I ask my students.

They think the query a little odd, but hands go up right away.

"¡Huevos!" calls out one student.

"¡Tocino!" offers another.

"¡Jamón!"

"¡Papas fritas!"

"¡Café con leche y azúcar!"

"¡Jugo de naranja!"

"¡Jugo de manzana!"

"¡Tostadas!"

"Pan dulce."

"¡Omeletas!"

"¡Panqueques!"

"¡Barquillos con miel!"

"¡Cereales!"

"¡Toronja! ¡Plátanos! ¡Fresas!"

"¡Yogurt!"

"¡Bagels con queso crema y salmón!"

"Okay," I say, writing their answers on the board. "Do we all agree that these foods compose a typical American breakfast?" Every student nods in agreement. "Now," I go on, "raise your hand if you actually ate some of these things this morning."

In a class of 20, perhaps one or two hands go up.

The exercise serves to make an important point. When we study a culture, we have to make generalizations. We need to speak in terms of cultural ideals, if only to point out that many—sometimes most—people don't conform to those ideals. The fact that semester after semester every group of students comes up with the same description of a "typical American breakfast" indicates that in general, people in the United States share certain common ideas about meals, even if the majority of them don't actually eat a "typical breakfast" most of the time.

The American breakfast is a cultural myth. I'm not using *myth* here to indicate something that is fictitious or fraudulent but rather to refer to an idea that gives cohesiveness to a society. The myths of the self-made man, of equal opportunity, and of equality under the law are all examples of beliefs that have helped hold U.S. society together by providing guiding principles. The fact that U.S. history provides countless examples of economic failure, discrimination, and other kinds of social injustice does not obviate the validity of these myths as cultural models.

Likewise, the Hispanic world has produced numerous myths that help define the society. Notions regarding family unity, the importance of interpersonal relations, class structure, and the centrality of Catholicism have all contributed to Hispanics' collective sense of self. As we discuss these issues in class, generalizations are inevitable. It is valid to say, for example, that in the Hispanic world the family is the most significant social unit, that the father occupies a privileged position, that loyalty to familial relations is considered a virtue, and that the family includes distant kin as well as the immediate members. Yet it is also appropriate to point out that since the arrival of the Spaniards, diverse types of families have existed in Latin America; that single mothers are the norm in some areas; and that divorce and the emergence of the middle-class working woman are changing traditional roles within certain types of families. Likewise, although it is legitimate to generalize that most Latin Americans are Catholic, it is also essential to mention the existence of other religions, the hybrid nature of Latin American Catholicism, and the fact that only between 10 and 20 percent of Latin Catholics go to mass regularly.

Instructors tell me that whenever they make sweeping statements, some student who has spent a summer in Buenos Aires or a semester in Bogotá counters, "The people I lived with behaved just the opposite." It is important to point out that this student's experiences are valid, that not everyone fits into the mold. Yet sociologists, anthropologists, and policy makers of all sorts are forced to make generalizations about the societies they study or serve, and we must often do the same. At the same time, we must constantly remind our students that Spanish America is comprised of 16 different Spanish-speaking countries, each with its own identity, customs, values, ethnic components, history, geography, political situation, and economic challenges. Furthermore, within each of these countries, realities vary tremendously according to class, ethnicity, education, and other factors. In several chapters of *Hispanomundo* I include Brazil in discussions of social circumstances in Latin America because of the numerous commonalities that exist between the Spanish- and Portuguese-speaking peoples. However, students should be made aware of the distinctive qualities of modern Brazil, which reflects a unique blend of Portuguese, African, and Indian influences.

Although reference is made in different parts of *Hispanomundo* to the Hispanic populations of the United States, the focus of the book is Latin America, not U.S. Hispanics. Some generalizations made here about Hispanic culture may be pertinent to people commonly identified as *Latinos* or *Hispanos,* whereas others may not. In general, U.S. Hispanics combine North American cultural values with those of their forebears. Their perspective may vary depending on whether or not they were born in the United States, speak English, and maintain cultural ties with Latin America. Educational, social, and economic factors may also come into play.

One further clarification needs to be made. In some segments of the book, contrasts are drawn between North American and Latin American cultural attitudes. These comparative analyses are not intended to imply value judgments. Students often understand both their own and the target culture better when they compare the familiar with the unfamiliar. However, classroom discussion of cultural differences requires the utmost judiciousness and sensitivity on the part of the instructor.

Each chapter of *Hispanomundo* consists of four parts. The first is an essay that draws from the most recent research on the topic at hand. The purpose of the essay is to provide the student with an overview of the topic and to stimulate conversation and composition. The second section consists of activities designed to activate the reading, including comprehension questions, thought questions, vocabulary exercises, and topics for speaking and writing. The third section, entitled "Otras voces," includes a literary selection by a Hispanic writer on the subject of the chapter. Its purpose is to provide alternate perspectives, to encourage critical thinking, and to kindle debate. The final section includes exercises on the reading.

The essays are written in a style that is direct and accessible to undergraduates. To focus students' attention on important concepts, key words have been italicized. In the literary selections, footnotes elucidate difficult terms, enabling students to read easily without having constant recourse to the dictionary. The glossary at the end of the book will further facilitate reading.

Hispanomundo: Latinoamérica is the first of a two-volume set on Hispanic culture. Discussion of Spain has been deliberately kept to a minimum in this book because *Hispanomundo: España* will follow.

A project of the complexity of *Hispanomundo: Latinoamérica* necessarily requires the cooperation of many people. I would like to thank Jeffry Gilbreath, of Harcourt College Publishing, for his continued support and good humor. I am also grateful to the readers, editors, and designers whose expertise has contributed enormously to the success of this project. The following persons deserve special recognition:

Rafael Correa, Cal State University
Lucia Pacini-Lombardi, University of Illinois, Chicago
Herlinda Ramírez-Borradas, Purdue University, Calumet
Sheri Ann Sanford, Northwestern University
Kathleen Wheatley, University of Wisconsin–Milwaukee
Evelyn Canabal-Torres, University of Maryland
Anabella Aceuedo-Leal, Texas Christian University
Hildegard Morales, University of Northern Iowa

Desde la época precolombina hasta la Independencia

Los primeros habitantes de las Américas

Los primeros habitantes de las Américas llegaron a esta zona milenios antes del primer viaje de Colón, y aún antes de las expediciones del intrépido explorador nórdico Leif Ericson (¿980–1025?), quien llevó a una banda de vikingos desde Groenlandia hasta las costas de América del Norte en 1002. Muchos científicos creen que los antepasados de los que hoy llamamos «indios» vinieron a la América del Norte desde el Asia hace más de 20.000[1] años. En aquel entonces existía un puente de tierra que conectaba los dos continentes donde el estrecho de Bering ahora separa Siberia de Alaska. Los que formarían las primeras poblaciones americanas probablemente atravesaron este puente siguiendo a los animales que cazaban. Algunos investigadores sostienen que las primeras migraciones eran de origen amuriano, es decir, procediendo de la zona del Amur, río del nordeste del Asia que separa Siberia de la China. Otros creen que fueron de diversos orígenes, consecuencia de cuatro grandes oleadas: la australiana, la malayo-polinesia, la esquimal y principalmente la asiática. En cualquier caso, casi todos los expertos están de acuerdo en que no se trata de una población homogénea.

Los asiáticos que cruzaron el estrecho de Bering hacia América no eran agricultores sino nómadas, y en el Nuevo Mundo continuaron este mismo modo de vida. Durante miles de años, sus descendientes vivieron en pequeños grupos errantes, viajando continuamente en busca de animales y plantas silvestres que les sirvieran de comida. Aunque no podemos trazar con seguridad absoluta sus andanzas, sabemos que antes del año 6000 A.C. ya estaba poblada una gran parte de las Américas, desde el extremo norte hasta la punta de lo que son hoy día la Argentina y Chile. Descubrimientos arqueológicos indican que existían poblaciones de cazadores y recolectores en las costas del Perú hace por lo menos 10.000 años y en el sur del continente hace por lo menos 8.000 años. Con el tiempo algunos de estos grupos empezaron a formar poblaciones permanentes, cultivando la tierra, domesticando animales, construyendo casas y finalmente formando pueblos, algunos de los cuales crecerían y se convertirían en ciudades. En estos centros se desarrollarían grandes civilizaciones que llegarían a superar, en algunos aspectos, las más avanzadas de Europa.

Hay evidencia de que existió una agricultura incipiente hace unos 7.000 años en la región de Tamaulipis, al norte del México actual, vecina a los Estados Unidos y al golfo de México, donde se han hallado indicios del cultivo de calabazas, chiles y frijoles. Alrededor del año 2000 A.C. la alimentación de los pobladores de la región era principalmente vegetariana y poco variada, según arqueólogos que han estudiado los restos materiales dejados en las cuevas. Sin embargo, una vez que la domesticación de plantas silvestres se aceleró, se aumentó la dieta dramáticamente. Entre los productos oriundos del Nuevo Mundo se cuentan el tomate, la papa, el maíz, el cacao, diferentes tipos de frijoles, el cacahuete, la calabaza y el tabaco —todos cultivados por los indios antes de la llegada de los europeos.

---

[1] Note that in numbers greater than one thousand, Spanish uses a period (20.000) where English uses a comma (20,000).

Los olmecas

La primera gran civilización indígena de las Américas fue, al parecer, la de los *olmecas,* antiguo pueblo mexicano que ocupaba el territorio de los actuales estados de Veracruz, Tabasco y Oaxaca. Estudios realizados sobre La Venta, centro ceremonial de los olmecas, indican que éste se desarrolló entre 1160 y 580 A.C. Los olmecas construyeron inmensos terraplenes sobre los cuales levantaron pirámides rectangulares de materiales perecederos. Estas construcciones, de cúspide plana a imitación de los volcanes, servían como templos o como tumbas. En Tres Zapotes, el centro olmeca más reciente, existe un monumento con la fecha —equivalente a 31 A.C.— indicada por una barra y un punto; es la evidencia más antigua del Nuevo Mundo de un sistema de escritura y de un calendario. Probablemente los olmecas fueron también los primeros en América que desarrollaron un sistema de irrigación.

Los olmecas esculpieron en piedra cabezas gigantescas que podían medir hasta 2,4 metros (8 pies) y pesar unas treinta toneladas; además, crearon inmensos monumentos de basalto. Al mismo tiempo fabricaron diminutas figuras de barro que representaban toda clase de actividad humana. El arte olmeca, con su representación de seres mitológicos como el jaguar antropomórfico y caras humanas con la comisura de los labios vuelta hacia abajo, da evidencia de una civilización de gran sensibilidad y riqueza estéticas. La piedra predilecta de los olmecas era un tipo de jade azul-verduzco y traslúcido. Se cree que la búsqueda del jade puede haber motivado su expansión hacia el Valle de México y Guatemala. En su movimiento hacia el oeste y el sur, los mercaderes servían de vanguardia, adelantándose a los soldados y sirviendo de espías mientras se ocupaban de sus actividades comerciales. La civilización olmeca formó la base de la cultura maya de la tierra baja del sudeste de México, de la zapoteca de Monte Albán y de la de los pueblos de Teotihuacán.

Los maya

La civilización *maya* es una de las más antiguas y magníficas del Nuevo Mundo. Los maya ocuparon un área de unos 311.000 kilómetros (120.000 millas) cuadrados en el territorio que constituye hoy día partes del sur de México (los estados de Campeche, Yucatán y Quintana Roo y segmentos de Tabasco y Chiapas) y varios pueblos centroamericanos (Belize, la mayor parte de Guatemala, secciones de El Salvador y de Honduras). El núcleo de su civilización fue la selva tropical de las tierras bajas del norte de Guatemala.

Se divide su historia tradicionalmente en tres épocas: el período de formación, el Antiguo Imperio y el Nuevo Imperio. Aunque la evidencia sobre los orígenes de los maya es ambivalente, se cree que comenzó unos 1500 años A.C. en el valle fértil que es ahora el departamento de El Petén en Guatemala. Para el año 800 A.C. las tierras bajas de los maya estaban completamente habitadas. Durante este período empezaron a aparecer pirámides e imágenes del dios jaguar en los centros maya, evidencia de la influencia de los olmecas, que vivían al oeste de esta zona.

Entre los años 250 y 300 D.C. se inició el período clásico —el del Antiguo Imperio— el cual duró más de seiscientos años. Originalmente el territorio maya ocupó la costa de lo que es ahora El Salvador, Honduras y el estado de Chiapas en México. Durante el Antiguo Imperio se extendió para incluir también

Guatemala y la península del Yucatán. Como las otras grandes civilizaciones precolombinas, la maya no era homogénea; la integraban diversos pueblos, entre ellos los huastecas del norte de Veracruz, los tzentales de Tabasco y Chiapas, los choles de Chiapas y los quichés de Guatemala. Unían a estas tribus ciertas costumbres y creencias religiosas, además de una lengua común que permitía la comunicación entre todas, aunque cada una la hablaba con sus variantes. El desarrollo de la cultura maya es, en muchos sentidos, un proceso de síntesis por el cual los diversos elementos se funden para crear una totalidad, si no uniforme, por lo menos coherente.

Durante el Antiguo Imperio florecieron las artes. Los maya, que alcanzaron tal vez el nivel cultural más alto de la América precolombina, produjeron grandes obras de arquitectura, pintura, cerámica y escultura. Las ruinas de centros religiosos como Chichén Itzá, Palenque y Copán sólo nos pueden dar una idea imperfecta de la grandeza de sus monumentos. Los maya construyeron pirámides de piedra caliza con pequeños templos encima y edificios amplios y bajos en los que posiblemente se alojaran jefes y sacerdotes antes de ciertas ceremonias. Inventaron un tipo de arco formado de dos paredes que se iban juntando en la parte superior y estaban conectadas por un puente de piedras planas, y sabían usar la ornamentación en los techos para crear una ilusión de gran altura. Los artistas maya cubrían las paredes de sus edificios importantes con murales en los cuales se representaban figuras humanas ocupadas en actividades centrales a la vida del pueblo —fiestas religiosas, batallas, etc. Las esculturas maya, algunas de ellas extraordinariamente finas y bellas, representaban hombres, mujeres, animales, dioses y otras figuras. Las más grandes miden unos nueve metros (30 pies). Los maya perfeccionaron la alfarería y usaban el oro, la plata, el cobre, las piedras preciosas, las conchas y las plumas con fines decorativos.

Los maya hicieron adelantos importantes en la astronomía y las matemáticas. Usando como base el número 20, inventaron un sistema de puntos y rayas para representar las cifras, además de un símbolo especial para representar el 0. Observando los movimientos de los astros, hicieron tablas que les permitían pronosticar eclipses, la órbita del planeta Venus y los cambios de estaciones —información importante para la agricultura. El calendario maya era extremadamente intrincado y avanzado; antes de la adopción del calendario gregoriano en 1582, fue el más exacto del mundo. Los maya desarrollaron un sistema de escritura jeroglífica, semejante al egipcio, el cual les permitía preservar su historia, ritos y mitología. Se anotaban fechas y acontecimientos importantes en grandes monumentos llamados *stelae*. También hacían libros de ciertos tipos de corteza. Los que se han conservado contienen tablas astronómicas, información acerca de ceremonias y calendarios que indican cuáles son los mejores días para actividades como sembrar y cazar.

La religión desempeñaba un papel central en la vida de los indios. Al principio la religión de los maya se basaba en la adoración de la naturaleza, pero más adelante evolucionó al culto de deidades asociadas con diversos entes o fenómenos cósmicos (por ejemplo Chac, dios de la lluvia, y Kinich Ahau, dios del sol) o con actividades humanas (por ejemplo, Ix Chel, diosa de la medicina y del tejido). Cada día tenía algún significado religioso, y los ritos y festivales tenían lugar durante todo el año. Los maya creían que los dioses podían ofrecer protección y amparar al pueblo, pero también podían hacer daño. Por lo tanto, había que asegurar su buena voluntad mediante ayunos, oraciones, ritos y sacrificios de animales o de seres humanos. El *Popol Vuh,* libro sagrado de los quichés de Guatemala, es una magnífica fuente de información sobre las creencias religiosas de los pueblos de Centroamérica. Basado en tradiciones

orales y conocido por una versión del siglo dieciséis, explica, como la Biblia, la creación de la Tierra y el origen del mal, además de ofrecer muchos consejos morales.

Una de las divinidades más importantes de los maya era Quetzalcóatl, la serpiente emplumada. Dios de la civilización y del viento, se identificaba con el planeta Venus y con las fuerzas de la luz y del bien. Según el mito, Quetzalcóatl fue desterrado de Tula, capital de los *toltecas,* por las fuerzas de la oscuridad y del mal. Al llegar a la costa oriental de México, se consumió en un fuego divino. Entonces, sus cenizas se convirtieron en aves y en el lucero del alba, por lo cual encarna el concepto de la re-creación, el renacimiento y la regeneración. Quetzalcóatl también es el nombre de un líder legendario que les enseñó a los maya las artes y el trabajo de los metales y les dio el calendario. No se sabe exactamente cuál es la relación entre el dios y este personaje.

Se sabe poco acerca del gobierno de los maya. La base de su organización política eran los ciudades-estados. Éstos a veces formaban confederaciones, pero los maya nunca se unieron para crear una administración central. El poder estaba en manos de los caciques y los sacerdotes. Un jefe con poderes religiosos y políticos mandaba a los ciudades-estados, y los que controlaban grandes centros como Chichén Itzá ejercían gran poder. La organización social estaba basada en el clan; la posición de una persona dependía de su distancia del antepasado común, a quien se le asignaba un carácter divino. Los que tenían parentesco más cercano con el fundador desempeñaban las funciones importantes. Se les distribuían las tierras a las familias, las cuales las cultivaban para su propio mantenimiento y les devolvían a los funcionarios lo que no necesitaban.

La economía maya se basaba en la agricultura —en el cultivo del maíz y de otros productos como el algodón, el cacao, los frijoles y el casabe— y en el comercio. Los maya formaban parte de una red comercial que unía a varios pueblos centroamericanos. Los de las tierras bajas exportaban no sólo alimentos sino también artesanía, pieles de jaguar y productos de los bosques y del mar e importaban jade, plumas y vidrio volcánico. Los del Yucatán exportaban sal y textiles e importaban cacao. Habían domesticado el perro y el pavo, pero no usaban los animales para el trabajo. Tampoco conocían la rueda ni tenían herramientas de metal.

Alrededor del año 900 D.C. los maya abandonaron los grandes centros rituales y migraron hacia el Yucatán, acontecimiento que los investigadores modernos no han podido explicar. Basándose en la influencia tolteca que se encuentra en el arte maya de aquella época, algunos investigadores han conjeturado que los toltecas, que habitaban la meseta central mexicana, gobernaron a los maya hasta aproximadamente el año 1200. Poco después de esta fecha un grupo de caciques estableció una nueva capital en Mayapán, y el comercio se convirtió en una fuerza sumamente importante en la cultura maya. Algunas ciudades se transformaron en importantes centros mercantes, y se aumentó la actividad comercial marítima.

Alrededor del año 1440, algunos caciques locales se rebelaron contra los líderes de Mayapán y les vencieron. El Yucatán se dividió en diferentes estados antagonistas. Al llegar los españoles a la zona se encontraron con un pueblo dividido entre diversos caciques rivales.

Los aztecas

Los *aztecas* migraron a la meseta central de México en el siglo doce pero no alcanzaron gran importancia hasta 1428, cuando reemplazaron a los toltecas como la fuerza dominante de la región. Para el año 1502 se habían convertido en un poderoso imperio militar y económico que se extendía desde el Pacífico hasta el Atlántico y, en el sur, hasta Guatemala. Mantuvieron su dominio hasta que llegaron los españoles en el siglo dieciséis. Ampliaron su imperio al conquistar otras tribus a fin de conseguir víctimas para sus sacrificios humanos y para imponer impuestos en los pueblos conquistados. Los aztecas, cuyo nombre se deriva de Aztlán, patria mítica del pueblo, también eran conocidos como mexicas y hablaban un idioma de la familia lingüística náhuatl.

Una leyenda antigua predecía el triunfo de los aztecas mucho antes de su llegada a la meseta central. Según ella, éstos fundarían una gran ciudad en un pantano en que habría un cacto que crecía en una roca. Sobre el cacto habría un águila con una serpiente en el pico. Llegando al centro de México, los sacerdotes supuestamente vieron esta escena y establecieron los cimientos del Imperio. A principios del siglo catorce se fundó Tenochtitlán, capital azteca sobre la cual se construiría la metrópolis que es ahora México, D.F.

Tenochtitlán ocupaba una isla en el lago Texcoco. Consistía en un pantano que los indios convirtieron en *chinampa*s, jardines y huertos que formaron al subir barro del fondo del lago para construir islas artificiales. Los agricultores regularmente agregaban lodo fresco a las *chinampa*s, creando así una tierra extremadamente fértil. Canales atravesaban la ciudad, y caminos elevados la conectaban a tierra firme.

En una isla al norte de Tenochtitlán se encontraba Tlatelolco, su ciudad gemela y un gran centro comercial. En 1473 los habitantes de Tenochtitlán conquistaron a los de Tlatelolco y unieron las dos ciudades, creando un centro urbano con una población de unos 100.000 habitantes, más grande que cualquier ciudad europea de la época.

La vida azteca giraba alrededor de la religión. Los aztecas adoraban a centenares de deidades que se asociaban con diversos aspectos de la naturaleza o de la rutina diaria, entre ellos Centéotl, dios del

maíz; Tláloc, dios de la lluvia y de la fertilidad; y Huitzilopochtli, dios de la guerra y guardián de la gente de Tenochtitlán. Al igual que los maya y los toltecas, también adoraban a Quetzalcóatl. Las ceremonias aztecas a veces incluían sacrificios humanos. Sus víctimas eran a menudo presos tomados durante la guerra o esclavos, pero también se sacrificaba a guerreros, doncellas y niños aztecas. Los centros ceremoniales se llamaban *teocalli*s; consistían en una base con grandes peldaños, con un templo dedicado a un dios encima. Los lugares religiosos incluían jardines, aposentos para los sacerdotes y piscinas para los ritos de limpieza. También tenían canchas donde se jugaba un deporte semejante al baloncesto, que también habían practicado los maya.

El mercado era un elemento importante en la vida de los aztecas. El de Tlatelolco era el más grande de las Américas, atrayendo, según el conquistador Hernán Cortés, hasta 60.000 personas al día. Se vendía todo tipo de producto —comestibles, animales, utensilios para la casa, telas, objetos de arte, pieles, goma, plumas y esclavos. También había muchos otros mercados a través del Imperio. Los mercaderes viajaban de un lado al otro acompañados de siervos y esclavos que llevaban la mercadería a cuestas, ya que los aztecas usaban la rueda sólo en juguetes y no se servían de los animales para el trabajo. Como no tenían un sistema monetario, cambiaban productos y servicios por otros, aunque a veces empleaban los granos de cacao y otros productos como dinero.

Rigurosamente jerárquica, la sociedad azteca constaba de nobles (aristócratas, sacerdotes, grandes guerreros), plebeyos, siervos y esclavos. Los plebeyos estaban divididos en dos categorías. Los *macehualtin*, de clase más alta, podían construir sus propias casas; los *tlatmaitl*, de clase más baja, no gozaban de este privilegio. Los siervos trabajaban la tierra de los nobles. Los esclavos tenían el derecho de comprar su libertad, y los que se escapaban y alcanzaban llegar al palacio real la recibían automáticamente. Muchos esclavos eran presos de guerra, pero también se podía ir a comprar esclavos a otros pueblos o en el mercado. Los hijos de esclavos nacían libres.

El elemento social básico era el *calpulli*, o clan. Los miembros de un *calpulli* trabajaban la tierra en común. Cada familia tenía el derecho de cultivar una parcela para abastecerse de víveres, pero la tenía que devolver a la comunidad si el padre moría o si cometía un delito que resultara en su expulsión.

Los aztecas extendieron su fuerte organización militar y social mediante la conquista. Iban agregando pueblos al Imperio, y éstos estaban obligados a pagar contribuciones al gobierno central. Con el tiempo estos pueblos se fundían, creando cierta uniformidad. Por ejemplo, todos compartían las mismas creencias religiosas, todos tenían mercados y usaban el calendario, y todos practicaban actividades como el cultivo del maíz, el sacrificio ritual y el juego de pelota. Sin embargo, existía cierto resentimiento contra los aztecas, especialmente entre los pueblos que se encontraban al margen del Imperio. Se iban formando rivalidades y divisiones de las cuales se aprovecharon los españoles al iniciar la conquista de México.

Los aztecas producían hermosas esculturas que adornaban sus templos y otros edificios. También tenían una rica literatura oral; varios poemas y relatos de los aztecas han sobrevivido y se han traducido al castellano. La música desempeñaba un papel importante en sus ceremonias religiosas; sus instrumentos principales eran el tambor, la flauta y el cascabel. Los artesanos hacían bellos tejidos y empleaban las plumas de aves tropicales para confeccionar diversas prendas de vestir. También elaboraban objetos de metal, cerámica y madera.

Los incas

De las muchas civilizaciones que se desarrollaron en el continente sudamericano, la más avanzada y poderosa fue la de los *incas*. Fundado en el siglo doce, el imperio incaico empezó a expandirse alrededor de 1438, y cuando llegaron los españoles, se extendía a lo largo de la costa occidental de Sudamérica desde lo que hoy día es Colombia hasta el norte de la Argentina actual. A igual que los maya y los aztecas, los incas eran un pueblo guerrero que aumentaba su territorio al apoderarse de otros pueblos por la fuerza. El Sapa Inca, o emperador, controlaba al imperio mediante un complejo sistema político por el cual mantenía un equilibrio entre el gobierno central y los caciques locales.

El sistema administrativo de los incas le imponía una disciplina férrea al hombre común. Aunque le ofrecía protección, seguridad y auxilio en caso de emergencias, no le daba libertad ni le permitía manifestar su individualismo. Todos los indios labradores se vestían de la misma manera, comían lo mismo y se sometían a la voluntad de los jefes. El escritor peruano Mario Vargas Llosa ha sugerido que facilitó la Conquista el hecho de que los indios no tuvieran la costumbre de tomar decisiones, por lo cual las fuerzas indígenas se desintegraron una vez que fueron aniquilados sus líderes.

El imperio de los incas estaba dividido en cuatro regiones administrativas, formadas cada una por provincias y unidades económicas menores. El *ayllu,* o aldea, era la más pequeña de éstas y estaba formado de miembros de un mismo clan —es decir, de personas que tenían un antepasado en común. Los miembros de un *ayllu* trabajaban una parcela de tierra juntos.

La sociedad incaica era rigurosamente jerárquica, y una persona no podía cambiar de posición a menos que hiciera alguna proeza excepcional. Dicha sociedad estaba organizada en forma piramidal a base del número 10 y constaba de tres clases: la nobleza, los servidores de los grandes y el pueblo. El labrador, o *puric,* era el fundamento de la pirámide. Cada grupo de diez labradores estaba encabezado por un capataz. Diez capataces respondían a un subjefe, y diez subjefes estaban bajo el mando de un jefe regional. Diez de éstos rendían cuentas al líder de una tribu. Por encima de éstos estaban los gobernadores de la provincia, además de cuatro administradores imperiales. A la cabeza de todo estaba el emperador, considerado semidivino, que vivía en el Cuzco, capital del imperio.

Tradicionalmente, el Sapa Inca se casaba con su hermana y escogía a su sucesor de entre sus hijos varones. Se valía de un consejo de nobles que constaba de los gobernadores de las provincias. También contaba con la ayuda de su sacerdote principal y de sus generales, que usualmente eran todos parientes suyos.

Los incas cultivaban el maíz, el algodón, la papa y la oca, planta de raíces comestibles. Del maíz hacían un tipo de cerveza llamada *chicha,* que todavía se bebe en partes de Latinoamérica. Habían domesticado la llama, que servía para transportar cosas, y la alpaca, que producía lana. El cuy —también conocido como *cobayo* o *conejillo de Indias*— se criaba para comer. También tenían perros y patos.

El *puric* estaba acostumbrado al trabajo, que era obligatorio, y a la austeridad. Aunque existía un excelente sistema de caminos, las distancias eran grandes y el terreno montañoso, por lo cual era difícil transportar productos de una parte del imperio al otro. Además, si bien los indios cortaban terrazas en la sierra e irrigaban las tierras de la zona costal, escaseaban tierras fértiles. Contaban con la ayuda de bestias de trabajo, pero no conocían la rueda. Los niños empezaban a trabajar apenas podían caminar. El indio común normalmente se vestía con una túnica y sandalias y usaba una capa si hacía frío. La gente de cada región tenía su propio estilo de vestir. En las alturas la indumentaria era de lana de alpaca o de llama, mientras que en la costa se usaban prendas de algodón. El matrimonio era obligatorio. Las familias —que incluían a gente de varias generaciones— ocupaban casas de adobe o de piedra. El código social prohibía muestras de afecto entre marido y mujer y aun entre madre e hijos.

Los nobles vivían en casas espaciosas y elegantes. Usaban ropa de telas finas con joyas de metales preciosos, piedras y plumas. Tenían derecho a casarse con más de una mujer, y muchos matrimonios se concertaban por motivos políticos.

Como en el caso de las otras grandes civilizaciones indígenas, la religión desempeñaba un papel importante en la vida de los incas. Su dios principal era Viracocha, creador de toda la naturaleza. La familia del Sapa Inca rezaba a Inti, dios del sol. También se adoraban dioses que representaban la luna, la tierra y ciertos fenómenos naturales, como el terremoto. En las ceremonias religiosas se sacrificaban productos agrícolas, animales (la llama, en particular) y a veces personas. Se mantenía el culto a los muertos, y los funerales eran considerados sagrados.

Los incas crearon una rica literatura oral, gran parte de la cual se ha perdido puesto que no tenían un sistema de escritura. No obstante, inventaron un sistema de archivar datos y fechas importantes. El *quipu* era una serie de cuerdecillas anudadas de diversos colores que se empleaba para realizar cálculos numéricos o recoger historias y noticias. Los incas sobresalieron en las otras artes también, especialmente en la música, la danza, la pintura y la escultura. Sus conocimientos astronómicos y matemáticos les servían para calcular fiestas religiosas y momentos propicios para sembrar. También eran grandes ingenieros. Construían edificios complejos, caminos, puentes, acueductos, canales y terrazas para la agricultura.

 # LA LLEGADA DE LOS EUROPEOS

Aunque Cristóbal Colón (¿1451?–1506) no fue el primer europeo en pisar tierras americanas, su llegada el 12 de octubre de 1492 al llamado Nuevo Mundo tuvo consecuencias mucho más profundas que las exploraciones de los vikingos. En su primer viaje Colón llegó a la isla de Guanahaní, una de las Bahamas, a la cual le dio el nombre de San Salvador. Abordó después en Cuba y La Española (comprendida actualmente por la República Dominicana y Haití). Cuando llegó de vuelta a España en marzo de 1493, pensando que había realizado su sueño de llegar a las Indias por el Occidente, fue recibido triunfalmente por los Reyes Católicos, Fernando e Isabel. Las noticias de su viaje despertaron gran interés en Europa, y para evitar disputas entre España y Portugal, en 1494 el Papa Alejandro VI, por el tratado de Tordesillas, trazó la línea de demarcación, la cual iba de polo a polo 370 leguas al oeste de Cabo Verde; España recibiría todos los territorios al oeste, y Portugal recibiría los territorios al este de la línea imaginaria. Colón realizó tres viajes más. En 1493 dirigió una expedición a Puerto Rico, Jamaica y las Antillas Menores. En 1498 descubrió Trinidad, la desembocadura del Orinoco y la punta de Paria en Venezuela. Algunos historiadores piensan que en aquel viaje de exploración comenzó a sospechar que no había llegado al Asia sino que había descubierto un nuevo territorio. Un cuarto viaje, emprendido en 1502, lo llevó a las costas de Honduras, Nicaragua, Costa Rica y Panamá.

Hernán Cortés y la conquista de México

Aun antes de la muerte de Colón, exploradores, colonizadores y sacerdotes comenzaron a recorrer el Nuevo Mundo. Cuarenta años después de las primeras exploraciones, europeos ya habían pisado tierras americanas desde Terranova hasta el estrecho de Magallanes. A fines de 1510 llegó a Cuba la expedición de Diego Velázquez (1465–1524), fundador de La Habana y Santiago de Cuba y más tarde gobernador de la isla. Velázquez confió a uno de sus hombres, Hernán Cortés (1485–1547), una expedición a México. Cuando Velázquez cambió de idea y decidió confiar la empresa a otro, Cortés se rebeló y partió para México con once naves y unos 600 hombres. Al llegar a la costa oriental del continente, derrotó a las fuerzas indígenas en Tabasco.

Entre los nativos era costumbre que un pueblo vencido le regalara al jefe del ejército conquistador algunas de sus doncellas más hermosas. Como premio de su triunfo, Cortés recibió quince doncellas indias. Una de ellas, una muchacha de menos de quince años cuyo nombre era Malinalli, llegó a ser su intérprete, consejera y amante. Bautizada Marina pero conocida como la Malinche,[2] acompañaba a Cortés a sus reuniones con Moctezuma y participaba en las negociaciones diplomáticas entre indios y españoles. Uno de los hombres que acompañaban a Cortés, Jerónimo de Aguilar, había sido prisionero de los maya y había aprendido su idioma. Rescatado ocho años después por Cortés, Aguilar se convirtió en un auxiliar indispensable en las comunicaciones entre los españoles y el emperador azteca. Él traducía las palabras de Cortés al maya y doña Marina, que sabía maya y náhuatl, las traducía del maya al idioma de Moctezuma. Más tarde la Malinche aprendió español y le servía a Cortés de informadora. A causa de su devoción a los europeos, ha llegado a ser un símbolo de la traición en México.

Para asegurarse de que los partidarios de Velázquez que se encontraban entre sus hombres no volvieran a Cuba a unirse con su enemigo, Cortés hundió sus propios barcos. Entonces avanzó hacia Tenochtitlán, ciudad azteca fabulosamente rica según se decía. A causa de los resentimientos de los pueblos a los cuales habían subyugado los aztecas, a Cortés no le fue difícil encontrar aliados entre los enemigos de éstos. Se alió a los cempoaltecas y a los tlaxcaltecas para reforzar sus tropas. Mandó decir a Moctezuma que quería conocerlo, pero el emperador había oído historias terribles acerca de los extranjeros amenazadores, y durante mucho tiempo logró evitar el encuentro. Cuando Cortés finalmente llegó a la capital azteca, quedó deslumbrado ante su belleza y complejidad. A pesar de su esquivez anterior, Moctezuma lo recibió con regalos y honores, tal vez, según algunos historiadores, porque creía inevitable el triunfo de los hombres blancos. De acuerdo a un antiguo mito, Quetzalcóatl volvería a la tierra, y es posible que los indios tomaran a los invasores exóticos por dioses.

A pesar del buen tratamiento que recibió a manos del emperador, al enterarse que un grupo de indios había atacado una guarnición española en Veracruz, Cortés lo apresó en calidad de rehén. Mientras tanto, Velázquez mandó una expedición contra Cortés encabezada por Pánfilo de Narváez. Dejando un destacamento en Tenochtitlán a mando de Pedro de Alvarado, Cortés salió de la ciudad para enfrentarse a Narváez, a quien venció en Cempoala. En su ausencia Alvarado había maltratado horriblemente a los indios, provocando una sublevación azteca. Cortés le rogó a Moctezuma que calmara al pueblo, y el

---

[2] En náhuatl, el sufijo *-che* indica respeto. Los indios también llamaban Malinche a Cortés.

emperador accedió, pero en el acto de dirigir la palabra a la muchedumbre, fue herido mortalmente por una piedra lanzada por uno de sus propios hombres.

Ante este trágico acontecimiento, Cortés decidió evacuar la ciudad el 30 de junio de 1520. La retirada, conocida por el nombre de la Noche Triste, tuvo consecuencias desastrosas. Después de sufrir numerosas pérdidas, los españoles llegaron a la llanura de Otumba, donde un ejército azteca de 100.000 hombres les cerraba el paso y los atacó ferozmente. Más tarde, Cortés reorganizó sus tropas y volvió a atacar Tenochtitlán. Los aztecas, encabezados por el emperador Cuauhtémoc, defendieron su capital heróicamente durante 75 días, después de los cuales cayó definitivamente en manos de los españoles.

Para el año 1521 Cortés había conquistado todo el imperio azteca. Al año siguiente otro conquistador, Pedro Arias Dávila, conocido como Pedrarias, se apoderó de los territorios que son ahora Costa Rica y Nicaragua y fundó la ciudad de Panamá. En 1523 Pedro de Alvarado conquistó El Salvador y Guatemala.

Francisco Pizarro y la conquista del Perú

A principios del siglo dieciséis el imperio incaico sufría grandes conflictos internos. El emperador Huayna Cápac, que extendió los territorios imperiales al conquistar el reino de Quito, dividió sus dominios entre sus dos hijos: Huáscar reinaba en el Cuzco, y Atahualpa reinaba en Quito. La rivalidad entre los dos tuvo un final sangriento: Atahualpa hizo ejecutar a su hermano, creando una situación que favorecería enormemente la conquista española.

En 1524 Pedrarias, entonces gobernador de Panamá, concedió a Francisco Pizarro (¿1475?–1541), Diego de Almagro (1475–1538) y al padre Hernando de Luque (¿?–1532) la autorización de explorar y conquistar las tierras de Sudamérica. En 1531 Pizarro, quien había obtenido en España el título de capitán general y gobernador de la Nueva Castilla y al mismo tiempo el nombramiento de obispo para Luque, organizó la expedición que establecería el dominio español en el imperio de los incas. Fundó la primera ciudad, a la cual le dio el nombre de San Miguel de Piura, el 8 de mayo de 1532. Llegando a Cajamarca, apresó a traición a Atahualpa, y al año siguiente lo mandó ejecutar, dejando el imperio sin líder. Las tropas españolas entraron en el Cuzco en noviembre de 1533, y Pizarro ordenó la coronación de Manco Cápac II, quien sería un títere de los españoles. En 1535 se fundó Lima, capital del virreinato.

Diego de Almagro, con quien Pizarro se había asociado para la conquista de la región, había sido nombrado adelantado de los territorios del sur y realizó una expedición a Chile en 1536. De regreso en el Perú, entró en una lucha con su antiguo compañero por la posesión del Cuzco. Los partidarios de Pizarro asesinaron a Almagro en 1538, pero tres años más tarde los aliados de éste ejecutaron a Pizarro. Entre los que contribuyeron a la muerte del conquistador del Perú se contaba el hijo de Almagro.

En 1546 estalló una rebelión contra el primer virrey del Perú, Blasco Núñez Vela. El rey había mandado a Núñez a la región para imponer las Ordenanzas de Barcelona, las cuales incluían ciertas restricciones contra los encomenderos (españoles que habían recibido *encomiendas,* o territorios con los indios que vivían en ellos). Encabezados por Gonzalo Pizarro, hermano de Francisco, los encomenderos capturaron al virrey y lo asesinaron. Gonzalo se proclamó gobernador del Perú, pero a la llegada del nuevo

virrey, fue ajusticiado y murió decapitado. Sin embargo, en 1554 los encomenderos volvieron a rebelarse, capitaneados por Francisco Hernández Girón. El virrey Andrés Hurtado de Mendoza, conocido como el verdadero pacificador del Perú, finalmente acabó con los partidarios de Girón y puso fin a la violencia. Entonces la colonia comenzó a florecer. Bajo Hurtado de Mendoza se fundó en 1551 la Universidad de San Marcos, y se desarrolló la agricultura y la minería.

Varias expediciones siguieron a la conquista del Perú. Sebastián de Benalcázar, teniente de Pizarro, conquistó Quito y lo incorporó al Perú. Luego avanzó hacia el norte hasta llegar a la meseta de Bogotá. Allí se encontró con Gonzalo Jiménez de Quesada (¿1509?–79), que había embarcado hacia Santa María en 1535 y explorado el río Magdalena en busca de El Dorado, el legendario país de América que, según el mito, contenía incontables riquezas. Jiménez de Quesada luchó contra los indios chibchas y fundó la ciudad de Santa Fe de Bogotá en 1537, dando al territorio el nombre de Reino de Nueva Granada. Cuando al año siguiente Benalcázar llegó a Bogotá, se enfrentó a Jiménez de Quesada, quien fácilmente mantuvo su dominio sobre el territorio.

LA ÉPOCA COLONIAL

La colonización de Latinoamérica comenzó aun antes de que se completara la conquista militar. Muchos colonizadores portugueses y españoles llegaron al Nuevo Mundo en busca de riquezas minerales, pero otros establecieron plantaciones donde cultivaban caña de azúcar, tabaco, cacao, café y otros productos que exportaban a Europa. Miles de indios trabajaban en las encomiendas, esclavos de los españoles cuya responsabilidad era protegerlos y convertirlos al catolicismo. Por lo general, los encomenderos daban más importancia a su propio enriquecimiento que a sus obligaciones, y muchísimos indios murieron en batallas, de enfermedades que los europeos habían traído al Nuevo Mundo o de exceso de trabajo. Para aumentar la mano de obra, se importó a miles de africanos que, en tiempos coloniales, fueron llevados a todas partes de Latinoamérica.

Varios eclesiásticos combatieron los abusos de los conquistadores, siendo el más conocido el misionero dominico Bartolomé de las Casas (1474–1566), llamado el Apóstol de las Indias o el Protector de los Indios. Las Casas fue una fuerza influyente en la reforma de las encomiendas. En su libro, *Brevísima relación de la destrucción de las Indias* (1552), enumeró las atrocidades que habían cometido los españoles durante la Conquista. Hoy día, muchos historiadores han desprestigiado a Las Casas a causa de las numerosas exageraciones que contiene la *Brevísima relación* y por el hecho de que él mismo tuvo esclavos negros. (Más tarde repudió la legitimidad de la esclavitud africana.) Sin embargo, hay que reconocer que el padre dominico provocó importantes polémicas en Europa acerca de la conducta de los conquistadores; su libro fue leído en Francia, Holanda e Inglaterra, donde sirvió de fuente a la «leyenda negra» sobre la crueldad de los españoles en las Américas.

El poder en Latinoamérica se concentraba fundamentalmente en tres grupos: los oficiales reales, los eclesiásticos y los terratenientes o dueños de minas. Los administradores españoles que llegaban al Nuevo Mundo representaban los intereses de la monarquía; su objetivo era mantener el orden y explotar los recursos naturales de las colonias para llenar los cofres de Carlos V, quien necesitaba un constante influjo de oro para financiar sus numerosas empresas militares.

Los eclesiásticos controlaban la educación y tenían a su cargo la conversión de los indios y africanos. Aunque de acuerdo con normas y sensibilidades modernas el afán religioso de los sacerdotes españoles parece terriblemente exagerado y cruel, conviene recordar que en la Europa de principios del siglo dieciséis apenas existía el concepto de la tolerancia religiosa. No sólo en España sino en otros países la conversión se consideraba una meta justificable para la guerra. Durante el reinado de Fernando el Católico, España había expulsado a los judíos y completado la Reconquista, venciendo a los moros, quienes ocupaban partes del país desde principios del siglo ocho, en la ciudad de Granada, su último baluarte. Carlos V, sucesor de Fernando el Católico, deseaba que España fuera reconocida como defensora de la fe católica y peleó contra Solimán II, sultán de los otomanos, y también contra los luteranos de Alemania. El fervor religioso de los españoles en las Américas fue una continuación del que los había impulsado a combatir contra los infieles al otro lado del Atlántico. Los sacerdotes españoles veían la educación y conversión de los indios como una necesidad imprescindible. A ese fin establecieron numerosas escuelas donde les enseñaban a los muchachos indígenas no sólo carpintería, platería y otras actividades artesanales sino en algunos casos también latín y matemáticas, además del dogma católico.

Los encomenderos constituían otra fuerza importante. Puesto que las minas y plantaciones se encontraban lejos de las capitales coloniales, los dueños se veían relativamente libres de interferencia del gobierno central. Estudios recientes muestran que a pesar del interés inicial en las conquistas, pronto el público y la monarquía españoles volvieron su atención a asuntos más inmediatos. Las guerras en Italia, Alemania y el Imperio Otomano eran lo que preocupaba a Carlos V; con tal de que las colonias siguieran produciendo riquezas, el monarca les hacía poco caso, lo cual quería decir que los encomenderos podían administrar sus territorios con gran libertad. Algunos usaban su poder justamente, pero muchos abusaban de su autoridad.

Los encomenderos tanto como la monarquía española se beneficiaban de los recursos naturales del Nuevo Mundo. Las colonias exportaban café, algodón y muchos otros productos agrícolas, además de grandes cantidades de oro y plata. Con la expulsión de los judíos y los moros, España había perdido su clase comerciante y por lo tanto dependía de las importaciones para traer dinero al país. Sin embargo, las guerras de Carlos V y de sus sucesores desangraban los cofres nacionales, y para fines del siglo dieciséis España estaba en la bancarrota.

Durante el período colonial, la antigua capital de los aztecas se convirtió en la ciudad más magnífica de la Nueva España (nombre que se le dio a México durante la época de la dominación española). Los españoles destruyeron la ciudad original. Establecieron su autoridad política y religiosa, y dividieron la metrópoli en dos sectores, el español y el indio. Usaron muchas de las piedras de los templos y pirámides para crear edificios nuevos o para llenar los canales y convertirlos en calles. En 1524 la ciudad tenía una población de unos 30.000 habitantes, y en 1535 fue designada la capital de la Nueva España, territorio que se extendía desde Panamá hasta el norte de California. Pronto se transformó en un importante centro cultural, con elegantes mansiones y palacios. La Catedral Metropolitana, comenzada en 1573, es la más grande de la América Latina. Los conventos y monasterios fueron importantes centros intelectuales. En algunos conventos se hacían recitales de poesía y de música, y se montaban obras de teatro; las monjas podían recibir invitados, y a menudo sus tertulias animadas atraían a la crema de la sociedad colonial.

Sor Juana Inés de la Cruz (1651–95), el intelecto más sobresaliente del período colonial, dio muestras de tremenda erudición cuando aún era niña. Antes de tomar el velo a los dieciséis años, sirvió en la corte del virrey, donde era admirada por su belleza e inteligencia. Sor Juana escribió poesía, teatro y prosa, incorporando a sus obras los exquisitos refinamientos que caracterizan el barroco español. Espíritu racional y penetrante, poseía una curiosidad insaciable que la llevaba a estudiar ciencias, música, arte, teología y filosofía. La entrada de Sor Juana al convento es un enigma que preocupa a los estudiosos desde hace siglos, ya que de joven ella no parecía tener una verdadera vocación religiosa. Algunos historiadores han sugerido que sólo en el convento una mujer como ella podía gozar de la quietud que deseaba para seguir sus estudios. Sin embargo, las autoridades eclesiásticas no pudieron aceptar que Sor Juana se dedicara a actividades que ellos no consideraban apropiadas para una religiosa. Debido a sus presiones, en 1694 la monja renunció a sus actividades intelectuales, vendió su biblioteca y sus instrumentos de investigación científica y se dedicó a la más austera práctica de la religión.

Lima fue otro gran centro cultural. Capital de la Nueva Castilla, se enriqueció con el oro del Cuzco y con la plata de las fabulosas minas de Potosí. Florecieron la pintura, la escultura, la cerámica, la platería

y la arquitectura. Las mansiones y los palacios de Lima eran más bellos y espléndidos que los de muchas capitales europeas. Algunos de los mejores ejemplos del estilo plateresco, caracterizado por su ornamentación caprichosa e intrincada, se encuentran en la Lima colonial. Como en México, los conventos eran centros culturales donde se realizaban recitales y representaciones teatrales.

A pesar de la opulencia de las capitales coloniales, las masas indígenas y africanas vivían en la miseria, situación que no cambiaría con el avenimiento de la Independencia.

Repaso

I. Conteste las siguientes preguntas.

Los primeros habitantes de las Américas; los olmecas; los maya

1. ¿Qué teoría existe acerca de la llegada de los antepasados de los indios a las Américas? ¿Eran agricultores o nómadas? ¿Cuándo empezaron a formarse poblaciones permanentes?

2. ¿Cuál fue la primera gran civilización indígena? Describa los logros de este pueblo.

3. ¿Dónde y cuándo se desarrolló la civilización maya? ¿Qué épocas se distinguen en su historia?

4. ¿Era homogénea o no la civilización maya? Explique.

5. Describa los logros de los maya en el campo de las artes. ¿Qué adelantos hicieron en la astronomía y en las matemáticas?

6. ¿Cuáles son algunas características de la religión de los maya?

7. ¿Cómo estaban organizados políticamente? ¿Qué sabemos de su economía?

8. ¿Cómo cambió la civilización maya después del año 900?

Los aztecas; los incas

1. ¿Cómo mantuvieron los aztecas su dominio sobre el territorio mexicano?

2. ¿Qué leyenda predecía el triunfo de los aztecas? ¿Cómo convirtieron su capital en un área habitable?

3. ¿Qué sabemos de la religión de los aztecas?

4. ¿Cómo era su mercado?

5. Describa la sociedad azteca. ¿Era homogénea la población? Describa sus logros artísticos.

6. ¿Cuándo y dónde floreció la civilización incaica?

7. Describa el sistema administrativo de los incas. ¿Cómo estaba organizado el imperio?

8. ¿Cuáles son algunas características de la religión de los incas?

9. Mencione algunos de sus logros en los campos del arte, las ciencias y la ingeniería.

10. ¿Cuál fue la más avanzada y poderosa de las civilizaciones del continente sudamericano? ¿Hasta dónde se extendía su imperio cuando llegaron los españoles?

11. Describa el sistema administrativo de los incas. ¿Qué era un *ayllu*?

12. ¿En qué sentido estaba organizada la sociedad en forma de pirámide? ¿Qué era un *puric*? ¿Qué posición ocupaba el Sapa Inca?

13. ¿Qué productos cultivaban los incas?

14. Describa la vida de un *puric* y la de un noble.

15. ¿Cómo era la religión de los incas?

16. ¿Tenían una literatura? ¿Qué era un *quipu*?

La llegada de los europeos; Hernán Cortés y la conquista de México; Francisco Pizarro y la conquista del Perú

1. ¿Fue Colón el primer europeo que llegó al Nuevo Mundo? Explique. ¿Cuántos viajes hizo Colón?

2. ¿Quién fue Hernán Cortés? ¿Y Malinche?

3. ¿Por qué buscó Cortés aliados entre las tribus indígenas antes de emprender la conquista de Tenochtitlán? ¿Cómo reaccionó Cortés al llegar a la capital azteca?

4. ¿Cómo recibió Moctezuma a Cortés? ¿Por qué apresó Cortés al emperador azteca, entonces? ¿Qué fue la Noche Triste?

5. ¿Cómo se defendieron los aztecas cuando Cortés volvió a atacar?

6. ¿Qué situación existía en el Perú que favorecía la conquista española?

7. ¿Qué hizo Pizarro con Atahualpa y Manco Cápac II?

8. ¿Qué eran las encomiendas? ¿Qué hicieron los encomenderos con el virrey? ¿Qué contribución importante hizo Andrés Hurtado de Mendoza al desarrollo de la colonia?

La época colonial

1. ¿Por qué se importó a miles de africanos durante la época colonial?

2. ¿Por qué se conoce al padre Bartolomé de las Casas como el Protector de los Indios? ¿Por qué es un personaje tan controvertido?

3. ¿En qué grupos se concentraba el poder? ¿Cuál era la función de cada uno?

4. ¿Cómo contribuían las colonias a la economía española?

5. Describa la capital de México durante el período colonial.

6. ¿Quién fue Sor Juana Inés de la Cruz?

7. ¿Cuál fue otro gran centro urbano?

II. Explique el significado de los siguientes términos.

1. *Popol Vuh*

2. Quetzalcóatl

3. toltecas

4. *chinampas*

5. *calpulli*

6. náhuatl

7. *ayllu*

8. *quipu*

9. Viracocha

10. la leyenda negra

11. Moctezuma

12. Cuauhtémoc

13. Diego de Almagro

14. encomienda

15. virrey

III. Verdad o falso. Explique su respuesta en ambos casos.

1. Las primeras poblaciones de las Américas eran probablemente homogéneas.

2. Los olmecas influyeron en la formación cultural de futuras civilizaciones americanas.

3. El desarrollo de las grandes culturas indígenas fue un proceso de síntesis.

4. Todas las civilizaciones precolombinas tenían un sistema de escritura.

5. Todas practicaban el sacrificio de seres humanos.

6. Las civilizaciones precolombinas no practicaban el comercio.

7. La religión era central a todas estas culturas.

8. Estos pueblos eran esencialmente pacíficos.

9. Los incas cultivaban el individualismo.

10. Los aztecas no trataron de defenderse ante la agresión española.

11. La conquista del Perú fue extremadamente violenta.

12. Por lo general, los encomenderos tomaban muy en serio su responsabilidad de proteger a los indios que vivían en sus encomiendas.

13. En la Europa del siglo dieciséis se consideraba justificable obligar a la gente a convertirse a la fuerza.

14. El rey de España y el pueblo español tenían mucho interés en las colonias.

15. No había vida intelectual en las colonias.

IV. ¿Está Ud. de acuerdo con las siguientes afirmaciones o no? Explique su posición.

1. Las civilizaciones precolombinas eran tan avanzadas como las europeas durante el período de la Conquista.

2. La vida de un *puric* en la civilización incaica era mejor que la de un pobre en un país moderno industrializado.

3. Es un error hablar de los indios de Latinoamérica como si se tratara de una población uniforme.

4. Las religiones indígenas tienen ciertas cosas en común con las de tradición judeo-cristiana.

5. Es imposible comprender las culturas contemporáneas hispanoamericanas sin tener una idea de la historia precolombina.

6. El padre Bartolomé de las Casas fue un verdadero héroe.

7. Algunos de los problemas sociales que existen en Latinoamérica hoy día tienen sus orígenes en la época colonial.

V. Temas para la conversación y la composición

1. La organización política de las tres grandes civilizaciones americanas: semejanzas y diferencias

2. La heterogeneidad de las poblaciones americanas

3. Las religiones americanas precolombinas

4. Las artes y ciencias en la América precolombina

5. Las economías americanas precolombinas

6. El concepto del individualismo en las civilizaciones precolombinas y en la nuestra

7. La influencia en Europa de productos agrícolas nativos a las Américas

8. Comparación entre los primeros colonizadores europeos de la América del Norte y los de la América Latina

 **O**TRAS **VOCES**

Canto general:
Los Conquistadores

Pablo Neruda (1904–73)

Ganador del Premio Nóbel en 1971, el poeta chileno Pablo Neruda alcanzó la fama con su segundo libro, *Veinte poemas de amor y una canción desesperada,* publicado en 1924. Sensuales y melancólicos, los poemas de esta colección reflejan todavía la influencia del modernismo, movimiento literario de principios del siglo veinte que cultiva la imagen delicada y exótica. Más tarde experimentó con otros estilos. El surrealismo, por ejemplo, es evidente en su yuxtaposición de imágenes aparentemente incompatibles y en la cualidad onírica de muchos de sus versos. Aunque su poesía abarca un gran número de temas y expresa la gama de las emociones humanas, domina un sentido de melancolía y de enajenación. Sin embargo, no falta el humor, especialmente en sus «odas elementales», dedicadas a objetos comunes como, por ejemplo, el calcetín o la cebolla.

Diplomático y activista político, Neruda fue miembro del partido comunista y era considerado campeón del obrero y del labrador. El *Canto general* es una colección de poemas que traza la explotación en América de una clase por otra. En «Los Conquistadores», la tercera sección de la antología, Neruda describe al español como avaro, ambicioso y desalmado. Hoy en día muchos críticos consideran la perspectiva política de Neruda algo simplista. Su admiración por Stalin y su defensa del régimen soviético parecen injustificables. Sin embargo, no hay duda de que Neruda fue una de las grandes figuras literarias del siglo veinte.

Cortés

Cortés no tiene pueblo, es rayo frío,[3]
corazón muerto en la armadura.

---

[3] Por medio de esta descripción Neruda expresa la idea de que Cortés es un aventurero solitario y frío.

«Feraces tierras, mi Señor y Rey,
templos en que el oro, cuajado
5   está por manos del indio».[4]

Y avanza hundiendo puñales, golpeando
las tierras bajas, las piafantes[5]
cordilleras de los perfumes,
parando su tropa entre orquídeas
10   y coronaciones de pinos,
atropellando los jazmines,
hasta las puertas de Tlaxcala.[6]
(Hermano aterrado, no tomes
como amigo al buitre[7] rosado:
15   desde el musgo[8] te hablo, desde
las raíces de nuestro reino.
Va a llover sangre mañana,
las lágrimas serán capaces
de formar niebla, vapor, ríos,
20   hasta que derritas los ojos).

Cortés recibe una paloma,
recibe un faisán,[9] una cítara[10]
de los músicos del monarca,
pero quiere la cámara del oro,[11]
25   quiere otro paso, y todo cae
en las arcas de los voraces.
El rey[12] se asoma a los balcones:
«Es mi hermano»,[13] dice. Las piedras
del pueblo vuelan contestando,[14]

---

[4] **Feraces…** cita de una carta que Cortés le escribió a Carlos V. **Feraz** = fértil; **cuajado** = formado

[5] *stampeding*

[6] Pueblo enemigo de los aztecas que se alió a Cortés

[7] *vulture* (Se refiere al español.)

[8] *moss*

[9] *pheasant*

[10] *zither* (musical instrument)

[11] El cuarto donde se guarda el oro

[12] Moctezuma, rey de los aztecas

[13] Cita atribuida a Moctezuma, la que provoca una reacción violenta de parte de los guerreros aztecas

[14] El pueblo le tira piedras porque lo ven como traidor por haber confiado en los blancos.

30   y Cortés afila puñales
      sobre los besos traicionados.
      Vuelve a Tlaxcala, el viento ha traído
      un sordo rumor de dolores.

Cita de cuervos[15]

En Panamá se unieron los demonios.[16]
Allí fue el pacto de los hurones.[17]
Una bujía[18] apenas alumbraba
cuando los tres llegaron uno a uno.
Primero llegó Almagro antiguo y tuerto,[19]
5   Pizarro, el mayoral porcino[20]
y el fraile Luque, canónigo entendido
en tinieblas.[21] Cada uno
escondía el puñal para la espalda
del asociado,[22] cada uno
10   con mugrienta mirada en las oscuras
paredes adivinaba sangre,
y el oro del lejano imperio los atraía
como la luna a las piedras malditas.
Cuando pactaron, Luque levantó
15   la hostia en la eucaristía,
los tres ladrones amasaron
la oblea[23] con torva sonrisa.

---

[15] Se refiere a una reunión en Panamá, el 10 de marzo de 1526, en la cual participaron Francisco Pizarro (1475–1541); Diego de Almagro (1475–1538), compañero de Pizarro; y el sacerdote fray Hernando de Luque (¿?–1532), vicario de Panamá y, más tarde, obispo del Perú. Los tres se comprometieron a la conquista del Perú. Pizarro y Almagro se ocuparían del aspecto militar del proyecto, y Luque daría dinero para la expedición. Según el contrato que firmaron, cada uno recibiría un tercio de las ganancias.

[16] Los «demonios» son Pizarro, Almagro y Luque.

[17] *ferrets*

[18] vela

[19] De un solo ojo. Almagro era, en efecto, tuerto.

[20] De niño Pizarro había sido cuidador de puercos.

[21] **entendido…** *clever about shadowy deals*

[22] En efecto, Pizarro terminó asesinando a Almagro y el hijo de éste se vengó asesinando a Pizarro.

[23] *wafer* (used in the Mass)

«Dios ha sido dividido, hermanos,
20   entre nosotros»,[24] sostuvo el canónigo,
y los carniceros de dientes
morados dijeron «Amén».
Golpearon la mesa escupiendo.
Como no sabían de letras
25   llenaron de cruces la mesa,[25]
el papel, los bancos, los muros.

El Perú oscuro, sumergido,
estaba señalado y las cruces,
pequeñas, negras, negras cruces,
30   al Sur salieron navegando:
cruces para las agonías,
cruces peludas y filudas,
cruces con ganchos de reptil,
cruces salpicadas de pústulas,
35   cruces como piernas de araña,
sombrías cruces cazadoras.

Repaso

I. Conteste las siguientes preguntas.

Cortés

1. ¿Cómo retrata Neruda a Cortés en este poema?

2. ¿Cómo integra documentos históricos en su poema? ¿Qué efecto produce?

3. ¿Cómo comunica lo destructivo y violento del hombre blanco? ¿Cómo comunica el vínculo que existe entre el indio y la naturaleza?

4. ¿Qué regalos le da Moctezuma a Cortés? ¿Qué pueden simbolizar estos objetos? ¿Por qué hace la mención de estos regalos más horrible la traición de Cortés?

---

[24] La cita es falsa. Sin embargo, según un testimonio de la época, Luque dividió la hostia en tres partes, una para cada uno, para dar solemnidad a la ocasión.

[25] Because they don't know how to write, they sign their names with *X*s, which in the next lines turn into crosses, evoking images of ships, swords, and tombs.

5. ¿Cómo reaccionan los indios a las palabras de Moctezuma?

6. ¿Cuál es la importancia de Tlaxcala en este poema?

Cita de cuervos

1. ¿Quiénes son los tres «cuervos»?

2. ¿Cómo crea Neruda un ambiente siniestro en este poema?

3. ¿Qué metáforas usa para referirse a los españoles? ¿Cómo y por qué los deshumaniza?

4. ¿Por qué lleva cada uno de los españoles un puñal?

5. ¿Qué efecto produce en el lector la celebración de la eucaristía? ¿Qué insinúa el autor con respecto al papel de la Iglesia en la Conquista y a la hipocresía de los cleros?

6. ¿Por qué firman los «cuervos» con cruces? ¿Qué sugiere Neruda con respecto al nivel intelectual de los Conquistadores? ¿Cómo usa este símbolo para sugerir la destrucción de las culturas nativas del Nuevo Mundo?

II. Temas para la conversación y la composición

1. Hoy en día algunas personas dicen que no se debe hablar del «descubrimiento de América» sino de un «encuentro de culturas». ¿Qué opina usted? ¿Por qué?

2. El concepto de la tolerancia religiosa en el siglo dieciséis y ahora.

3. La imagen del español en «Cortés» y «Cita de cuervos»: ¿Se justifica, o es una distorsión injustificable?

4. Los efectos positivos y negativos de la Conquista.

5. La influencia de la ideología política de Neruda en «Cortés» y «Cita de cuervos».

6. Póngase Ud. en la posición de Cortés. ¿Cómo explica su conducta en la corte de Moctezuma?

7. Póngase Ud. en la posición de Moctezuma. ¿Cómo explica su conducta ante los españoles?

8. Ahora póngase en la posición de un noble azteca que observa los incidentes descritos por Neruda en «Cortés». ¿Qué siente Ud.? ¿Qué piensa? ¿Cómo reacciona?

Desde la Independencia hasta el presente

LAS RAÍCES ECONÓMICAS Y POLÍTICAS DE LA INDEPENDENCIA

El movimiento independentista de fines del siglo dieciocho y principios del siglo diecinueve se debe tanto a la situación en Europa como a acontecimientos en el Nuevo Mundo. España había sido uno de los reinos más poderosos de Europa en el siglo dieciséis, pero la derrota en 1588 por los ingleses de la flotilla nacional —conocida como la *Armada Invencible*— marca un cambio de rumbo en la historia del país. A fines del siglo dieciséis comenzó a deteriorarse la monarquía habsburga, la cual estaba en el poder desde 1516. Con la muerte de Felipe II en 1598, España se hundió en el caos y en la corrupción. Felipe III y Felipe IV fueron monarcas débiles que entregaron las riendas del gobierno a sus consejeros. España sufrió una serie de catástrofes militares que resultaron en la pérdida de Holanda en 1643 y en sublevaciones en diversos sectores del imperio hispano-germánico. Carlos II, el último monarca habsburgo, fue un hombre enfermizo. Murió sin dejar heredero, lo cual provocó la *Guerra de Sucesión.* Las potencias europeas lucharon por colocar a su candidato en el trono español. Francia y la Corona de Castilla apoyaron a los *Borbones,* mientras que Inglaterra, Portugal, Saboya y los estados del Imperio habsburgo fueron partidarios del archiduque Carlos de Austria. El conflicto terminó con la victoria del pretendiente francés, Felipe de Borbón (1683–1746), que sería Felipe V de España.

Influidos por la *Ilustración* francesa, los Borbones adoptaron una política conocida por el nombre de *despotismo ilustrado,* según la cual el monarca y un grupo selecto de consejeros debían gobernar por el bien del pueblo pero sin la participación de éste. Con el objetivo de transformar España en una monarquía moderna, emprendieron muchos nuevos proyectos, entre ellos la creación por Felipe V de la Real Academia Española de la Lengua en 1714 y la Academia de la Historia en 1738. Fernando VI (1712) y Carlos III (1716–88) llevaron a cabo importantes reformas administrativas. Éstas incluían la fundación de las Sociedades del País, cuyo fin era fomentar el desarrollo cultural y económico de las provincias. Más tarde estas organizaciones locales serían instrumentos de emancipación en el período revolucionario.

Con el fin de afirmar su poder en las Américas y al mismo tiempo generar nuevos ingresos para la Corona, los Borbones crearon dos nuevos virreinatos, uno en Nueva Granada (primero en 1717 y luego en 1739) y otro en Buenos Aires (1776). Además, Carlos III reemplazó a los odiados corregidores (delegados virreinales), que habían sido instalados por los Habsburgos, con intendentes (jefes administrativos) que respondían directamente a la Corona en vez de al virrey. Casi todos los intendentes eran *peninsulares* —es decir, españoles nacidos en España— y no *criollos* —españoles nacidos en el Nuevo Mundo. Con esta medida la Corona intentó asegurar la lealtad de sus representantes y aumentar su poder en las Américas. Sin embargo, pronto los criollos pudientes comenzaron a desafiar la autoridad de los intendentes.

Carlos III no sólo devolvió el dominio administrativo a la Corona sino que reemplazó a los jueces criollos con peninsulares. Viéndose excluidos del poder, los criollos buscaron otras avenidas para proteger sus intereses. Los *cabildos* —corporaciones compuestas de un alcalde y varios concejales para la administración de un municipio— les daban un instrumento para organizarse. A principios del siglo dieciocho, los cabildos ejercían poca autoridad, pero después de la creación de la intendencia, se convirtieron en centros de autoridad criolla.

Con el fin de aumentar el poder de la Corona, el monarca borbónico intentó disminuir la influencia de la Iglesia. En 1767 expulsó a los jesuitas, lo cual tuvo un efecto profundo en las colonias, donde la orden había establecido misiones, o *reducciones*. Estos centros de población amerindia creados en el sudeste de Paraguay y en la provincia argentina de Misiones albergaban a unos 300.000 indios guaraníes. El propósito de las reducciones era poner a los indios a salvo de las encomiendas y convertirlos al catolicismo, aunque a pesar de su labor evangélica, los padres respetaron la cultura y el idioma nativos. La provincia jesuítica de Paraguay se convirtió en una importante potencia económica, y Carlos III empezó a verla como un estado rival. Tras la desaparición de los jesuitas de Sudamérica, sus propiedades fueron vendidas a beneficio de la Corona, y los indios, que no habían aprendido a gobernarse, cayeron víctimas de los caciques locales. Sin embargo, el exilio de la Compañía de Jesús no eliminó su influencia en el Nuevo Mundo. Algunos jesuitas lucharon tenazmente contra la autoridad española. Uno de los más destacados fue el peruano Juan Mariano Vizcardo Guzmán (1746–98), autor de la inflamatoria *Carta a los españoles americanos por uno de sus compatriotas* (1792).

Otra medida que tomó el rey para asegurar la autoridad de la Corona fue formar milicias coloniales cuyo objetivo era apaciguar cualquier rebelión que se levantara contra el trono. Sin embargo, pronto estos ejércitos locales fueron llenándose de criollos. Para principios del siglo diecinueve había casi cuatro veces más criollos que peninsulares en la milicia; ésta se convertiría más tarde en el núcleo de los ejércitos coloniales revolucionarios.

Uno de los puntos de conflicto más importantes entre la Corona y los criollos se relacionaba con el comercio. La monarquía controlaba la importación y exportación de productos, restringiendo el comercio colonial a sólo cuatro puertos (Veracruz, Cartagena, Lima/Callado y Panamá), los cuales tenían permiso para traficar únicamente con Cádiz. Los criollos deseaban ampliar sus mercados estableciendo relaciones comerciales con los países de Europa. De hecho, ya el contrabando florecía en las colonias desde hacía tiempo. Carlos III, deseoso de desarrollar las posibilidades económicas dentro de sus territorios, decretó la libertad de comercio con América. Ahora cualquier puerto colonial podía comerciar con cualquier otro, o con cualquier puerto español, aunque todavía se prohibía el tráfico entre puertos hispanoamericanos y los de países que no formaran parte del reino. Durante este período creció el puerto de Buenos Aires, que se convirtió en un importante centro comercial.

Además de estos factores internos, habría que mencionar ciertas influencias externas que ayudaron a preparar el terreno para la Independencia. La Ilustración, movimiento intelectual europeo comprendido entre la segunda revolución inglesa (1688) y la Revolución francesa (1789), tuvo una influencia considerable entre la *intelligentsia* colonial. Los pensadores de la Ilustración hacían hincapié en el papel de la razón en los asuntos humanos. Creían que la felicidad general se podía alcanzar mediante el progreso. Insistían en la importancia de educar al hombre común, y con ese fin se inició la creación de la *Enciclopedia* o *Diccionario razonado de las ciencias, las artes y los oficios,* publicación dirigida por Diderot con el propósito de reunir todos los conocimientos humanos y hacerlos asequibles al público. Incluía artículos de los grandes pensadores de la época, entre ellos D'Alembert, Voltaire, Montesquieu y Rousseau. La Ilustración dio gran importancia a las ciencias, las matemáticas y la tecnología. En el campo de la política, pensadores como Montesquieu y Pope desarrollaron el concepto de la nación soberana, y Jean-Jacques Rousseau escribió *El contrato social* (1762), en que expone su noción del estado republicano y democrático, que concilia la libertad y la igualdad. La Independencia norteamericana (1776) y la emancipación de Haití en 1804 inspiraron a los revolucionarios hispanoamericanos, asimismo las ideas de hombres como Thomas Jefferson y Benjamin Franklin. La Revolución francesa (1789) también sirvió de modelo para el republicanismo.

Durante los últimos años del siglo dieciocho y los primeros del diecinueve, las ideas revolucionarias se difundieron rápidamente en Latinoamérica, gracias en parte a propagandistas como el venezolano Francisco de Miranda (1750–1816). Colaborador en la guerra de Independencia de los Estados Unidos y más tarde general en la Revolución francesa, Miranda organizó una expedición libertadora a Venezuela en 1806. Aunque ésta fracasó, fue un paso importante hacia la libertad.

 # LAS GUERRAS DE INDEPENDENCIA

Carlos IV, hijo y sucesor de Carlos III, resultó ser un gobernante ineficaz que terminó dejando las riendas del estado en manos de su primer ministro, Manuel Godoy (1767–1851). En 1808 Carlos IV abdicó en favor de su hijo, Fernando VII. Napoleón obligó a Fernando VII a devolver la corona a su padre, y éste cedió su autoridad al emperador francés. Con la autorización de Godoy, las fuerzas napoleónicas invadieron España en 1808, provocando una sublevación popular en Madrid el 2 de mayo. Pronto la rebelión se extendió a todas partes del país. La ocupación francesa no sólo unió al pueblo español contra los invasores extranjeros sino que provocó sentimientos de solidaridad con España al otro lado del Atlántico. Curiosamente, fueron estos sentimientos de solidaridad lo que incitó la lucha por la independencia en Hispanoamérica.

Cuando Napoleón colocó a su hermano José Bonaparte en el trono de España, el pueblo reaccionó con violencia. En Hispanoamérica, los cabildos protestaron contra la usurpación del poder real, rebelándose contra los virreyes, a quienes consideraban representantes de Napoleón. Aunque estas juntas locales pretendían gobernar en nombre del rey español, los vínculos entre la monarquía y las colonias estaban rompiéndose. Ya las colonias habían dado el primer paso hacia la independencia política.

La conciencia de emancipación de la población criolla se tradujo en las primeras tentativas independentistas a fines del siglo dieciocho. Tres insurrecciones estallaron y fueron suprimidas en la región andina antes de 1810. En México, el sacerdote Miguel Hidalgo (1753–1811), conocido como «padre de la patria», fue el instigador de la sublevación patriótica de Dolores —el llamado *grito de Dolores*. Hidalgo proclamó la independencia de México y la abolición de la esclavitud, pero fue derrotado y fusilado por los realistas. En Venezuela, Francisco de Miranda intentó organizar la lucha por la independencia, pero su intento fracasó, y murió en el exilio.

En el Cono Sur (Argentina, Chile y Uruguay) emergieron varios líderes revolucionarios eficaces, y el movimiento tuvo más éxito. En 1806 y 1807 fracasaron dos intentos de parte de los ingleses de tomar Buenos Aires. Estas incursiones británicas desencadenaron una crisis que resultó en la militarización de la población criolla. El lograr repeler los ataques de los ingleses sin la ayuda de las fuerzas reales hizo que creciera la confianza de los argentinos. El pueblo demandaba el libre comercio, y aunque el virrey accedió, en 1810 el cabildo, declarando su derecho de gobernar a nombre del rey, expulsó al virrey y estableció su autoridad en el virreinato, excepto en el área del Alto Perú (Bolivia), Paraguay y Uruguay. José Francisco de San Martín, llamado el Libertador, se unió a los movimientos independentistas en 1812 y formó el ejército de los Andes. En 1816 Argentina declaró su independencia de España. San Martín quería expulsar a todos los españoles de Hispanoamérica para evitar futuros ataques contra Argentina. Con este fin cruzó los Andes y sorprendió a las tropas españolas en Chile. Después de esta victoria, siguió hasta el Perú, donde continuó luchando.

José Gervasio Artigas, conocido como fundador de la nación uruguaya, se enfrentó al gobernador español en Montevideo en 1811. En 1814 se rebeló contra el gobierno centralista de Buenos Aires, exigiendo un régimen federal en el antiguo virreinato. Dos años más tarde hizo frente a la invasión luso-brasileña, pero fue derrotado por los agresores.

En Chile, Bernardo O'Higgins emergió como líder del movimiento independentista. Colaboró con la junta que gobernó durante el cautiverio de Fernando VII. General en el ejército revolucionario, colaboró con San Martín y consiguió varias victorias importantes. La más decisiva fue la de Maipú (1818), la cual aseguró la independencia de Chile.

En el norte el venezolano Simón Bolívar (1783–1830) emergía como líder de la emancipación. De joven Bolívar había viajado por Europa y por los Estados Unidos, pero regresó a su país natal para unirse al movimiento independentista. La invasión napoleónica de España impulsó a la junta de Caracas a mandar a Bolívar a Londres a pedir ayuda contra los franceses, pero una vez en Inglaterra, el joven patriota aprovechó la ocasión para adelantar la causa de la independencia. En Londres, Bolívar se unió a Miranda, y los dos volvieron a Venezuela. Al año siguiente Venezuela se declaró independiente, pero los realistas lograron suprimir la sublevación, gracias en parte a un terremoto que destrozó los centros revolucionarios pero no afectó los centros realistas. Bolívar se retiró a Curazao y entonces se unió a las fuerzas revolucionarias de la Nueva Granada (Colombia). Habiendo conseguido ayuda en Nueva Granada, invadió Venezuela en mayo de 1813. Entró en Caracas el 6 de agosto del mismo año, y dos meses más tarde fue declarado el Libertador. Sin embargo, los realistas lanzaron un contraataque y volvieron a tomar Caracas. Cuando los españoles recapturaron Nueva Granada, Bolívar se retiró a Jamaica, donde escribió su famosa *Carta de Jamaica,* en la que expone sus ideas sobre el futuro de Latinoamérica. Al regresar al continente, marchó a Colombia, donde derrotó a las fuerzas realistas. En 1819 proclamó la República de Colombia, que comprendía Nueva Granada y Venezuela. Aunque fue elegido el primer presidente de la nueva república, la guerra en el Perú requería su atención. San Martín había conquistado Lima en 1821, pero las fuerzas españolas controlaban las tierras altas, y el general argentino pidió su ayuda. Los dos líderes militares se encontraron en Guayaquil en 1822, pero tras un malentendido San Martín renunció sus poderes en favor de Bolívar, quien entró en Lima en 1823. Antonio José de Sucre (1795–1830), lugarteniente de Bolívar, participó junto con el Libertador en la batalla de Junín (6 agosto de 1824) y derrotó al virrey en Ayacucho (diciembre 1824), completando la liberación de Sudamérica.

En México el sacerdote José María Morelos (1765–1815) se unió a Hidalgo en 1810. Después de la sublevación en Dolores, dirigió la rebelión en el sur del país. Entonces asumió el poder ejecutivo y elaboró una constitución, pero sufrió un par de derrotas militares y fue capturado y ejecutado por los

españoles. La violencia de estas sublevaciones hizo que los aristócratas criollos se atemorizaran ante la amenaza de una revolución de carácter popular, y esto los llevó a aliarse con los españoles. La situación cambió, sin embargo, debido al triunfo de la revolución liberal en España (1808–14). Agustín de Iturbide (1783–1824) asumió el liderazgo del movimiento independentista en México. Al conseguir la libertad de España en 1821, Iturbide se hizo coronar emperador y quiso gobernar dictatorialmente. Fue obligado a abdicar en 1823, y al año siguiente fue fusilado.

 # LOS NUEVOS ESTADOS AMERICANOS

En su *Carta de Jamaica* Bolívar escribe: «Yo deseo más que otro alguno ver formar en América la más grande nación del mundo, menos por su extensión y riquezas que por su libertad y gloria. Aunque aspiro a la perfección del gobierno de mi patria, no puedo persuadirme que el Nuevo Mundo sea por el momento regido por una gran república; como es imposible, no me atrevo a desearlo». El Libertador se dio cuenta de que, aunque deseaba que se formara en Hispanoamérica una liga de repúblicas democráticas, los nuevos estados no tenían la preparación necesaria para establecer una confederación coherente como la de los

Estados Unidos. Para empezar, no habían heredado de España una tradición de constitucionalismo. Además, el intenso regionalismo que siempre había caracterizado a España también se manifestaba en el Nuevo Mundo. En 1830 Venezuela y Ecuador se separaron de la Gran Colombia. La América Central se separó de México en 1823 y se fragmentó en distintas repúblicas. Uruguay se independizó de Brasil en 1828. En vez de tener presidentes elegidos por el pueblo, las nuevas repúblicas eran gobernadas por lo general por *caudillos* —jefes locales que se mantenían en el poder mediante el uso de la fuerza.

El sistema económico que los colonizadores habían traído de España combinaba el feudalismo con una especie de capitalismo modificado. Ahora las grandes haciendas y plantaciones perpetuaban el mismo estilo de vida. Las guerras habían interrumpido el desarrollo de la industria y el comercio internacional y habían precipitado un éxodo de administradores y comerciantes, destruyendo la base crematística de la sociedad, pero la élite criolla seguía gozando de los mismos lujos de siempre. En realidad, la independencia no cambió radicalmente la forma de vida de la mayoría de los hispanoamericanos. Las clases pudientes mantenían las mismas actitudes y costumbres que habían heredado de sus antepasados ibéricos. Dependían culturalmente de Francia y económicamente de Inglaterra. Puesto que la élite se beneficiaba de las antiguas instituciones coloniales, no tenía ningún incentivo para abolirlas. Como escribe el historiador Bradford Burns, «quisieron institucionalizar el pasado; no querían…cambiarlo».[1] Sin embargo, los terratenientes que habían tomado en sus manos las riendas del gobierno no tenían ninguna experiencia administrativa, situación que facilitó la llegada al poder de los caudillos.

Violentos pero carismáticos, estos autócratas provinciales podían ser de cualquier clase social, pero a menudo eran de las clases bajas. Aunque la élite urbana los despreciaba, las masas los adoraban, a menudo viendo en ellos «uno de los suyos» que había llegado a una posición de autoridad. A pesar del atractivo que tenía el liberalismo francés para los intelectuales hispanoamericanos —Víctor Hugo (1802–85) fue el autor más leído de todos durante el siglo diecinueve en Latinoamérica— la suerte de los negros e indios no cambió después de la Independencia. Del lema de la Revolución francesa, «libertad, igualdad, fraternidad», la élite sólo abrazó la causa de la libertad —entendida, claro, como libertad del dominio español. En cuanto a los indios, la mayoría de ellos quedaban amarrados a los latifundios de sus patrones. Como los indios a menudo no sobrevivían el cautiverio, se importaban esclavos negros de África; más de tres millones de negros fueron importados durante la época colonial, principalmente a las zonas donde había grandes plantaciones, por ejemplo, Brasil y el Caribe. La esclavitud de los negros no fue abolida en la mayoría de los países latinoamericanos sino hasta mediados del siglo diecinueve. Para muchos indios, negros y mulatos que vivían en la miseria, los caudillos ofrecían un rayo de esperanza.

El faccionismo comenzó muy pronto en las antiguas colonias. Los criollos liberales, inspirados por el anticlericalismo de pensadores franceses como Voltaire, atacaban a la Iglesia Católica. Aunque algunos sacerdotes habían hecho grandes contribuciones a la causa de la Independencia y los jesuitas a menudo habían tomado una posición muy progresista, educando a indios y mestizos en sus misiones y escuelas, en muchos casos la jerarquía eclesiástica se alió con los elementos más conservadores de la sociedad. Los

---

[1] "The Continuity of the National Period," in *Latin America: Its Problems and Its Promise: A Multidisciplinary Introduction,* ed. Jan Knippers Black (Boulder: Westview, 1991), 70.

liberales veían a la Iglesia como una fuerza reaccionaria y estancada que promovía valores anticuados, los cuales favorecían el aumento del poder de los caudillos e impedía el desarrollo del comercio. Su progresismo no se extendía a la preocupación por las masas indígenas y negras, sin embargo. En cuanto a la organización política, los liberales eran partidarios de la descentralización, es decir, de más poder y autonomía para la provincia o estado. Los conservadores también apoyaban la expansión comercial, pero veían a la Iglesia y al gobierno central como fuerzas de estabilidad social. En Colombia, los conflictos —a veces armados— entre liberales y conservadores caracterizaron todo el siglo diecinueve.

Por lo general, las décadas que siguieron a las guerras de independencia difirieron poco del período colonial. El latifundio siguió dominando la vida rural, y la economía siguió dependiendo principalmente de la agricultura. Los ingleses reemplazaron a los españoles como los principales inversionistas en Hispanoamérica, así que en vez de someterse a los intereses españoles, ahora las antiguas colonias se sometían a los intereses británicos. Como antes, una pequeña élite terrateniente dominaba la sociedad, y las masas eran analfabetas y pobres. Sin embargo, dos cambios importantes se realizaron en este período: 1) El poder pasó a manos de los criollos y por lo tanto ya no emanaba de Europa, y 2) Hispanoamérica se militarizó; desde entonces el ejército iba a desempeñar un papel central en casi todos los países de la región.

Durante la segunda mitad del siglo, la sociedad hispanoamericana empezó a cambiar. El latifundio había sido una entidad autosuficiente; producía principalmente para el consumo interno y por lo tanto no dependía del mercado. Pero poco a poco la agricultura se comercializó, y el antiguo sistema feudal cedió al sistema moderno. Sin embargo, los latifundios no desaparecieron sino que crecieron, desplazando a muchas comunidades indígenas, y empezaron a producir para exportar. Gracias al capital extranjero, la industria minera se revitalizó. La prosperidad y la estabilidad aumentaron en varios países. Disminuyeron las amenazas de poderes extranjeros. El caudillismo empezó a desaparecer, y el orden reemplazó el caos en muchas zonas. La autoridad se concentró en los gobiernos centrales, los cuales ejercían cada vez más dominio sobre las provincias. Se establecieron gobiernos civiles, con un presidente y representantes elegidos, aunque por lo general sólo votaban en las elecciones hombres que fueran criollos y propietarios. Durante este período los hispanoamericanos se hicieron más conscientes de su identidad patria, y el nacionalismo creció.

En el Setecientos y la primera mitad del Ochocientos, la sociedad europea cambió radicalmente gracias a la Revolución Industrial. Sin embargo, en Hispanoamérica, a pesar del progreso que se hizo en el campo de la agricultura, pocas áreas se industrializaron, con la excepción de México y Brasil, que producían textiles para el consumo doméstico. Una de las razones principales era que no había mercados domésticos, ya que la población rural constaba principalmente de peones y labradores pobres que no tenían dinero para comprar bienes manufacturados. Puesto que la economía dependía de la exportación de productos minerales y agrícolas, la élite comercial concentraba sus esfuerzos en cultivar mercados en el extranjero en vez de desarrollar las industrias locales, y esto tendría consecuencias muy negativas en el futuro.

Otro problema era que, aunque se aumentaron las exportaciones, la gran mayoría de los países dependían de un sólo producto. Cuba era un importante productor de azúcar; Brasil, de café; Argentina, de carne; Chile, de nitratos y cobre; y las naciones de la América Central, de frutas tropicales. Al depender de uno o dos productos exclusivamente, las antiguas colonias se hacían vulnerables a fluctuaciones en el mercado. Si una sequía o una inundación destruía sus cosechas o si se empezaba a vender el mismo producto más barato en otro sitio, una nación podía quedar en la ruina. Por ejemplo, Argentina y Cuba sufrieron consecuencias serias cuando, a causa de la depresión de la última década del siglo diecinueve, los países de Europa redujeron la importación de productos latinoamericanos. Las industrias brasileñas del café y del caucho sufrieron una crisis cuando Francia e Inglaterra empezaron a importar estos productos de sus colonias tropicales africanas y asiáticas.

En su afán de separarse de España intelectual y culturalmente, las nuevas repúblicas buscaron inspiración en otros países europeos. La ideología positivista, concebida por el pensador francés Auguste Comte (1798–1857), ganó aceptación entre algunos de los letrados más influyentes del continente. El *positivismo,* cuyo lema era «orden y progreso», se basaba en el conocimiento científico. Comte creía que la sociedad era un complejo organismo y, como los organismos biológicos, se sometía a ciertas leyes científicas. Por lo tanto, creía que la sociedad, como el mundo físico, se podía conocer por medio de la observación y, una vez conocida y entendida, se podía corregir o «curar». Padre de la sociología moderna, Comte pensaba que males sociales como la pobreza, la violencia, el alcoholismo o la ignorancia se podían eliminar por medio de la educación, la medicina y otros métodos científicos, asegurando así el progreso de la humanidad. Lo que les interesaba principalmente a los intelectuales latinoamericanos era la promesa del progreso material, especialmente en sus manifestaciones como, por ejemplo, la construcción de ferrocarriles, de puentes o de caminos. El positivismo respaldaba el capitalismo porque se veía la acumulación de bienes individuales como señal del progreso colectivo. Al estado le tocaba dirigir este proceso, el cual requería orden y estabilidad. A fines del siglo, el positivismo fue una influencia importante en la creación de instituciones educativas y económicas. En México, el presidente autoritario Porfirio Díaz (1876–1911) trajo de Europa a consejeros conocidos como «científicos» para que sugirieran soluciones a los problemas del país. Allí, como en Guatemala y Venezuela, esta ideología sirvió como justificación para las dictaduras «progresistas».

Durante la segunda mitad del siglo, la Iglesia empezó a perder prestigio en Latinoamérica, debido en parte a la influencia del racionalismo francés y en parte al materialismo que dominaba los sectores comerciales, burocráticos, profesionales y políticos. Aún en el campo, donde la gente era más tradicional y católica, la autoridad eclesiástica menguaba. Sin embargo, la Iglesia siguió siendo una influencia significativa en la política. Con el crecimiento de los latifundios y del comercio internacional, el poder de la élite creció. A pesar del atractivo que tenía el racionalismo francés para la *intelligentsia,* ésta no tuvo reparos en recurrir a la religión para asegurar su supremacía.

La Doctrina Monroe

En 1815 los monarcas de Rusia, Austria y Prusia formaron la *Santa Alianza* a fin de parar las tentativas nacionalistas de los pequeños estados alemanes e italianos. Para el año 1823 casi todos los países americanos habían declarado su independencia, y la Santa Alianza, que veía la extensión del republicanismo como una amenaza a la estabilidad de sus propias monarquías, amenazaba con ayudar a España a recuperar sus colonias americanas. El presidente de los Estados Unidos, James Monroe, adoptó una política con la cual esperaba garantizar la independencia de las nuevas repúblicas del sur. La *Doctrina Monroe* rechazaba cualquier intervención europea en los asuntos de América, así como de América en los asuntos de Europa. Para hacer valer su doctrina, el presidente norteamericano contaba con el apoyo de los ingleses, que favorecían la independencia hispanoamericana porque veían en las nuevas naciones mercados potenciales.

La reacción en Hispanoamérica a la Doctrina Monroe fue favorable. Los líderes de las naciones incipientes elogiaron a Monroe, y Bolívar le agradeció, aunque, siendo un hombre realista, sabía que los Estados Unidos podían hacer poco por defender la independencia de sus vecinos hispánicos. Contaba más bien con el amparo de Gran Bretaña, que había apoyado a las nuevas naciones anteriormente. Nunca fue la intención de Monroe que la doctrina que llevaba su nombre sirviera para justificar la intervención gratuita o interesada en los asuntos de sus vecinos. Se le debía recurrir únicamente para repeler una amenaza europea contra la soberanía del hemisferio. Casi inmediatamente después de su promulgación, ciertas naciones de Sudamérica le pidieron protección a los Estados Unidos, pero Monroe rehusó intervenir en sus conflictos porque éstos no resultaban de una amenaza de un país europeo. Sin embargo, durante la segunda mitad del siglo diecinueve, los Estados Unidos comenzaron a intervenir con frecuencia en los asuntos internos de los países de Latinoamérica a fin de proteger sus propios intereses comerciales.

México y los Estados Unidos

En México, los años que siguieron a la Independencia estuvieron llenos de confusión. El general Antonio López de Santa Anna, que fue presidente entre 1833 y 1834, asumió poderes de dictador. En aquella época, Texas era un territorio mexicano, pero muchos norteamericanos vivían allí. Cuando Santa Anna alteró la Constitución para otorgarse más poder, los norteamericanos y los mexicanos liberales de Texas se sublevaron. En 1836 Santa Anna venció al ejército tejano en la batalla del Álamo, pero más tarde ese mismo año, triunfaron las fuerzas rebeldes. Santa Anna firmó un tratado por el cual concedía a Texas su independencia, pero el gobierno central no lo reconoció. Cuando Texas se unió a los Estados Unidos en 1845, México todavía lo reclamaba como territorio suyo. Al año siguiente, después de que soldados mexicanos atacaron a fuerzas norteamericanas en la zona disputada, los Estados Unidos declararon la guerra. El tratado de *Guadalupe Hidalgo* (febrero 1848) puso fin al conflicto, y México cedió a los Estados Unidos territorios que se extendían desde Wyoming hasta California.

La guerra produjo un período de caos, y una vez más, Santa Anna se apoderó del país. Sin embargo, crecían las fuerzas liberales, encabezadas por Benito Juárez, y en 1855 lograron derrotar al dictador. Juárez, un indio zapoteca, elaboró la constitución de 1857 y asumió la presidencia al año siguiente. La *Reforma* impulsada por Juárez era claramente anticlerical; los liberales proponían dividir los grandes territorios de la Iglesia y quitar el poder a los cleros. La jerarquía católica se alió a los conservadores, y en 1858 estalló la guerra de la Reforma.

La guerra dejó al gobierno sin fondos, y cuando los liberales volvieron a tomar el poder, dejaron de pagar sus deudas a Francia, a Gran Bretaña y a España. Napoleón III, el emperador francés, aprovechó la oportunidad para invadir México y nombrar emperador a Maximiliano, archiduque de Austria. Aunque Maximiliano y su esposa Carlota tuvieron el apoyo de la facción conservadora, fueron poco amados por el pueblo. Juárez capitaneó una rebelión contra los invasores franceses, y los Estados Unidos presionaron a Francia para que sacara sus tropas. Sin embargo, a pesar de la Doctrina Monroe, los norteamericanos pudieron ofrecer poca ayuda concreta a México en aquel momento, puesto que estaban recién empezando a reponerse de los efectos de la Guerra Civil, que había terminado el año anterior.

 # EL COLOSO DEL NORTE

A partir de 1850 las naciones del sur lograron consolidarse. Antes del fin del siglo, con la excepción de Cuba, Puerto Rico y Panamá, todas habían establecido sus presentes fronteras. (Cuba y Puerto Rico fueron ocupados por los Estados Unidos en 1898; Cuba se independizó finalmente en 1902. Panamá se disoció de Colombia en 1903.) La segunda mitad del siglo fue un período de desarrollo tecnológico. Se construyeron caminos, puentes y ferrocarriles a través del continente, haciendo posible el transporte de productos de zonas remotas a los centros comerciales, de donde serían exportados a mercados extranjeros. Las antiguas colonias producían los mismos productos que antes de la Independencia —minerales, café, azúcar, cacao, tabaco, cueros, algodón— pero ahora Inglaterra, Francia y Estados Unidos eran sus compradores principales, en vez de España. La acelerada industrialización europea y norteamericana aumentó los mercados para minerales, por ejemplo, el cobre chileno y el estaño boliviano. La invención del proceso de la vulcanización, por el cual el caucho es tratado con azufre para mejorar su calidad, aumentó la demanda por este material, producto de Brasil y Venezuela. Muchas compañías extranjeras empezaron a invertir en Latinoamérica; por ejemplo, los ingleses adquirieron tierras en Argentina para la producción y exportación de carne, hecha posible por la invención del barco refrigerador, y en Chile, el capital estadounidense reforzó la industria de la minería. Es decir, ya no se trataba sencillamente de la compra y venta de productos sino de la adquisición de títulos a tierras, minas, ferrocarriles, fábricas y refinerías. Para las primeras décadas del siglo veinte, grandes sectores de la industria del azúcar (Cuba), de la banana (Centroamérica), del petróleo (México) y del cobre (Chile) estaban en manos norteamericanas. En Cuba y en México, un pequeño grupo de inversionistas norteamericanos controlaban más de la industria nacional que los ciudadanos de esos países.

Estados Unidos, deseoso de proteger sus intereses financieros en Latinoamérica, empezó a intervenir cada vez más en los asuntos internos de los países del sur. Consideremos, por ejemplo, el caso de Panamá. El descubrimiento del oro en California revalorizó el papel del istmo de Panamá, en aquel entonces un territorio colombiano, como enlace interoceánico. En 1884 los franceses emprendieron la construcción de un canal, pero el proyecto falló. El ingeniero principal de la empresa francesa, Philippe Jean Bunau-Varilla, temeroso de perder su inversión, trató de vender sus intereses a los Estados Unidos. Mientras los norteamericanos y los colombianos discutían los términos de un contrato para la construcción de un canal, Bunau-Varilla, su abogado norteamericano y un amigo colombiano tramaron una revolución para lograr la independencia de Panamá. Ya había habido actividad separatista en el país centroamericano, y ahora los instigadores de la guerra prometieron a los panameños el reconocimiento diplomático de los Estados Unidos en el caso de que tuviera éxito la revolución. Además, el gobierno norteamericano mandó el barco guerrero *Nashville* a la zona para impedir un ataque colombiano. Así que fue por medio de la intervención norteamericana que se realizó la independencia panameña. El Tratado Hay-Bunau-Varilla estableció el control norteamericano de la Zona del Canal durante un siglo y le daba a Estados Unidos el derecho de intervención militar en todo Panamá.

Otro caso notable fue la intervención de los Estados Unidos en la Independencia Cubana (1898). De su inmenso imperio colonial, a fines del siglo diecinueve sólo le quedaban a España sus territorios del Caribe. Cuba, la más productiva de las islas y la «perla de las Antillas», había intentado separarse varias veces. La Guerra de Diez Años (1868–78) dio principio a la última fase del movimiento independentista. Aunque la Paz de Zanjón restableció la autoridad colonial, varias otras guerras pequeñas estallaron durante las décadas siguientes. Por lo general, los norteamericanos apoyaban la Independencia cubana, pero a causa del caos que siguió a la Guerra Civil, los Estados Unidos no estaban en condiciones de ofrecer ayuda. Sin embargo, para fines del siglo la situación había cambiado.

Muchos activistas cubanos habían huido a los Estados Unidos, donde trabajaban incansablemente por la Independencia. Mediante sus artículos y discursos apasionados, el patriota cubano José Martí, desterrado a Nueva York, intentó avanzar la causa de la revolución. A fin de aumentar su circulación, los periódicos de Hearst y Pulitzer publicaban artículos inflamatorios sobre los abusos de los españoles. El 15 de febrero de 1898 se hundió el *Maine,* un barco de guerra norteamericano, y murieron 260 hombres. La prensa sensacionalista atribuyó la tragedia a una bomba española, aunque varios historiadores han avanzado otras teorías. El incidente dio pie para que el Congreso de los Estados Unidos declarara la guerra a España el 25 de abril. El conflicto duró sólo tres meses y medio. El Tratado de París que siguió a la derrota española cedió Cuba, Puerto Rico, Guam y las Filipinas a los Estados Unidos. Los norteamericanos impusieron su tutela sobre estos territorios y, en el caso de Cuba, controlaron los sectores del tabaco y del azúcar. Aunque se promulgó una constitución en 1902, la soberanía de la república era limitada por la *Enmienda Platt,* que dio a los Estados Unidos el derecho de intervención militar y de tutela sobre la política exterior. Durante los años siguientes, los Estados Unidos intervinieron varias veces más en Cuba. La Enmienda Platt fue derogada en 1936, pero los norteamericanos mantuvieron su hegemonía en Cuba hasta la revolución castrista.

Entre 1899 y 1933 Nicaragua fue prácticamente un protectorado de los Estados Unidos, y durante más de veinte años este país estuvo ocupado por militares norteamericanos. Estados Unidos ocupó la República Dominicana entre 1905 y 1924, y durante diez años de ese período la nación caribeña estuvo ocupada por los *Marines.* El «coloso del norte», como los latinoamericanos llamaban a Estados Unidos, era considerado un monstruo temible porque actuaba por interés sin considerar los deseos y valores de las repúblicas en las cuales intercedía. Ocupó Haití desde 1915 hasta 1934. Entre 1907 y 1925 intervino militarmente en Honduras seis veces; invadió a México repetidamente entre 1846 y 1916. Además, mediante la coerción y el soborno, logró influir en la política interna de los países latinoamericanos en numerosas ocasiones.

Si al principio del siglo diecinueve se sentía en Latinoamérica gran admiración por los Estados Unidos, al principio del siglo veinte esta deferencia se había convertido en resentimiento y desconfianza. En 1900 el escritor uruguayo José Enrique Rodó (1871–1917) resumió este rencor en su libro *Ariel,* en que exhorta a los jóvenes latinoamericanos a rechazar el materialismo norteamericano y a cultivar el espíritu. Rodó se inspiró en *The Tempest* de Shakespeare, obra en la que Ariel es la encarnación de la belleza y del ingenio, mientras que Calibán simboliza lo primitivo, rudo y perverso. Rodó asocia a Ariel con el espíritu humanístico latinoamericano frente a Calibán, quien representa el utilitarismo norteamericano. El objetivo de Rodó es prevenir a futuras generaciones de latinoamericanos contra el materialismo que caracteriza a países que se consideran más avanzados. Rodó insiste en que, a diferencia de la cultura anglosajona, la latina es esencialmente humanística porque cultiva lo estético, lo espiritual, lo afectivo. Rechaza la idea de una democracia basada en la igualdad de todos, ya que este concepto sólo puede conducir a la mediocridad. Para Rodó, la verdadera democracia es la que permite que sobresalgan los más dotados. Aunque admira ciertos aspectos de la cultura norteamericana —la educación pública, la ética

del trabajo— comparte con ciertos pensadores europeos como José Ortega y Gasset la noción que los Estados Unidos incorporan muchos aspectos de la democracia mal entendida: la tiranía de las masas; un sistema de educación que, en vez de cultivar los talentos de los más capacitados, rebaja el nivel de todos; y un utilitarismo perverso que sofoca la creatividad. El libro de Rodó tuvo un tremendo impacto en Latinoamérica. Llegó a ser un *best seller* e influyó en las actitudes de generaciones de latinoamericanos.

 # LA REVOLUCIÓN MEXICANA Y SU TRASCENDENCIA

A principios del siglo veinte una misma situación existía en casi todos los países de Latinoamérica: la tierra, las riquezas y el poder estaban en manos de una pequeña oligarquía, mientras que las masas vivían en la miseria. Aunque durante las últimas décadas del siglo diecinueve el abuso de las poblaciones indígenas, la injusticia social y la distribución de la tierra eran temas que empezaban a interesar a la élite liberal, no fue sino hasta la Revolución mexicana que se tomaron medidas para cambiar la situación. Este acontecimiento fue sin lugar a dudas el más trascendente de las primeras décadas del siglo veinte.

Los abusos de Porfirio Díaz (1830–1915) fueron el catalizador que provocó la explosión que iniciaría la Revolución mexicana. Presidente de México en 1876, de 1877 a 1880 y de 1884 a 1911, Díaz, con la ayuda de sus «científicos», logró varias reformas, fomentó la industria y mejoró algunos aspectos del sistema educativo. Durante su gobierno, conocido como el *porfiriato,* se construyeron miles de kilómetros de caminos, la economía creció astronómicamente y el número de bancos con un capital de 2,5 millones de pesos aumentó de 1 a 32. Cuando Díaz llegó al poder, México tenía un déficit terrible. Al dejar el poder, dejó un superávit de 136 millones de pesos. Sin embargo, muchos mexicanos se resentían de sus métodos autoritarios y violentos. Además, despojó de tierras a los campesinos en beneficio de los latifundistas. En el campo y en los barrios pobres urbanos, había más miseria que nunca.

En 1910 Díaz provocó la ira del público mexicano al intentar manipular las elecciones. Francisco I. Madero (1873–1923), su rival para la presidencia, promovió un levantamiento popular que derribó al dictador. El Plan de San Luis declaró inválida la elección de 1910 y proclamó la presidencia de Madero, mientras que Díaz partió para el exilio. Madero, un terrateniente culto y bien intencionado, nunca entendió que la preocupación principal de las masas no era la libertad política sino su estado económico. Los pobres querían pan, y ante las demandas del pueblo, Madero no pudo mantener el orden. Murió asesinado en 1913.

En el norte, Doroteo Arango (1878–1923), conocido como Pancho Villa, secundó la Revolución, y en el sur, Emiliano Zapata, del estado de Morelos, capitaneó rebeliones contra Díaz y más tarde contra Madero. Pronto la Revolución se convirtió en una lucha de clases. Los seguidores de Zapata adoptaron como lema «¡tierra y libertad!» y veían a las clases privilegiadas —terratenientes, políticos, cleros— como el obstáculo a la realización de su sueño. El tema de la campaña de Madero había sido el sufragio, pero lo que les interesaba a los campesinos era la reforma agraria.

El gobierno de Victoriano Huerta (1845–1916), el que sucedió a Madero, fue un reino de terror. En 1914, un año después de tomar el poder, Huerta fue derrotado por el movimiento constitucionalista de Venustiano Carranza (1859–1920), quien gobernó primero como jefe del ejército y después de 1917 como presidente. Sin embargo, Zapata siguió luchando porque Carranza no llevaba a cabo la reforma agraria tan rápido como él quería. En 1919 Zapata mismo murió asesinado, lo cual puso fin a su movimiento. Carranza fue asesinado en 1919. Entre 1910 y 1920 un millón de mexicanos murieron en la Revolución.

Pero esta guerra terrible y bárbara impulsó enormes cambios no sólo en México sino en toda la América Latina. Se convirtió en un símbolo de la ruptura con el pasado y de un nuevo orden social. Inspiró algunas novelas importantes —notablemente *Los de abajo* de Mariano Azuela, *El águila y la serpiente* de Martín Luis Guzmán y *El indio* de Gregorio López y Fuentes. En la pintura, produjo el movimiento muralista en el cual participaron tres artistas mexicanos de renombre internacional: Diego Rivera, José Clemente Orozco y David Siqueiros.

La constitución que se promulgó en 1917 fue una de las más progresistas de la época: declaró a México una república federal; estableció la educación gratis, obligatoria y secular; otorgó al estado el derecho de expropiar y redistribuir la propiedad privada siempre y cuando ésta no cumpliera ninguna función social; legalizó los sindicatos laborales y las huelgas además de garantizar varias otras libertades civiles; integró a los campesinos y a los obreros al gobierno; y limitó los poderes de la Iglesia. En 1920 el general Álvaro Obregón fue elegido presidente de México. Emprendió la reconstrucción del país y la redistribución de la tierra, proyecto comenzado durante la Revolución. El presidente Lázaro Cárdenas continuó la reforma agraria y expropió las empresas petrolíferas, muchas de las cuales estaban en manos de hombres de negocios norteamericanos. Aunque la ineficiencia y la corrupción seguían caracterizando numerosos aspectos de la vida pública, el estándar de vida empezó a subir poco a poco. En 1929 se estableció el Partido Revolucionario Institucional (PRI), que dominó la política mexicana hasta el año 2000.

En el resto de Latinoamérica, la Revolución mexicana llegó a ser un símbolo del triunfo del campesino, del indio, del pobre. En los países andinos, con sus inmensas poblaciones indígenas y mestizas, la Revolución mexicana sirvió de inspiración para la creación de nuevos movimientos izquierdistas. En el Perú, Víctor Raúl Haya de la Torre (1895–1979) organizó la Alianza Popular Revolucionaria Americana (APRA) en 1924. Los objetivos del nuevo partido eran esencialmente los de la Revolución mexicana: la reforma económica y social a beneficio de la clase baja, en particular del indio; la unificación de Latinoamérica; la nacionalización de empresas extranjeras; la internacionalización del canal de Panamá; y la oposición al imperialismo y al capital extranjero. Intensamente antinorteamericana y profundamente influida por el marxismo, especialmente durante sus primeros años de existencia, el APRA fue prohibida durante la presidencia de Augusto Leguía y excluida de las elecciones de 1936.

Una diferencia importante entre Haya de la Torre y los revolucionarios mexicanos fue su actitud hacia la Iglesia. Profundamente religioso, el reformador peruano se respaldó por el Evangelio. La base religiosa de la política de Haya de la Torre le permitió recurrir a la profunda espiritualidad de las masas peruanas. Algunos comentaristas han observado que aunque el APRA fue creada por intelectuales de la clase alta —Haya de la Torre era de una familia pudiente y se educó en Argentina— sus ideales se convirtieron en una especie de dogma para el proletariado.

A pesar de haber sido prohibida, el APRA siguió influyendo en la política del país. En 1945 una coalición de partidos de la izquierda que incluía el APRA eligió a José Luis Bustamante y Rivero (1894–1989) presidente del Perú, pero en 1948 fue derrocado por un golpe derechista, y se volvió a prohibir el APRA. En 1963 un moderado, Fernando Belaúnde Terry, fue elegido presidente y emprendió varias reformas, pero no logró parar la inflación que plagaba la economía peruana. Puso fin a su gobierno un golpe de estado militar encabezado por el general izquierdista Juan Velasco Alvarado (1910–77). Bajo Velasco, Perú expropió los campos petrolíferos de la International Petroleum Company, subsidiario de la Standard Oil of New Jersey, y durante los años setenta se hicieron algunos intentos por reformar el sistema social y político. El gobierno se apoderó de tierras que estaban en manos de extranjeros, emprendió la reforma agraria e intentó estabilizar los precios de servicios y productos básicos. Velasco antagonizó a muchos peruanos al suspender toda actividad política y al imponer un régimen de austeridad. Numerosos miembros de la clase pudiente huyeron del país, invirtiendo su capital en bancos extranjeros. Después de un período de protestas y huelgas, fue derrocado por un golpe militar que llevó al poder a Francisco Morales Bermúdez (1921–). En 1980 Belaúnde volvió a ser elegido, pero no logró estabilizar la economía. Creció la actividad guerrillera. En 1985 Alan García, candidato del APRA, fue elegido presidente, pero ya el partido se parecía poco al de Haya de la Torre; se había suavizado la retórica aprista, e ideológicamente se había acercado al centro. Inepto y corrupto, García fue rechazado por el público en 1990. Lo reemplazó Alberto Fujimori, cuyo empeño en parar el terrorismo y la corrupción, en enfrentarse a difíciles problemas económicos y en tomar decisiones controvertibles le ganó la admiración de muchos peruanos. Fue reelegido en 1995 y el año 2000 aunque muchos peruanos y observadores internacionales alegaron que las elecciones habían sido manipuladas.

El APRA inspiró movimientos revolucionarios en varios otros países. En Bolivia una insurrección popular entregó el poder al Movimiento Nacionalista Revolucionario (MNR) en 1952. Durante las presidencias de Víctor Paz Estensoro y Hernán Siles Zuazo, el MNR nacionalizó la producción del estaño e impulsó una reforma agraria, pero en 1964 una ruptura con los sindicatos laborales inició el deterioro del movimiento. Los años setenta vieron una sucesión de gobiernos militares en Bolivia; durante este período la oligarquía del estaño fue sustituida como poder dominante por los narcotraficantes. Después de 1982 comenzó a estabilizarse la situación: La democracia reemplazó la dictadura, y se mejoró la economía. El alejamiento del ejército del campo político facilitó el regreso al poder del MNR en 1993 con la elección de Gonzalo Sánchez de Lozada. El 6 de agosto de 1997, Hugo Banzer Suárez, de la Alianza Democrática Nacionalista, fue elegido presidente de Bolivia.

En Guatemala, el presidente izquierdista Jacobo Arbenz Guzmán promulgó la reforma agraria en 1952, pero fue derrocado en 1954 con la ayuda de la Central Intelligence Agency (CIA) y la United Fruit Company, empresa norteamericana que exportaba frutas tropicales de la América Central. Siguió un largo período de dictaduras militares. La influencia del ejército fue sólo levemente levantada durante los gobiernos centristas de Méndez Montenegro (1966–70), Vinicio Cerezo (1986–90) y Serrano Elías (1991–93). Desde los años sesenta la Unidad Revolucionaria Nacional Guatemalteca (URNG), guerrilla de orientación indigenista y nacionalista, luchaba por derrumbar al poder, constituido por el ejército, la oligarquía cafetera y las compañías fruteras foráneas. En 1993 Ramiro de León Carpio fue elegido presidente por el Congreso. En 1996 lo reemplazó el político conservador Álvaro Arzú y se selló la paz entre el gobierno y la guerrilla.

El tercer movimiento revolucionario del siglo comenzó en Cuba en 1953, cuando Fidel Castro (1927–) asaltó el cuartel de Moncada, lanzando una sublevación contra el dictador Fulgencio Batista (1901–73). En 1956 Castro se estableció en la Sierra Maestra con sus compañeros del Movimiento del 26 de Julio. El pueblo cubano, harto de la corrupción y de los abusos de Batista, apoyó a los revolucionarios. Al asumir el poder en 1959, Castro empezó a transformar Cuba en un estado socialista. Impulsó la reforma agraria, nacionalizó la economía y, tras el fracaso de la invasión de la *bahía de Cochinos* —realizada en 1961 por los opositores al régimen de Castro con apoyo de los Estados Unidos— se decantó hacia la Unión Soviética (URSS). Desde entonces hasta su disolución en 1991, Cuba recibió ayuda económica de la URSS. En 1976 se descentralizó la administración de Cuba, y Castro fue elegido presidente. Durante los años setenta la postura hostil de Castro frente a los Estados Unidos le ganó la admiración de muchos intelectuales latinoamericanos, quienes se resentían por las repetidas intervenciones de los norteamericanos en asuntos internos de los países del sur. El triunfo de Castro provocó un éxodo de la clase media y alta cubana. Durante los años cincuenta y sesenta, miles de cubanos abandonaron su patria y se establecieron en otros países, en particular, en los Estados Unidos.

La revolución castrista inspiró muchas otras rebeliones populares en Latinoamérica. El movimiento guerrillero en Guatemala tuvo sus raíces no sólo en la ideología aprista sino también en la de Castro. En Nicaragua, donde el poder estaba en manos de la familia Somoza desde los años treinta, una guerra estalló después del asesinato de Pedro Joaquín Chamorro (1924–78), director del periódico *La Prensa,* en el cual el hijo menor de los Somoza fue implicado. La oposición a los Somoza fue organizada por los *sandinistas,* quienes tomaron su nombre de Augusto Sandino, un famoso guerrillero que había luchado contra la intervención norteamericana en los años treinta. Al llegar al poder, los sandinistas expropiaron los bienes de los somocistas, nacionalizaron la banca e iniciaron la reforma agraria. Al principio, Estados Unidos, deseoso de evitar otro régimen izquierdista en Latinoamérica, ofreció cierto apoyo a los revolucionarios, pero pronto se hizo evidente que los sandinistas seguirían por el mismo camino que Castro. No respetaban los derechos del individuo, y fomentaban sublevaciones en países vecinos. Pronto estalló la disensión dentro del partido, y se armó la facción antisandinista, conocida como la *contra.* En 1981, después de que el gobierno norteamericano decidió eliminar su programa de ayuda para Nicaragua, los sandinistas firmaron un pacto con la Unión Soviética. Daniel Ortega (1946–), el líder sandinista, fue elegido presidente.

La larga guerra entre sandinistas y contras destruyó la economía nicaragüense. En 1990 los sandinistas acordaron permitir elecciones libres, y Violeta Chamorro, viuda del antiguo director de *La Prensa,* fue elegida presidente. Fue sustituida por el liberal Arnoldo Alemán en 1996.

EL PERONISMO Y LAS DICTADURAS DE DERECHAS

No todos los movimientos políticos populares han sido de inspiración marxista. En 1943 un golpe de estado en Argentina llevó al poder a un grupo de militares que favorecían los gobiernos fascistas de Europa. Bajo presión de los Estados Unidos, Argentina rompió relaciones con el Eje (Alemania e Italia) en 1944. Durante este período emergió como líder del país Juan Domingo Perón. Inmensamente carismático, Perón ganó el apoyo de los obreros y fue elegido presidente en 1946.

El primer gobierno peronista duró hasta 1955. En aquel momento Argentina estaba plagada de conflictos —entre el centro urbano y cosmopolita y la zona rural, entre la industria y la agricultura, entre las fuerzas militares y las laborales, entre la clase media y la baja. Perón creó un Plan de Cinco Años para la industrialización del país. Según el nuevo sistema, el gobierno compraría productos agrícolas a los labradores y los vendería en el mercado internacional. Las ganancias se usarían para desarrollar la industria. La expansión industrial atrajo a muchos campesinos a la ciudad, donde no encontraban siempre trabajo. Al mismo tiempo, la productividad agrícola bajó. Agravaron el problema dos sequías notables en 1949 y 1952. Perón desarrolló un programa de asistencia social y alteró la constitución para permitir su propia reelección. En 1949 se formó el partido *peronista.*

Para asegurar su poder, Perón prohibió la oposición, cerrando el periódico más respetado de Buenos Aires, *La Prensa,* y suprimiendo brutalmente una rebelión militar. Aunque Perón provocó la oposición de la élite social e intelectual, del ejército y de la Iglesia, era muy popular entre los pobres, o *descamisados.* Su esposa Eva, una mujer enormemente carismática y enérgica, era de la clase baja, y las masas la veían como un símbolo del triunfo del hombre común. Los adversarios de los Perón los acusaron de manipular al proletariado, alimentando sus esperanzas sin mejorar sus condiciones de vida, y de robar dinero al gobierno para esconderlo en cuentas suizas. Pero las masas adoraban a Eva con un fervor religioso. En su novela *Santa Evita,* publicada en 1995, Tomás Eloy Martínez sugiere que nunca se sabrá la verdad acerca de Eva Perón porque se ha convertido en una leyenda; existen tantas anécdotas y mitos sobre ella que es imposible distinguir lo verídico de lo ficticio.

Después de la muerte de su esposa, Perón perdió influencia y fue derrocado por un golpe militar en septiembre de 1955. Siguió un largo período de caos en que la violencia fue perpetuada por la derecha

tanto como por la izquierda. Una serie de huelgas y protestas condujo a un golpe de estado militar encabezado por el general Jorge Rafael Videla (1925–). La *junta* (grupo de militares que gobiernan un país a consecuencia de un golpe) disolvió las cámaras legislativas, impuso la ley marcial y lanzó una campaña violenta contra sus adversarios. Pronto artículos sobre abusos de los derechos humanos empezaron a aparecer en la prensa internacional. Madres y esposas desfilaban en la Plaza de Mayo en Buenos Aires, protestando la falta de noticias sobre los *desaparecidos* —personas que el gobierno hizo «desaparecer». Se ha calculado que entre 20.000 y 30.000 personas desaparecieron durante este período, y muchas de ellas no han sido encontradas. Leopoldo Galtieri (1926–) logró unir al país temporalmente en 1982 al ocupar las islas Malvinas, territorio británico al este de la Argentina. La invasión estimuló una onda de fervor patriótico. Sin embargo, los ingleses vencieron al ejército argentino, y Galtieri fue reemplazado por otro militar.

Cansado de la violencia y la represión, el pueblo argentino exigió cambios. En 1983 Raúl Alfonsín (1927–) ganó la presidencia en la primera elección democrática que había tenido lugar en una década. Reorganizó las fuerzas armadas y les pidió cuentas a los que habían sido responsables de los crímenes de la década anterior. Desde entonces Argentina tiene un gobierno democrático. En 1989 Carlos Saúl Menem remplazó a Alfonsín; volvió a ser elegido en 1995.

Chile también sufrió la represión militar durante los años setenta y ochenta. Durante la década anterior, la derecha tradicional había recuperado su poder, y el partido comunista, que había sido prohibido en 1948, volvió a aparecer como una fuerza política importante. Al mismo tiempo, el partido *demócrata-cristiano* —que combinaba el populismo con la doctrina cristiana— comenzó a ganar partidarios. En 1964 un miembro de este partido, Eduardo Frei, fue elegido presidente. Aunque intentó implementar varias reformas, se opusieron a su gobierno los conservadores, que se resentían de la intervención del gobierno en los asuntos comerciales, y los izquierdistas, que pedían cambios más rápidos y radicales. En las elecciones de 1970 una coalición de socialistas, comunistas, disidentes y miembros de la izquierda cristiana conocida como la *Unidad Popular* dio la victoria a Salvador Allende (1908–73), el primer presidente marxista-leninista elegido del hemisferio. Sin embargo, Allende ganó sólo una pluralidad del 37 por ciento del voto; casi dos tercios de la población no lo habían apoyado en la elección. Desde el principio los conservadores se oponían a su orientación marxista, mientras que los izquierdistas radicales se impacientaban con su lentitud y moderación.

Allende trabó relaciones con Cuba, enajenando a los Estados Unidos. Inició un programa de reforma agraria y nacionalizó la producción del cobre. El país se polarizaba cada vez más. Muchos miembros de la clase media que habían apoyado a Allende se desilusionaron cuando el país empezó a sufrir una escasez de productos esenciales. Subían los precios, faltaban servicios básicos, se secaba el crédito internacional. Aumentaba el caos —las protestas, las huelgas, la violencia política. Las mujeres salían a la calle golpeando sus ollas vacías, reclamando por la falta de comida. El 11 de septiembre de 1973 un golpe de estado puso fin al gobierno de Allende, quien, según algunos, se suicidó o, según otros, fue asesinado. El poder pasó al general Augusto Pinochet Ugarte (1915–). La junta disolvió la constitución, impuso la censura, declaró ilegales a los partidos políticos e inició una campaña de terror contra los izquierdistas. Tres mil personas perdieron la vida.

Pinochet restableció la hegemonía de la burguesía exportadora. Invitó a Chile a economistas norteamericanos como Milton Friedman (1912–), promotor del neoliberalismo monetarista, que transformaron al país en un estado capitalista moderno. Chile entró en un período de prosperidad, aunque no todos participaron en el nuevo bienestar económico. Al principio muchos chilenos apoyaron a Pinochet, pensando que iba a devolver la estabilidad y la democracia al país. Pero pronto se hizo evidente que éste no sería el caso. La brutalidad de la junta motivó a diversas facciones moderadas o izquierdistas a movilizarse contra la dictadura. En 1988 Pinochet perdió un referéndum que él mismo había llamado. Había prometido abandonar su puesto y permitir elecciones libres si perdía, y al año siguiente se realizaron elecciones libres. Ganó la presidencia Patricio Alywin, aunque Pinochet retuvo mando del ejército. En 1994 accedió a la presidencia Eduardo Frei, hijo del antiguo presidente demócrata cristiano, con una coalición de centro-izquierda. En el año 2000 Ricardo Lagos ganó la presidencia con el apoyo de los socialistas, los demócratacristianos y el Partido Radical.

El Salvador es otro ejemplo de un país que hizo la transición de una dictadura de derechas a la democracia. La política de El Salvador era dominada por la oligarquía cafetera, llamada «las catorce familias», desde hacía décadas cuando, a fines de los años sesenta, empezó a cobrar auge la acción guerrillera. Después de una serie de revueltas, un golpe militar constituyó una junta directiva de orientación reformadora en 1979. Sin embargo, la junta no logró parar la violencia, y fuerzas de la izquierda tanto como de la derecha siguieron matando a mucha gente. El asesinato del arzobispo Óscar Arnulfo Romero (1917–80) por escuadrones paramilitares de extrema derecha provocó la censura de la comunidad internacional.

Siguió intensificándose la guerra civil entre la junta, que gozaba del apoyo de los militares y de la oligarquía, y la guerrilla, conocida por el nombre de *Frente Farabundo Martí para la Liberación Nacional (FMLN)*. Unos 35.000 civiles perdieron la vida entre 1979 y 1983, y miles de salvadoreños huyeron a los Estados Unidos. Finalmente, en 1992, durante la presidencia del derechista Alfredo Cristiani (1948–), se llegó a un acuerdo de paz con los rebeldes. Dos años más tarde Armando Calderón Sol (1948–) ganó la presidencia en una elección libre realizada bajo supervisión internacional, llevando de nuevo al poder el partido de Cristiani, la *Alianza Republicana Nacionalista (ARENA)*. Calderón Sol fue sucedido en 1999 por el licenciado Francisco Flores, también de la ARENA.

Con la excepción de Costa Rica, el militarismo ha caracterizado la política de todos los países de Latinoamérica hasta hace relativamente poco. Sin embargo, como veremos con más detalle en el capítulo 7, la democracia siempre ha sido un ideal para los latinoamericanos, y hoy en día casi todos los países del sur tienen presidentes y cuerpos legislativos elegidos.

Repaso

I. Conteste las siguientes preguntas.

Las raíces económicas y políticas de la Independencia

1. ¿Cómo influyó la política borbona en el movimiento independentista del Nuevo Mundo? ¿Qué fueron los cabildos?

2. ¿Qué efectos tuvieron en Hispanoamérica los esfuerzos de Carlos III por disminuir la influencia de la Iglesia?

3. ¿Por qué se crearon milicias en el Nuevo Mundo? ¿En qué se convirtieron estas milicias?

4. ¿Qué punto de conflicto existía con respecto al comercio? ¿Qué medidas tomó Carlos III para ampliar el comercio?

5. Explique la importancia de la Ilustración en el movimiento independentista.

6. ¿Qué propagandistas ayudaron a difundir las ideas revolucionarias?

Las guerras de independencia

1. ¿Qué situación existía en España al principio del siglo diecinueve? ¿En qué sentido incitaron los sentimientos de solidaridad con el rey español la lucha por la emancipación?

2. ¿Cuáles fueron las primeras tentativas independentistas? ¿Tuvieron éxito o no?

3. ¿En qué sentido fue diferente la situación en el Cono Sur? Describa los éxitos de San Martín, Artigas y O'Higgins.

4. ¿Quién fue Simón Bolívar? ¿Por qué viajó a Inglaterra? ¿Qué hizo al volver?

5. ¿Qué pasó en la batalla de Junín?

6. Describa la situación en México.

Los nuevos estados americanos

1. ¿Qué sueño tenía Bolívar para las Américas? ¿Por qué pensaba que no iba a realizarse nunca?

2. ¿Cambió la Independencia la forma de vida de la mayoría de los hispanoamericanos? Explique.

3. ¿Cómo eran gobernadas las nuevas repúblicas? Defina *caudillo*.

4. Describa las diferencias principales entre los liberales y los conservadores durante la primera parte del siglo diecinueve.

5. ¿Qué cambios importantes se realizaron en las décadas después de la Independencia?

6. ¿Cómo se transformó la agricultura durante la segunda mitad del siglo? ¿Y la industria minera? ¿Qué otros aspectos de la sociedad se transformaron?

7. Por lo general, ¿se desarrolló la industria o no? ¿Por qué no?

8. ¿Por qué era un problema que los países latinoamericanos dependieran sólo de uno o dos productos?

9. ¿Qué es el positivismo? ¿Cómo influyó en el desarrollo de los países de Latinoamérica?

10. ¿Por qué empezó la Iglesia a perder prestigio en Latinoamérica a fines del siglo?

La Doctrina Monroe; México y los Estados Unidos

1. ¿Por qué se adoptó la Doctrina Monroe? ¿Qué estipulaba?

2. ¿Qué recepción tuvo en Latinoamérica? ¿Cuándo se debía aplicar la Doctrina Monroe?

3. Describa los años que siguieron a la Independencia en México.

4. ¿Qué conflicto se produjo entre Texas y México? ¿Entre México y los Estados Unidos?

5. ¿Quiénes derrotaron a Santa Anna? ¿Qué hizo Napoleón III? ¿Qué reacción provocó?

6. ¿Por qué no ayudaron los norteamericanos a los mexicanos a combatir contra las fuerzas francesas?

El coloso del norte

1. ¿Cómo cambiaron los países de Latinoamérica política y económicamente durante la segunda mitad del siglo?

2. ¿Cómo intervinieron los Estados Unidos en la economía de los países del sur?

3. ¿Por qué intervinieron los Estados Unidos en los asuntos internos de los países latino-americanos? Explique el caso del canal de Panamá.

4. ¿Cómo intervinieron los Estados Unidos en la Independencia cubana? Explique el papel de José Martí. Explique el papel de los periódicos de Hearst y Pulitzer.

5. ¿Qué se le otorgó a Cuba por la Paz de París? ¿Y a los Estados Unidos? ¿Qué es la Enmienda Platt?

6. ¿En qué otros países intervinieron los Estados Unidos?

7. ¿Cómo cambió la actitud hacia los Estados Unidos durante la segunda mitad del siglo? Explique la importancia de *Ariel* de José Enrique Rodó.

La Revolución mexicana y su transcendencia

1. ¿Cuál fue el catalizador que provocó la Revolución mexicana?

2. ¿Quién fue Pancho Villa? ¿Y Emiliano Zapata? ¿Por qué se rebeló Zapata contra Madero?

3. ¿Qué influencia tuvo la Revolución en el arte?

4. ¿En qué sentido fue la Constitución de 1917 una de las más progresistas de la época?

5. Describa los logros del general Álvaro Obregón y de Lázaro Cárdenas.

6. ¿Qué influencia tuvo la Revolución mexicana en el resto de Latinoamérica? Describa la situación en el Perú.

7. ¿Quién fue Víctor Raúl Haya de la Torre? ¿Cuáles eran los objetivos del APRA?

8. ¿Qué movimientos políticos inspiró el APRA fuera del Perú? Describa la situación en Bolivia y en Guatemala.

9. ¿Cómo llegó al poder Fidel Castro en Cuba? ¿Qué otras revoluciones inspiró Castro?

El peronismo y las dictaduras de derechas

1. ¿Cómo llegó al poder Perón en Argentina? ¿Quiénes formaban su base política? ¿Cómo veían a Eva Perón?

2. Describa la situación en Argentina durante los años de la dictadura. ¿Cuándo se estableció la democracia?

3. Describa la política de Salvador Allende. ¿Qué factores contribuyeron a la derrota de Allende? ¿Qué hizo Augusto Pinochet al llegar al poder?

4. ¿Cómo y cuándo se instaló un gobierno democrático en Chile?

5. Describa la situación política en El Salvador durante las últimas décadas del siglo veinte.

6. ¿Sigue siendo la democracia un ideal en Latinoamérica o no?

II. Defina los siguientes términos.

1. peninsulares
2. criollos
3. cabildos
4. reducciones
5. Ilustración
6. grito de Dolores
7. *Carta de Jamaica*
8. positivismo
9. Doctrina Monroe
10. Tratado de Guadalupe Hidalgo
11. coloso del norte
12. Enmienda Platt
13. porfiriato
14. PRI
15. APRA
16. sandinistas

III. Identifique a los siguientes personajes históricos.

1. Simón Bolívar
2. José Francisco de San Martín
3. Benito Juárez
4. José Martí
5. Diego Rivera
6. Lázaro Cárdenas
7. Fidel Castro
8. Juan Domingo Perón
9. Salvador Allende
10. Óscar Arnulfo Romero

IV. Temas para la conversación y la composición

1. La independencia hispanoamericana y la norteamericana: ¿Fueron movimientos democráticos o no?

2. El sueño de Bolívar: ¿Por qué se logró formar una confederación en los Estados Unidos y no en Latinoamérica? Considere los factores geográficos, políticos, sociales, económicos y étnicos. ¿Cree Ud. que algún día se realizará el sueño de Bolívar de una confederación de estados latinoamericanos?

3. La Doctrina Monroe: ¿Se justificaba o no la creación de la Doctrina Monroe a principios del siglo diecinueve? ¿Se puede justificar la intervención de un país en los asuntos internos de otro en algunos casos o no?

4. El movimiento muralista en México

5. La Revolución mexicana: sus causas y sus efectos

6. Los movimientos izquierdistas en Latinoamérica: sus causas sociales, políticas y económicas

7. El antiamericanismo en Latinoamérica: ¿Se justifica o no? ¿Cómo pueden los Estados Unidos asegurar una buena relación con los países de Latinoamérica hoy en día?

8. Eva Perón: ¿Por qué sigue inspirando libros, películas y obras musicales?

9. Las dictaduras latinoamericanas: ¿Por qué ha habido una tendencia hacia el autoritarismo en Latinoamérica?

10. La democracia: ¿Está bien arraigada la democracia en Latinoamérica o no? ¿Piensa Ud. que exista la posibilidad de que los países de Latinoamérica vuelvan a sus tradiciones autoritarias o no?

 OTRAS VOCES

El general en su laberinto

Gabriel García Márquez (1928–)

En *El general en su laberinto* Gabriel García Márquez, ganador del Premio Nóbel para la literatura y uno de los escritores más destacados del mundo occidental, pinta una imagen de Simón Bolívar muy diferente a la que tradicionalmente se traza. No presenta al Libertador en su apogeo sino al final de su vida, cuando se ha convertido en un hombre frágil, enfermo y menguado. Hombre de contradicciones radicales, Bolívar defendió en algún momento la idea de una monarquía americana a pesar de su fe en el sistema republicano, y no obstante ser masón y mujeriego, a menudo se alineó con la Iglesia Católica. Pese a estas incongruencias, creyó sin reservas en el ideal de una América Latina unida. Sin embargo, hacia el fin de su vida era evidente que su sueño de un estado latinoamericano consolidado nunca habría de tornarse realidad.

García Márquez presenta a Bolívar en sus últimos momentos de amarga desilusión. El 10 de septiembre de 1827, Bolívar se juramentó como presidente de Colombia, pero no tenía el apoyo del pueblo. Francisco de Paula Santander, antiguo partidario de Bolívar y su vicepresidente, favorecía un gobierno federalista y se enfrentó al centralismo del Libertador. El 27 de agosto de 1828, Bolívar eliminó la vicepresidencia, dejando a Santander fuera del gobierno. El 25 de septiembre hubo un atentado contra la vida de Bolívar en el cual Santander fue implicado. Rafael Urdaneta, juez de la causa, condenó a Santander a muerte, pero Bolívar cambió la pena al destierro. A fin de evitar la fragmentación de la república, Bolívar asumió poderes dictatoriales. Sin embargo, no logró impedir que Venezuela se separara de Colombia, y renunció a la presidencia pensando que Sucre sería su sucesor. Sin embargo, Sucre fue asesinado el 4 de junio de 1830. Disgustado por los pleitos y las maniobras de la clase política emergente, Bolívar proyectó emigrar a Europa. Sin embargo, debió sufrir una indignidad más: la de verse obligado a esperar que el gobierno por el cual se había sacrificado tanto le extendiera un pasaporte.

El capítulo que se reproduce aquí comienza inmediatamente después de la muerte de Sucre, en el momento en que Rafael Urdaneta se hace cargo del gobierno del país.

El general Rafael Urdaneta[2] se tomó el poder el 5 de septiembre. El congreso constituyente[3] había concluido su mandato, y no había otra autoridad válida para legitimar el golpe, pero los insurgentes apelaron al cabildo de Santa Fe que

---

[2] Rafael Urdaneta (1789–1845), patriota y político venezolano, participó en el movimiento independentista al lado de Bolívar. Fue presidente provisional de Nueva Granada (denominación de Colombia desde que, tras la disolución de la Gran Colombia en 1830, se reasumió la independencia en 1831).

[3] Que tiene como misión establecer una constitución

reconoció a Urdaneta como encargado del poder mientras lo asumía el general.[4]

5   Así culminó una insurrección de las tropas y oficiales venezolanos acantona-dos[5] en la Nueva Granada, que derrotaron a las fuerzas del gobierno con el respaldo de los pequeños propietarios de la sabana[6] y del clero rural. Era el primer golpe de estado en la república de Colombia, y la primera de las cuarenta y nueve guerras civiles que habíamos de sufrir en lo que faltaba del siglo. El

10 presidente Joaquín Mosquera[7] y el vicepresidente Caycedo,[8] solitarios en medio de la nada, abandonaron sus cargos.[9] Urdaneta recogió del suelo el poder, y su primer acto de gobierno fue enviar a Cartagena una delegación personal para ofrecerle al general la presidencia de la república.

José Palacios[10] no recordaba a su señor en mucho tiempo con una salud

15 tan estable como la de aquellos días, pues los dolores de cabeza y las fiebres del atardecer rindieron las armas[11] tan pronto como se recibió la noticia del golpe militar. Pero tampoco lo había visto en un estado de mayor ansiedad. Preocupado por eso, Montilla[12] había logrado la complicidad de fray Sebastián de Sigüenza para que le prestara al general una ayuda encubierta. El fraile aceptó de buen

20 grado, y lo hizo bien, dejándose ganar al ajedrez en las tardes áridas en que esperaban a los enviados de Urdaneta.

El general había aprendido a mover las piezas en su segundo viaje a Europa, y poco le faltó para hacerse un maestro jugando con el general O'Leary[13] en las noches muertas de la larga campaña del Perú. Pero no se sin-

25 tió capaz de ir más lejos. «El ajedrez no es un juego sino una pasión», decía. «Y yo prefiero otras más intrépidas». Sin embargo, en sus programas de instruc-ción pública lo había incluido entre los juegos útiles y honestos que debían enseñarse en la escuela. La verdad era que nunca persistió porque sus nervios no estaban hechos para un juego de tanta parsimonia, y la concentración que le

30 demandaba le hacía falta para asuntos más graves.

---

[4] **encargado...** *entrusted with power until the general assumed it*

[5] *garrisoned*

[6] *savanna*

[7] Joaquín Mosquera (1787–1877), político colombiano que formó parte del consejo de gobierno de Bolívar. Fue presidente de la república entre mayo y septiembre de 1830.

[8] Bolívar entregó el poder a Domingo Caycedo el 1º de marzo de 1830.

[9] **abandonaron...** *renounced their offices*

[10] sirviente de Bolívar

[11] **rindieron...** *cesaron*

[12] El general Mariano Montilla, partidario de Bolívar

[13] Daniel Florencio O'Leary (1801–54), militar irlandés, ayudante de campo de Bolívar que le sirvió hasta 1830

Fray Sebastián lo encontraba meciéndose con fuertes bandazos en la hamaca que se había hecho colgar frente a la puerta de la calle, para vigilar el camino de polvo abrasador por donde habían de aparecer los enviados de Urdaneta. «Ay padre», decía el general al verlo llegar. «Usted no escarmienta».[14]

35 Apenas si se sentaba para mover sus piezas, pues después de cada jugada se ponía de pie mientras el fraile pensaba.

«No se me distraiga, Excelencia», le decía éste, «que me lo como vivo».[15]

El general reía:

«El que almuerza con la soberbia cena con la vergüenza».[16]

40 O'Leary solía detenerse junto a la mesa para estudiar el tablero y sugerirle alguna idea. Él lo rechazaba indignado. En cambio, cada vez que ganaba salía al patio donde sus oficiales jugaban a las barajas, y les cantaba la victoria. En mitad de una partida, fray Sebastián le preguntó si no pensaba escribir sus memorias.

45 «Jamás», dijo él. «Ésas son vainas[17] de los muertos».

El correo, que fue una de sus obsesiones dominantes, se le convirtió en un martirio. Más aún en aquellas semanas de confusión en que los estafetas de Santa Fe se demoraban a la espera de nuevas noticias, y los postas de enlace se fatigaban esperándolos. En cambio, los correos clandestinos se volvieron más

50 pródigos y apresurados. De modo que el general tenía noticia de las noticias antes de que llegaran, y le sobraba tiempo de madurar sus determinaciones.

Cuando supo que los emisarios estaban cerca, el 17 de septiembre, mandó a Carreño[18] y a O'Leary a esperarlos en el camino de Turbaco. Eran los coroneles Vicente Piñeres y Julián Santa María, cuya primera sorpresa fue el buen

55 ánimo en que encontraron al enfermo sin esperanzas de que tanto se hablaba en Santa Fe.[19] Se improvisó en la casa un acto[20] solemne, con próceres[21] civiles y militares, en el cual se pronunciaron discursos de ocasión[22] y se brindó por la salud de la patria. Pero al final él retuvo a los emisarios, y se dijeron a solas las verdades. El coronel Santa María, que se solazaba en el patetismo, dio la nota

60 culminante: si el general no aceptaba el mando se provocaría una espantosa anarquía en el país. Él lo eludió.

---

[14] **usted**... *you never give up.*

[15] **me**... *I'm going to make mince meat out of you* (in the chess game).

[16] **El**... *Pride goes before the fall.*

[17] estupideces, cosas molestosas

[18] El general bolivarista José María Carreño, que perdió un brazo en el combate

[19] **al**... *the hopeless invalid that everyone was talking about in Santa Fe de Bogotá*

[20] ceremonia

[21] dignatarios, gente importante

[22] **discursos**... *secondhand speeches*

«Primero es existir que modificar», dijo. «Sólo cuando se despeje[23] el horizonte político sabremos si hay patria o no hay patria».

El coronel Santa María no entendió.

65 «Quiero decir que lo más urgente es reunificar el país por las armas», dijo el general. «Pero el cabo del hilo no está aquí sino en Venezuela».[24]

A partir de entonces, aquélla había de ser su idea fija: empezar otra vez desde el principio, sabiendo que el enemigo estaba dentro y no fuera de la propia casa. Las oligarquías de cada país, que en la Nueva Granada estaban represen-
70 tadas por los santanderistas, y por el mismo Santander, habían declarado la guerra a muerte contra la idea de la integridad, porque era contraria a los privilegios locales de las grandes familias.

«Ésa es la causa real y única de esta guerra de dispersión que nos está matando», dijo el general. «Y lo más triste es que se creen cambiando el mundo
75 cuando lo que están es perpetuando el pensamiento más atrasado de España».

Prosiguió con un solo aliento: «Ya sé que se burlan de mí porque en una misma carta, en un mismo día, a una misma persona le digo una cosa y la contraria, que si aprobé el proyecto de monarquía, que si no lo aprobé, o que si en otra parte estoy de acuerdo con las dos cosas al mismo tiempo». Lo acusaban
80 de ser veleidoso[25] en su modo de juzgar a los hombres y de manejar la historia, de que peleaba contra Fernando VII y se abrazaba con Morillo,[26] de que hacía la guerra a muerte contra España y era un gran promotor de su espíritu, de que se apoyó en Haití para ganar y luego lo consideró como un país extranjero para no invitarlo al congreso de Panamá, de que había sido masón y leía a Voltaire
85 en misa, era el paladín[27] de la iglesia, de que cortejaba a ingleses mientras se iba a casar con una princesa de Francia, de que era frívolo, hipócrita, y hasta desleal, porque adulaba a sus amigos en su presencia y denigraba de ellos a sus espaldas. «Pues bien: todo es cierto, pero circunstancial», dijo, «porque todo lo he hecho con la sola mira de que este continente sea un país independiente y
90 único, y en eso no he tenido ni una contradicción ni una sola duda». Y concluyó en caribe puro:

«¡Lo demás son pingadas!»[28]

En una carta que le mandó dos días más tarde al general Briceño Méndez, le dijo: «No he querido admitir el mando que me confieren las actas, porque no

---

[23] *clears*

[24] **el...** *we have to start out in Venezuela, not here.*

[25] caprichoso

[26] Pablo Morillo (1777–1838), general español conocido por su crueldad. Fernando VII lo envió a Venezuela a suprimir la sublevación de 1815.

[27] campeón

[28] estupideces

95   quiero pasar por jefe de rebeldes y nombrado militarmente por los vencedores».
Sin embargo, en dos cartas que esa misma noche le dictó a Fernando para el
general Rafael Urdaneta, tuvo cuidado de no ser tan radical.

La primera fue una respuesta formal, y su solemnidad demasiado evidente
desde el encabezado: «Excelentísimo Señor». En ella justificaba el golpe por el
100 estado de anarquía y abandono en que quedaba la república después de disol-
verse el gobierno anterior. «El pueblo en estos casos no se engaña», escribió.
Pero no había ninguna posibilidad de que aceptara la presidencia. Lo único que
podía ofrecer era su disposición de regresar a Santa Fe para servir al nuevo gobierno como simple soldado.

105 La otra era una carta privada, y lo indicaba desde la primera línea: «Mi
querido general». Era extensa y explícita, y no dejaba la menor duda sobre las
razones de su incertidumbre. Puesto que don Joaquín Mosquera no había renun-
ciado a su título, mañana podría hacerse reconocer como presidente legal, y
dejarlo a él como usurpador. Así que reiteraba lo dicho en la carta oficial: hasta
110 no disponer de un mandato diáfano emanado de una fuente legítima, no había
posibilidad alguna de que asumiera el poder.

Las dos cartas se fueron en el mismo correo, junto con el original de una
proclama en que pedía al país olvidar sus pasiones y apoyar al nuevo gobierno.
Pero se ponía a salvo de cualquier compromiso. «Aunque parezca que ofrezco
115 mucho, no ofrezco nada», diría más tarde. Y reconoció haber escrito algunas
frases cuyo único objeto era lisonjear[29] a quienes lo deseaban.

Lo más significativo de la segunda carta era su tono de mando, sorpren-
dente en alguien desprovisto de todo poder. Pedía el ascenso del coronel
Florencio Jiménez para que fuera al occidente con tropas y pertrechos bastantes
120 para resistir la guerra ociosa que hacían contra el gobierno central los generales
José María Obando y José Hilario López. «Los que asesinaron a Sucre»,[30] insistió. También recomendaba a otros oficiales para diversos cargos de altura.
«Atienda usted a esa parte», le decía a Urdaneta, «que yo haré lo demás del
Magdalena[31] a Venezuela, incluyendo a Boyacá». Él mismo se disponía a mar-
125 charse para Santa Fe a la cabeza de dos mil hombres, y contribuir de ese modo
al restablecimiento del orden público y la consolidación del nuevo gobierno.

No volvió a recibir noticias directas de Urdaneta durante cuarenta y dos
días. Pero siguió escribiéndole de todos modos durante el largo mes en que no

---

[29] *flatter*

[30] Antonio José de Sucre (1795–1830), héroe de la Independencia y gran amigo de Bolívar, fue
asesinado el 4 de junio de 1830, al parecer, por instigación de los santanderistas Obando y
López. La muerte de Sucre dejó a Bolívar profundamente conmovido.

[31] El Magdalena es el río más importante de Colombia. Boyacá se encuentra en la Cordillera Oriental.

hizo más que impartir órdenes militares a los cuatro vientos. Los barcos llega-
130 ban y se iban, pero no se volvió a hablar del viaje a Europa, aunque él lo hacía
recordar de vez en cuando como un modo de presión política. La casa del Pie
de la Popa se convirtió en cuartel general de todo el país, y pocas decisiones
militares de aquellos meses no fueron inspiradas o tomadas por él desde la
hamaca. Paso a paso, casi sin proponérselo, terminó comprometido también en
135 decisiones que iban más allá de los asuntos militares. Y hasta se ocupaba de lo
más pequeño, como de conseguir un empleo en las oficinas del correo para su
buen amigo, el señor Tatis, y de que se reincorporara en el servicio activo al
general José Ucrós, que ya no soportaba la paz de su casa.

En esos días había repetido con un énfasis renovado una vieja frase suya:
140 «Yo estoy viejo, enfermo, cansado, desengañado, hostigado,[32] calumniado y mal
pagado». Sin embargo, nadie que lo hubiera visto se lo habría creído. Pues mientras parecía que sólo actuaba en maniobras de gato escaldado para fortalecer al
gobierno, lo que hacía en realidad era planear pieza por pieza, con autoridad y
mando de general en jefe, la minuciosa máquina militar con que se proponía
145 recuperar a Venezuela y empezar otra vez desde allí la restauración de la alianza
de naciones más grande del mundo.

Repaso

I. Conteste las siguientes preguntas.

1. ¿Qué comentario hace el autor sobre el golpe de estado que condujo a la Independencia de Venezuela y llevó a Urdaneta al poder? ¿Cuál fue el primer acto de gobierno de Urdaneta?

2. Describa la salud física y mental de Bolívar en este momento.

3. ¿Qué estrategia usa Bolívar para tener tiempo siempre para madurar sus determinaciones?

4. ¿Para qué van los coroneles Vicente Piñeres y Julián Santa María a casa de Bolívar? ¿Por qué dice Santa María que Bolívar debe volver a asumir el mando? ¿Está Bolívar dispuesto a aceptar la presidencia de nuevo?

5. ¿Por qué piensa Bolívar que será necesario volver a luchar por la Independencia, sólo que ahora el enemigo está «dentro y no fuera de su propia casa»?

---

[32] aislado, perseguido

6. ¿Qué contradicciones ve la gente en Bolívar? ¿Cómo explica él estas contradicciones?

7. ¿Qué razones da para no aceptar la presidencia en las cartas que les envía a Briceño Méndez y a Rafael Urdaneta?

8. ¿Qué es lo más significativo de la segunda carta? ¿Qué cosas pide y qué cosas ofrece en esta carta?

9. ¿Sigue con sus planes de marcharse a Europa?

10. ¿Cómo se transforma su casa después del golpe? ¿Qué planea Bolívar?

II. Temas para la conversación y la composición

1. ¿Qué características de la personalidad de Bolívar se sacan a relucir en este pasaje? ¿Por qué no le atrae el ajedrez? ¿Qué hace cuando gana un partido? ¿Dónde vemos su astucia política? ¿su idealismo? ¿su generosidad? ¿su lealtad a los amigos? ¿su naturaleza obsesiva y dominante?

2. ¿Ve Ud. algunas contradicciones entre la imagen que Bolívar pinta de sí mismo y su conducta? ¿Por qué se siente tan melancólico? ¿En qué momentos muestra su vigor?

3. ¿Cómo humaniza García Márquez a Bolívar? ¿Cómo muestra su heroísmo y al mismo tiempo su debilidad?

4 ¿Por qué dice que los centralistas están «perpetuando el pensamiento más atrasado de España»? ¿Qué intereses están protegiendo Santander y los otros centralistas? ¿Qué otros problemas se mencionan en este pasaje que todavía plagan los países de Latinoamérica?

5. Describa la relación que tiene Bolívar con sus amigos militares y con fray Sebastián. ¿Parece ser el tipo de persona que a Ud. le gustaría conocer?

6. ¿En qué consiste el humor de este pasaje?

7. ¿Cuál es la actitud de García Márquez hacia Bolívar?

Capítulo 3

Cuestiones de identidad

¿QUIÉN ES HISPANO?

¿Cuáles de las siguientes personas son hispanas?

Mauricio Calderón Bermúdez es un joven peruano de 25 años que trabaja en un restaurante. De origen indígena y español, Calderón habla castellano exclusivamente; no tiene conocimiento del quechua, el idioma de su madre. Tampoco está familiarizado con las costumbres autóctonas, aunque dice que se acuerda de haber escuchado, cuando niño, de ciertos lugares sagrados habitados por espíritus que castigan con enfermedades a cualquier persona que se introduzca en su territorio. Mauricio insiste en que no cree en ninguna de esas historias, que las únicas creencias que acepta son las de la Iglesia Católica — aunque confiesa que rara vez va a misa. Guapo, moreno, de ojos negros y de estatura mediana, Mauricio dice que se considera cien por ciento peruano, que no entiende lo que significa ser «hispano».

Julio Cgollpa, de 30 años, también es peruano. Se crió en un pueblo remoto de los Andes. Aprendió el castellano al ir a Lima a trabajar en la construcción de caminos, y todavía lo habla con mucha dificultad. Ningún otro miembro de su familia habla español. Julio dice que es católico, pero muchos de los ritos que practica son claramente indígenas y precolombinos. Julio viste de pantalones y camisa blancos y usa un poncho de color oscuro, aunque nos asegura que le gustaría comprar un *bluyín.* Su dieta consiste en choclo (maíz) preparado en diferentes formas, papas, frijoles, arroz y oca (un tipo de legumbre). Rara vez come carne y nunca come huevos, que no considera una comida apropiada para las personas.

Sabina Stein, de 19 años, nació en México de padres judíos que inmigraron de Alemania después de la Segunda Guerra Mundial. Aprendió el yídich antes que el castellano y también conoce el hebreo y el inglés, lenguas que aprendió en el colegio donde hizo sus estudios primarios y secundarios. Sabina sueña con estudiar medicina; quiere ser pediatra y atender a los niños más pobres de las barriadas de la capital. Pequeña, rubia, de ojos azules, Sabina dice que es mexicana pero no «hispana» o «latina», ya que su familia proviene del norte de Europa.

Esteban López Cervantes tiene 19 años y es de Santo Domingo, donde trabaja de ayudante en las oficinas de un periódico. Dice que no sabe con precisión cuáles son los orígenes de su familia. Cree que de parte de su padre son africanos e indios y que una de sus bisabuelas del lado materno fue gallega. Esteban se identifica más bien con la cultura africana. Su padre, que nació en Cuba, le ha enseñado acerca de la santería, religión que se practica en el Caribe y que mezcla creencias cristianas y africanas.

José Baeza Morales, de 26 años, es de familia española pero se crió en Venezuela. Ahora está estudiando para el doctorado en ciencias políticas en la Universidad de Maryland, y no ha decidido si quiere volver a Caracas después de graduarse. Julio se considera español, pero no «hispano». Cuando se le pide que se identifique según su raza en los formularios de la universidad, marca «blanco» porque, según él, es de origen europeo y el término *hispano* en los Estados Unidos no se refiere a personas como él.

Michelle Salas, estudiante de medicina de 24 años en la Universidad de Texas, dice que su madre, Karen Palmer, es de Columbus, Ohio, y su padre, Roberto Salas, es de Houston. Aunque Michelle ha visitado a sus abuelos paternos en Juárez numerosas veces, habla poco español. Sin embargo, se considera «hispana», ya que la familia ha mantenido prácticas y costumbres mexicanas. Michelle dice que los Salas prefieren los tacos a las hamburguesas y que, además del «Crísmas» norteamericano, celebran los Reyes Magos, el 6 de enero, día en que los niños reciben sus regalos de Navidad en el mundo hispánico. Sin embargo, Michelle dice que su hermana Kathy, que se casó el año pasado con un joven que se llama Michael O'Brien, no se identifica con la cultura hispana en absoluto.

Francesca Cortese, de 22 años, nació en Buenos Aires de padres italianos. Su primer idioma fue el italiano, que sigue hablando en casa con sus padres y su abuela, aunque domina el castellano perfectamente. Francesca se considera italiana y argentina a la vez, aunque apenas conoce la cultura e historia de la «madre patria», como llaman sus parientes a Italia. En casa de los Cortese se comen los *gnocchi,* la *cotoletta a la milanese* y otras especialidades que preparan la mamá y la abuela de Francesca.

Carlos Edwards Wasserman, chileno de 23 años, es alto y rubio, de ojos castaños. Sus abuelos y bisabuelos maternos nacieron en Chile y, a pesar de su apellido británico, Carlos apenas se defiende en inglés. Estudia arquitectura en la Universidad Católica de Valparaíso y dice que le gustaría pasar un mes en los Estados Unidos para ver algunos de los edificios de Frank Lloyd Wright. Carlos dice que sus bisabuelos ingleses llegaron a Argentina en el siglo diecinueve con las compañías británicas que exportaban carne a Inglaterra. Más tarde, durante la época de Perón, se trasladaron a Chile. Sus antepasados alemanes llegaron a Osorno en el siglo diecinueve, cuando el gobierno fomentaba la inmigración europea y ofrecía tierra a cualquier extranjero que prometiera desarrollarla.

Pedro López Saavedra, de 27 años, es de Los Ángeles, igual que sus padres. Aunque Pedro entiende bastante bien el español, considera el inglés su lengua materna, y éste es el idioma en que les habla a sus dos hijos, Pete, de 3 años, y Max, de 6 meses. Es más fácil así, explica Pedro, ya que Jessica, su esposa, no habla una palabra de castellano. Pedro dice que a pesar de esto, quiere que sus hijos aprecien su herencia latina. Los niños pasan mucho tiempo con sus abuelos, especialmente con la abuela, que les enseña costumbres mexicanas y hace unas enchiladas sensacionales. Todos los años la familia participa en *las posadas,* fiesta popular navideña que consiste en recorrer las casas del barrio, acompañando con canciones y velas figuras de San José y de la Virgen María, hasta encontrar hospedaje para la sagrada familia. Éstas serán las primeras posadas de Max, que tendrá once meses en diciembre. Carlos dice que sí se siente hispano, pero ante todo se considera estadounidense.

Mary Castellanos, nacida Mary Schmitz, se casó con José Castellanos, oriundo de Bolivia, hace diez años, cuando Mary vivía en La Paz. Los padres de ella se trasladaron a la capital boliviana antes de que Mary cumpliera los diez años porque el señor Schmitz era ingeniero minero y había conseguido el puesto de consultor general en una compañía de estaño. Mary es bilingüe en español e inglés; en casa y con sus amigos los Castellanos hablan español exclusivamente, aunque sus dos hijos, que se han criado en Seattle, se sienten más cómodos en inglés. Actualmente Mary es profesora de español en una escuela secundaria en las afueras de Seattle. Dice que se siente absolutamente hispana, aunque no sabe si sus hijos dirían lo mismo.

Como se puede ver de estos ejemplos, el término *hispano* no se refiere a un tipo físico, racial o étnico sino a una identidad cultural que no es siempre tan fácil de definir. De hecho, no todos los que entrevistamos están de acuerdo sobre el verdadero significado de este vocablo. Lo que sí queda claro es que *hispano* no significa siempre lo mismo en Latinoamérica como en los Estados Unidos.

José Baeza Morales explica: «‹Hispano› es una voz que se emplea en los Estados Unidos para referirse a ciertas personas de procedencia latinoamericana que han sufrido discriminación. El Acta de Derechos

Civiles de 1964 obligó a todo negocio e institución pública a servir a cada individuo sin tener en cuenta su raza u origen étnico. En los años setenta, cuando se estableció el programa de *affirmative action,* se identificó a ciertas minorías —afroamericanos, hispanos, asiáticos— con el propósito de eliminar la discriminación contra ellas. La clasificación *hispano* incluía a personas de muy distintas culturas —puertorriqueños y argentinos, mexicano-americanos y cubanos. Sin embargo, en Latinoamérica pocas personas se identificarían como hispanas. Uno es peruano, dominicano o ecuatoriano. Es decir, uno se identifica según su país de origen. De hecho, hay una diferencia enorme entre un chileno, por ejemplo, y un panameño».

Pero Esteban López Cervantes no está de acuerdo. Dice: «A pesar de las diferencias que existen entre un país y otro, entre una zona geográfica y otra, entre una cultura y otra, hay características que nos unen porque somos todos herederos de la cultura española. Yo soy dominicano, pero también soy hispano, y lo mismo puede decir un mexicano, un venezolano o un puertorriqueño».

 # Raza y etnicidad

¿Es la herencia española un adhesivo que une el mundo hispánico, o hay factores raciales y étnicos que impidan la cohesión? Para empezar, es difícil encontrar datos exactos sobre la raza y la etnicidad en el mundo hispánico. Se trata de una región en la cual los diversos grupos se mezclan desde hace siglos. Los censos latinoamericanos no suelen hacer preguntas sobre la raza y la etnicidad; de hecho, a menudo la gente tiene raíces tan diversas que realmente no está segura de sus orígenes.

Sin embargo, los sociólogos y antropólogos dividen la población entre seis grupos generales: blancos (personas de origen europeo), indios, negros, *mestizos* (personas de origen blanco e indio), *mulatos* (personas de origen blanco y negro) y *zambos* (personas de origen negro e indio). También hay otras combinaciones formadas por mezclas de los subgrupos y por uniones con los asiáticos (japoneses en Brasil, por ejemplo, y chinos y japoneses en el Perú), libaneses, turcos, árabes e hindúes que se encuentran en diversas partes de Latinoamérica.

La frecuencia de estas mezclas no quiere decir, sin embargo, que no haya prejuicios. Desafortunadamente, éstos existen en casi todas partes del mundo. El investigador Peter Winn nota que en Latinoamérica, a diferencia de los Estados Unidos, las personas no son clasificadas sencillamente como «blancas» o «negras» sino que hay muchos matices y variantes.[1] La categoría en la cual se coloca a un individuo depende no sólo del color de su piel sino también de sus facciones, pelo, ropa, educación, manera de hablar y otros factores.

Se ha señalado que en Latinoamérica los prejuicios raciales a menudo se interpretan como prejuicios sociales, ya que las clases más altas tienden a ser blancas y las más bajas tienden a ser más oscuras. En la clase media se encuentran blancos, mestizos, mulatos y otras combinaciones. Aun cuando no se articulen sentimientos negativos hacia un grupo racial en particular, hay obvia discriminación contra las clases más humildes, las cuales consisten en gran parte en negros e indios.

---

[1] Peter Winn, *Americas: The Changing Face of Latin America and the Caribbean* (New York: Pantheon, 1992), 277.

ANTES DE PROCEDER . . .

Antes de proceder conviene hacer notar que las generalizaciones que se incluyen en este capítulo se basan en las observaciones de sociólogos y antropólogos especializados en el behaviorismo, es decir, peritos cuyo trabajo consiste en describir las características dominantes de una sociedad. Hay que tener en cuenta, no obstante, que cualquier generalización que se haga acerca de un pueblo puede tener incontables excepciones. Por ejemplo, la afirmación que el hispano suele tener un concepto flexible del tiempo por el cual a menudo llega tarde a las citas no queda invalidada por el hecho de que miles de hispanos son muy puntuales y siempre llegan a tiempo a las citas. Por otra parte, las observaciones que se incluyen aquí no implican una valorización. Es decir, al declarar que en el mundo hispánico los lazos familiares son muy fuertes, no insinuamos que este concepto de la importancia del parentesco es superior o inferior al que prevalece en otras sociedades. Además, aun dentro del mundo hispánico existen grandes diferencias no sólo entre individuos sino también entre familias, clases sociales, grupos étnicos y regiones geográficas. Finalmente, es imprescindible tener en cuenta que estas observaciones se refieren principalmente a los países de Hispanoamérica y no a los hispanos de los Estados Unidos, cuyos valores y costumbres a menudo son semejantes a los de sus vecinos de otras procedencias étnicas.

LA HERENCIA ESPAÑOLA

Los conquistadores, colonizadores, administradores y sacerdotes españoles que llegaron al Nuevo Mundo trajeron con ellos una cultura que penetró, en grados diversos, en casi todas partes del territorio ocupado. La lengua de Castilla es el vínculo más obvio entre los países del sur. Con la excepción de Brasil, donde se habla portugués; de algunas islas antiguamente francesas como Guadalupe, Martinica y Haití; y de ciertas zonas donde domina el inglés (Santo Tomás, Jamaica, Belice, etc.) o el holandés (Surinam), se habla español en todas partes de Centro- y Sudamérica y del Caribe. Sin embargo, hay que señalar que en ciertos pueblos andinos perduran los idiomas indígenas —por ejemplo, el aymará y el quechua— igual que en partes de Guatemala y de México.

No se puede exagerar la importancia del español como nexo. Hace posible que un chileno entienda a un cubano y que un guatemalteco entienda a un boliviano. Es cierto que hay pequeñas diferencias entre los dialectos de los diversos países. En Chile, por ejemplo, la palabra *guagua* significa «bebé», mientras que en Cuba significa «autobús». En México se llama *jitomate* lo que en la mayoría de los otros países se llama «tomate». Sin embargo, con poquísimas excepciones las personas de un país de habla española pueden comunicarse fácilmente con las de otro. Además, las películas y los libros en español circulan libremente por el mundo hispánico. No es raro encontrar las novelas del escritor colombiano Gabriel García Márquez en una librería de Madrid o la poesía del chileno Pablo Neruda en una librería de Venezuela. Películas de renombre internacional como *La historia oficial* (Argentina) y *Como agua para chocolate* (México) se estrenaron en todas partes del mundo hispánico. Además, muchos programas de televisión producidos en México o en Argentina, importantes centros televisivos, se transmiten en otros países.

La religión católica es otro fuerte lazo entre los pueblos hispánicos. Los sacerdotes que acompañaron a los primeros conquistadores hicieron lo posible por cristianizar a los pueblos indígenas. Prohibieron los cultos paganos, a menudo destruyendo templos y artefactos que eran sagrados para los pueblos nativos. En algunas zonas establecieron misiones y escuelas para educar a los indios en doctrina y también en latín, español, matemáticas y oficios como la carpintería y la orfebrería. A pesar de los esfuerzos por aniquilar los cultos indígenas, vestigios de éstos han perdurado, a veces integrándose a prácticas y creencias católicas. De hecho, en muchos santuarios latinoamericanos se combinan motivos tradicionales y autóctonos. Sin embargo, ciertas características son comunes a casi todas las iglesias hispánicas. Por lo general, su impacto es visual. Son más ornamentadas que las norteamericanas; abundan en ellas estatuas y pinturas. Las imágenes de Jesús son muy gráficas; hacen hincapié en su sufrimiento y sacrificio. Los santos —en particular, la Virgen— ocupan un lugar de distinción.

Los países de Hispanoamérica heredaron de la madre patria cierta estructura social. Aunque la situación está cambiando, tradicionalmente la sociedad hispánica ha sido rigurosamente jerárquica. Sin embargo, sería un error pensar que el sistema *quasi*-feudal del período colonial sigue existiendo en la misma forma. Todavía a principios del siglo veinte los miembros de la élite social a menudo pensaban que sus hijos no necesitaban estudiar para una profesión, ya que podían vivir de las rentas de sus vastas propiedades. Hoy en día no sólo los hijos sino también las hijas de la clase alta asisten a la universidad. Además, la actitud de la clase pudiente hacia las masas, que antes se caracterizaba más bien por la indiferencia o el desprecio, empieza a modificarse. Gracias a la educación y a la creciente divulgación de ideas democráticas, la élite está más consciente que en el pasado de los problemas sociales. Al mismo tiempo, movimientos obreros e indigenistas han puesto en tela de juicio la hegemonía de las clases pudientes.

Otro cambio significativo es el aumento de la clase media. Aunque en algunos países es pequeña, en otros —Argentina, Chile, México, Brasil— constituye una fuerza política, social y económica importante. Hay que señalar, sin embargo, que los integrantes de la clase media son a menudo bastante diferentes que en los Estados Unidos. Gracias a la fuerza de los sindicatos y a otros factores económicos, un constructor o un peluquero norteamericano suele ganar lo suficiente para comprar una casa, un auto y un televisor y tomar unas vacaciones de vez en cuando. En Latinoamérica las personas que tienen este tipo de oficio a menudo ganan tan poco que no pueden gozar de estos bienes.

También hay que mencionar que, a diferencia de en los Estados Unidos, en el mundo hispánico, la clase no depende sólo del nivel económico. Figuran muchos otros factores tales como el apellido (indicio del linaje), la profesión, la educación, el domicilio, el círculo social, los modales y la manera de hablar, vestir y pasar el tiempo libre. Por ejemplo, ciertos apellidos se consideran más elegantes que otros. Además, ciertas profesiones —abogado, arquitecto— son típicas de la clase alta y también lo son ciertos deportes tales como el tenis y el golf. Aunque el nivel económico es un factor importante, hay personas con poco dinero que se consideran de la clase alta por ser de familias antiguas y distinguidas. Las clases adineradas latinoamericanas gozan de todas las comodidades que personas de su misma condición en otros países; tienen su horno de microondas, su computadora, su sauna, su videocasetera, su celular y su *Walkman*. Varios sociólogos han señalado que un boliviano o un hondureño con dinero tiene más en común con un parisiense de su misma o nivel económico que con los pobres de su propio país.

A pesar de los cambios que han ocurrido, aún existe la propensión de aceptar el papel en la sociedad que uno ha heredado. Algunos sociólogos atribuyen esta tendencia al *fatalismo* español. Otros señalan que la inclinación a ver como irrevocables hechos como la clase social, las injusticias y los acontecimientos inesperados es fundamental a las religiones indígenas.

Los hispanoamericanos también han heredado de España ciertos valores y actitudes. En su gracioso libro *El español y los siete pecados capitales,* Fernando Díaz Plaja examina ciertas características de sus compatriotas que, curiosamente, otros escritores atribuyen al latinoamericano. Para Díaz Plaja el «pecado» más notable del español es la soberbia, o sea, la opinión exagerada de sí mismo. *Soberbio,* que tiene una connotación negativa en inglés, dice Díaz Plaja, es un encomio en castellano. El español exalta el *yo,* lo cual engendra el *yoísmo* —la tendencia de verse como un ser solitario ante un mundo hostil. Si el español es fatalista, es porque ve la vida como un compendio de circunstancias creadas por fuerzas inexorables contra las cuales él está en continua contienda.

El español, explica Díaz Plaja, se ve como centro del universo. Por eso, cuando entra en un cine sigue hablando en voz alta, inconsciente de estar molestando a los demás. Cuando otros hacen lo mismo, sin embargo, se indigna porque la falta de consideración de ellos lo incomoda a él. En un grupo los españoles tienden a hablar todos al mismo tiempo, dice Díaz Plaja, porque lo que le importa al español es expresar su propia opinión, no escuchar la ajena. De hecho, en España como en el resto del mundo hispánico, interrumpir no se considera necesariamente una falta de educación.

El yoísmo puede parecer una paradoja en un país en que se exaltan la familia, el rey y la patria, pero, explica Díaz Plaja, el español ve estos organismos sociales como una extensión de sí mismo. La esposa, los hijos y los demás parientes son un reflejo del *yo.* Además, no se trata nunca de «el rey» sino de «mi rey», ni de «la patria» sino de «mi patria». «No hay ‹nosotros› en español, sino ‹Yo›»,[2] dice Díaz Plaza. «El español vive *con* una sociedad, pero jamás *inmerso* en ella».[3] Por eso se resiste a la colaboración, es decir, a la labor de equipo.

Esta actitud puede impedir su progreso en las ciencias o en los negocios, campos que requieren la cooperación entre los partidos. Consideremos, por ejemplo, la cuestión del tiempo. Cuando un ejecutivo extranjero hace una cita con un socio español para las 10 de la mañana, espera que el otro aparezca precisamente a esa hora. Si a las 10 de la mañana el socio español está tranquilamente tomando un café, absorto en una conversación interesante con un amigo, puede ser que no se le ocurra mirar su reloj. ¿Cuántos ejecutivos norteamericanos —o alemanes o franceses— no habrán tenido esta misma experiencia en el Perú o en Colombia? El español, como el latinoamericano, tiende a vivir en el presente, es decir, a entregarse al placer del momento.

Si en los países más industrializados la gente «vive para trabajar», en el mundo hispánico «trabaja para vivir». Es decir, el trabajo rara vez se considera un fin en sí. Esto no quiere decir que el español o hispanoamericano no trabaje duro. La jornada de diez horas o más es común en muchas partes del mundo

---

[2] Fernando Díaz Plaja, *El español y los siete pecados capitales,* rev. ed. (Madrid, Alianza, 1994), 55.

[3] Ibid., 57.

hispánico. Ejecutivos europeos de compañías como Volkswagon, con fábricas en España o Latinoamérica, comentan que los trabajadores de estas partes están entre los mejores del mundo —cumplidos, productivos, leales . . . y también puntuales.

Es posible que las actitudes tradicionales estén empezando a cambiar. España se ha integrado a la Comunidad Europea, y los países de Latinoamérica desean competir en el mercado internacional. La globalización comercial ha obligado a las naciones en vías de desarrollo a adoptar nuevas prácticas. En México, por ejemplo, está eliminándose la siesta en ciertas zonas urbanas. Antiguamente la gente siempre volvía a casa a las dos de la tarde para comer y descansar; luego regresaba al trabajo a eso de las cinco. Pero a principios de 1999 las oficinas gubernamentales y ciertas compañías particulares adoptaron el almuerzo de una hora y, sorprendentemente, a mucha gente le gusta. «Perdíamos demasiado tiempo», explica un ejecutivo. «Cuando las oficinas de Nueva York estaban abiertas y funcionando, la nuestra estaba cerrada. Esto imposibilitaba el hacer negocios». Su secretaria está de acuerdo. «Vivo muy lejos para regresar a casa, comer y volver», dice. «Entonces, me quedaba en el centro mirando vitrinas y conversando con mis amigas, es decir, haciendo tonterías. Bajo el nuevo sistema puedo comer rápido y seguir trabajando para terminar a las seis». De hecho, hoy en día mucha gente ya no usa el vocablo *siesta* sino *hora de almuerzo.*

Por lo general, el español, como el latinoamericano, desconfía de las instituciones porque éstas son entidades anónimas. Al *yo* no le gusta tratar con organismos amorfos sino con otros *yos.* El yoísmo conduce inevitablemente al *personalismo,* la tendencia de valorar ante todo el contacto personal. Al momento de necesitar socorro, el español, como el latinoamericano, usualmente no recurre a una institución sino a un individuo. Al solicitar un empleo, por ejemplo, buscará algún *enchufe,* o contacto personal, que le ayude. Cuando se ve obligado a tratar con una institución, encuentra la manera de personalizar la experiencia. Si necesita un préstamo demasiado grande para pedírselo a un pariente, por ejemplo, solicitará la intercesión de algún amigo que tenga un contacto en el banco.

En el campo de la política, el yoísmo puede tener consecuencias serias, explica Díaz Plaja: «El español siente, en general, una instintiva animosidad a formar parte de asociaciones»,[4] y el hecho de que pertenezca a un partido político no quiere decir necesariamente que vote. La idea de cooperar con un grupo le es antipática. Aun si es miembro de un club, «no va a colaborar con otros para resolver problemas, sino a encontrar un sitio cómodo en donde él pueda contar a los demás lo que piensa del mundo en general y de la familia de Sánchez en particular».[5] La organización a la cual todos tienen que pertenecer, el Estado, «es mirada con suspicacia».[6] No se la considera «un vínculo necesario entre el individuo y la sociedad, sino como un conglomerado de intervenciones que tratan de reglamentar la vida de Juan Español».[7] Por eso, dice Díaz Plaja, el español se siente justificado al no respetar las leyes y al no pagar impuestos. Si en España ha habido una tendencia hacia los regímenes autoritarios —y no nos olvidemos de que el general Franco estuvo en el poder casi 40 años— es en parte porque ha sido tan difícil imponer

---

[4] Ibid., 59.
[5] Ibid.
[6] Ibid.
[7] Ibid.

disciplina en una nación en que cada *yo* desea imperar. Figuras como Perón (Argentina) y Fidel Castro (Cuba) —los dos tremendamente populares— demuestran que existe la misma mentalidad en Latinoamérica.

El personalismo hace que el español —tanto como el latinoamericano— rechace al líder insípido que se define únicamente por una ideología. El caudillo, de personalidad fuerte y carismática, es mucho más atractivo que un político competente pero sin personalidad. El éxito del presente gobierno democrático prueba que no es cierto, como algunos habían dicho antes de la muerte de Franco, que España pueda ser gobernada sólo por una mano fuerte. Sin embargo, el triunfo de la democracia no quiere decir que la actitud del español hacia el Estado haya cambiado, dice Díaz Plaja: «Lo mismo da una República que una Monarquía o una Dictadura. Siempre se trata de un fiscalizador de la vida al que hay que hacer el menor caso posible».[8]

El *individualismo* es un concepto afín. Se trata de algo muy diferente al *rugged individualism* norteamericano que, por lo general, se asocia con nociones de independencia de criterios, de fuerza interior, de autodeterminación y de autonomía financiera. El *rugged individualism* es lo que lleva a una persona a formar opiniones propias o a embarcar en una nueva empresa. El individualista —encarnado en el mito romántico del *cowboy*— es el que toma sus propias decisiones y forja su propio destino.

El estudiante norteamericano, por ejemplo, a diferencia del español o latinoamericano, suele dejar el hogar paterno para ir a vivir en la universidad. Es común que trabaje para poder costear una parte de su educación o, por lo menos, sus gastos personales, y que escoja su carrera de acuerdo con sus propios deseos y objetivos, sin tomar en consideración tradiciones familiares. En el mundo hispánico, un estudiante puede sentirse un individualista al mismo tiempo que comparte exactamente las mismas opiniones que sus amigos y familiares, estudia para la misma profesión que su padre y abuelo y vive en casa enteramente a expensas de sus progenitores.

El individualismo hispánico tiene que ver menos con independizarse que con imponer su voluntad. El español, dice Díaz Plaja —y se puede observar el mismo fenómeno en Latinoamérica— necesita sentir que domina en su esfera de influencia, por pequeña que sea. Así que al estudiante le es más importante obligar a todos a callarse mientras él hace sus tareas que buscar un rincón apartado y silencioso donde pueda estudiar tranquilamente.

Esta actitud, explica Díaz Plaja, afecta cada aspecto de la vida. El español cree que las reglas y leyes son para los otros, no para él. Cuando el chofer español llega a la esquina y ve que el semáforo está en rojo, sencillamente pasa si no ve otro auto que se acerque. ¿Por qué? Porque no acepta la autoridad de la luz (que representa la autoridad del estado) si ésta va contra su propia voluntad. Quien haya manejado en Santiago de Chile, en Caracas o en México podrá confirmar que la misma mentalidad impera en estas ciudades.

Curiosamente, varias de las características que Díaz Plaja inculpa a la soberbia, Octavio Paz, al analizar la personalidad mexicana, se las atribuye al sentido de inferioridad que resulta de la incapacidad de sus compatriotas de aceptar su propia historia. En *El laberinto de la soledad,* Paz describe el sentido

---

[8] Ibid.

de aislamiento y de abandono del mexicano, que se ve como el hijo rechazado del conquistador blanco y de la india que traiciona a su pueblo. Según Paz, el triste pasado del mexicano le hace sentirse vulnerable y avergonzado, lo que engendra una especie de paranoia: «La desconfianza, el disimulo, la reserva cortés que cierra el paso al extraño, la ironía, todas, en fin, las oscilaciones psíquicas con que al eludir la mirada ajena nos eludimos a nosotros mismos, son rasgos de gente dominada, que teme y que finge frente al señor . . . Todas sus relaciones están envenenadas por el miedo y el recelo. Miedo al señor, recelo ante sus iguales».[9]

A causa de su inseguridad, dice Paz, el mexicano siente la necesidad de protegerse, de esconderse detrás de una máscara, y al mismo tiempo, de imponerse en los demás. Divide el mundo entre los fuertes (los abusadores) y los débiles (los abusados). No hay otra posibilidad. Hay que atropellar al otro o ser atropellado. La desconfianza que describe Díaz Plaza toma una forma extrema en México, según Paz, y produce un sistema político inestable y corrupto: «Esta concepción de la vida social como combate engendra fatalmente la división de la sociedad en fuertes y débiles. Los fuertes . . . se rodean de fidelidades

[9] Octavio Paz, *El laberinto de la soledad / Postdata / Vuelta a El Laberinto de la soledad,* 2 ed. (México, D.F.: Fondo de Cultura Económica, 1993), 78.

ardientes e interesadas. El servilismo ante los poderosos —especialmente entre la casta de los ‹políticos›, esto es, de los profesionales de los negocios públicos— es una de las deplorables consecuencias de esta situación. Otra, no menos degradante, es la adhesión a las personas y no a los principios».[10] Estos dos peligros, la corrupción y el personalismo que hace que el carisma sea más importante que los ideales, han amenazado la estabilidad no sólo en México sino en otros países hispánicos. A pesar de los logros de la democracia durante las últimas décadas del siglo veinte, hasta hace poco la vacilación entre el caos y la dictadura caracterizó la política de la región. Como demuestran el asesinato del vicepresidente del Paraguay en marzo de 1999 y la elección ese mismo año en Venezuela de Hugo Chávez, candidato popularísimo pero sin un programa verdaderamente definido, este problema no se ha resuelto.

 # LA HERENCIA INDÍGENA

Como Paz subraya en su ensayo, México, a pesar de su obvia herencia española, es esencialmente un país mestizo. De hecho, para algunos intelectuales, lo español representa sólo un revestimiento superficial que oculta la esencia americana. A mediados del siglo veinte el erudito colombiano Germán Arciniegas escribió en su libro *América, tierra firme:* «La afirmación que los españoles descubrieron la América a finales del siglo XV y a principios del XVI es inexacta. No es posible considerar como descubridores a quienes, en vez de levantar el velo de misterio que envolvía a las Américas, se dedicaron a callar, a esconder, a cubrir toda expresión del hombre americano».[11] Para Arciniegas, como para Paz, es esencial reconocer como mestizos los países del sur para apreciar las aportaciones de las culturas indígenas. No se trata de remanentes de civilizaciones muertas de interés puramente arqueológico sino de elementos intrínsecos a la personalidad colectiva americana. «Nuestra cultura no es europea», insiste Arciniegas. «Nosotros estamos negándolo en el alma a cada instante».[12]

Para ciertos intelectuales, es un desacierto referirse a los países del sur como Hispanoamérica o Latinoamérica porque su esencia no es ni hispánica ni latina. Prefieren el término *Indoamérica* porque refleja la esencia indígena del americano. Hoy en día este término se emplea principalmente para referirse a los países que tienen grandes concentraciones de indios —la zona andina (Ecuador, Perú, Bolivia), Centroamérica (principalmente Guatemala), áreas de México y la selva amazónica (Tabla 3.1).

Los indios, que constituyen el 21 por ciento de la población de Latinoamérica, a menudo han sido víctimas de la violencia y la represión. Suelen vivir al margen de la sociedad, conservando sus propios ritos, creencias y costumbres. Sin embargo, la mayoría de las comunidades indígenas han adoptado ciertas instituciones europeas. Frecuentemente el indio sabe hablar castellano, aun cuando mantiene su lengua materna. Además, ha asimilado el concepto europeo de la propiedad. Algunos clanes son dueños de parcelas, aunque la mayoría de los indios trabajan las tierras de grandes hacendados.

---

[10] Ibid., 86.

[11] Germán Arciniegas, *América: Tierra firme y otros ensayos,* ed. Pedro Gómez Valderrama y Juan Gustavo Cobo Borda (Caracas: Biblioteca Ayacucho, 1990).

[12] Ibid.

Tabla 3.1 Países americanos
con la mayor población indígena

País	% de población total
Bolivia	56
Guatemala	43,8
Perú	40,8
Ecuador	29,5
México	14,2

SOURCE: James W. Wilkie y José Guadalupe Ortega,
eds., *Statistical Abstract of Latin America* (Los
Angeles: UCLA Latin American Center Publications,

Por lo general el indio practica el catolicismo, aunque mezcla ritos ortodoxos y autóctonos. Es común que les atribuya a los santos católicos poderes mágicos y otras características de deidades locales. En los pueblos indígenas, se organizan fiestas para honrar a los santos patrones de la comunidad para obtener su protección. A menudo las ceremonias religiosas incorporan ritos precolombinos, por lo cual la práctica del catolicismo en los pueblos remotos es muy diferente de la de las ciudades. A causa de la escasez de sacerdotes católicos, especialmente en las zonas más aisladas, muchas comunidades no pueden contar con un oficiante ordenado para sus ritos. Dicen misa cantores nativos que mantienen elementos de la cultura tradicional. No es raro que un clérigo ordenado visite estas comunidades una vez al año para celebrar bautizos, primeras comuniones y matrimonios.

Los indios a menudo desconfían de la medicina moderna, rehusando ir al hospital cuando están enfermos. En ciertos hospitales de áreas apartadas de México se han colocado altares indígenas en la sección de maternidad para que las mujeres consientan en dar a luz allí, pero aun así, muchas mujeres prefieren ser atendidas por una partera. En la zona andina es común explicar las enfermedades como un desequilibrio entre los humores «fríos» y «calientes» del cuerpo que resulta de combinaciones dañinas de comidas o del contacto con ciertos objetos. El mal genio o la locura son atribuidos al «susto» que resulta de un encuentro con un ser sobrenatural. Ciertos lugares sagrados y los charcos de agua son considerados especialmente peligrosos porque albergan a espíritus que pueden turbar o enfermar al individuo. En muchas comunidades la medicina está en manos de un *curandero,* es decir, un doctor que emplea remedios folklóricos y tradicionales. Estudios modernos han mostrado que los tratamientos de estos homeópatas son por lo general bastante eficaces, ya que conocen bien las propiedades medicinales de las hierbas.

La mayoría de los indios son labradores. Aunque muchos trabajan tierras ajenas, los que cultivan sus propias parcelas llevan sus productos al mercado. Además, en varios países los indios tejen hermosas telas, bordan prendas de ropa y producen canastas y joyas. Son expertos en alfarería (el arte de fabricar vasijas de barro) y a veces en orfebrería (el arte de fabricar objetos de oro o de plata). Últimamente, la artesanía indígena ha llegado a ser una importante fuente de ingresos en algunas regiones. No sólo se ha fomentado el turismo en zonas pintorescas donde visitantes norteamericanos y europeos gastan dinero en objetos de arte «típicos», sino que éstos se exportan a países industrializados.

Las comunidades indias son generalmente unidades muy cohesivas. El individuo suele identificarse por su grupo étnico en vez de por su nacionalidad, por ejemplo, quiché en vez de guatemalteco o mapuche en vez de chileno. Por un lado, el indio se ve en una posición de aislamiento frente al mundo moderno. Por otro, la sociedad moderna y la indígena se han transformado mutuamente. Durante la segunda mitad del siglo veinte, grandes números de indios se han trasladado del campo a la ciudad, llevando con ellos costumbres y creencias tradicionales. Algunos se han aislado en comunidades étnicas, pero otros se han asimilado a la cultura nacional, no sólo aprendiendo el español sino también asistiendo a la universidad y ejerciendo una profesión. Hay personas que hablan despectivamente de los *cholos* —indios que abandonan el traje y las costumbres tradicionales para adoptar los usos del resto de la sociedad— pero para miles de personas la asimilación ha sido una necesidad económica.

En algunos casos los indios más doctos —los que tienen grados universitarios— terminan reafirmando su identidad étnica y desempeñando un importante papel político al convertirse en portavoz de su pueblo. Estos líderes emplean la tecnología moderna para avanzar su causa; el fax e Internet les facilita la comunicación con otros activistas indígenas y les permite atraer la atención internacional. En el Amazonas brasileño los dirigentes políticos usan grabaciones para educar a los Yamomami acerca de los abusos de los mineros. El Comandante Z, jefe del movimiento indigenista de Chiapas, México, ha empleado la computadora para ganar amigos para su causa de todas partes del mundo.

En varias partes de Latinoamérica ha habido un renacimiento del nacionalismo indígena acompañado de un retorno a las prácticas tradicionales. La celebración del equinoccio otoñal en Tiwanaku, Bolivia, por ejemplo, ha sido revitalizado recientemente gracias al deseo de reafirmar la identidad étnica y también al estímulo del turismo. Otro desarrollo interesante es el panindigenismo, movimiento que intenta unir a los diferentes grupos indios por motivos políticos.

 # LA HERENCIA AFRICANA

Más de cien millones de latinoamericanos tienen raíces africanas. Algunos investigadores usan el término *Afroamérica* para referirse a las costas del Brasil, a las Guyanas, al norte de Colombia y a las Antillas, zonas en las cuales se encuentran grandes concentraciones de descendientes de africanos y una población india de menos del 2 por ciento.

La importación de africanos comenzó en 1502, sólo una década después del primer viaje de Colón. Los españoles, al darse cuenta de que los indios no resistían los trabajos forzados, trajeron a esclavos negros al Nuevo Mundo para proveer de mano de obra a las minas de La Española, isla que hoy día está dividida entre Haití y la República Dominicana. En 1517 el rey español concedió a ciertas compañías nacionales el monopolio de importar esclavos de África a las Antillas. Viendo lo lucrativo que era este negocio, los holandeses e ingleses también empezaron a traficar en seres humanos y pronto rivalizaban a los españoles.

Se ha calculado que unos doce millones de africanos se embarcaron para el Nuevo Mundo de la costa de África, de los cuales varios millones perecieron en la travesía. Los puertos de embarcación más frecuentados se encontraban entre los países actuales de Ghana y Angola, pero estudios de rasgos lingüísticos y usos religiosos revelan que vastos números de esclavos provenían del interior del continente y eran de los grupos bantú, congo y sudanés. Dentro de estas clasificaciones había varios subgrupos como, por ejemplo, los fanti-ashanti y los yoruba, que forman parte del pueblo sudanés. Ciertos etnógrafos creen que los bantú son el grupo dominante en la costa del Brasil; los yoruba preponderan en la Bahía (en el norte del Brasil) y en partes del Caribe, excepto Puerto Rico, donde prevalecen los dahomey; los fanti-ashanti ocupan Jamaica, y los congo habitan Panamá. Sin embargo, la costumbre de separar a miembros de una misma tribu para evitar conspiraciones y rebeliones dificulta la identificación de diferentes grupos.

Varios antropólogos e historiadores han señalado que los españoles solían tratar con cierta tolerancia a sus esclavos africanos. En esto la Iglesia Católica desempeñó un papel importante. En varios edictos el Papa condenó el tráfico en seres humanos. Además, la práctica de bautizar a los africanos hizo posible que se casaran por la Iglesia, y una vez casada una pareja el amo no la podía separar. En las escuelas católicas se educaba a cierto número de negros y mulatos. De hecho, en el siglo diecinueve había sacerdotes y aun obispos en Brasil que eran descendientes de africanos. Sin embargo, sería erróneo pensar que el tratamiento de esclavos fuera benévolo. Los *quilombos,* o levantamientos, en el Brasil; las comunidades de negros prófugos en México; y las rebeliones sangrientas en Haití evidencian lo intolerable de la situación para miles de africanos. Aunque en los siglos dieciocho y diecinueve se encontraban negros en todas partes de la América Latina, desde México hasta la Argentina, hoy en día se aglomeran principalmente en el Caribe, en partes de la América Central y en las costas de los países norteños de Sudamérica. La población africana desapareció de ciertas áreas debido a la mezcla racial o al abuso.

La importación de esclavos siguió durante todo el período colonial, ya que las leyes vedaban la esclavización de indígenas. Los esclavos africanos eran especialmente útiles en las plantaciones de Cuba y de Brasil, donde trabajaban en los *ingenios* (molinos de caña de azúcar). Alejadas de las ciudades, las plantaciones de azúcar tenían que ser autosuficientes —es decir, necesitaban producir todo lo que sus habitantes necesitaban para vivir, desde comestibles hasta productos manufacturados como muebles y velas. Por lo tanto, requerían enormes cantidades de esclavos. El dueño blanco vivía en la *casa grande,* que solía ser de piedra, y los trabajadores negros vivían en las *sensalas,* chozas de barro y paja. A causa de la escasez de mujeres blancas, los dueños a menudo tenían relaciones polígamas con las esclavas. Los niños mulatos que resultaban de estas uniones a menudo eran llevados a vivir en la casa grande, a veces como sirvientes de mayor prestigio y autoridad que los que laboraban en el campo. Las mulatas trabajaban de cocineras o de niñeras, lo cual les confería algo de poder en la casa. A veces los descendientes del dueño y su esclava recibían una buena educación. Después de la emancipación muchos de ellos fueron a la ciudad donde formarían, más tarde, la base de la clase media brasileña. En otros lugares también —la República Dominicana, Panamá, Puerto Rico— el mulato, especialmente el de facciones caucásicas, a menudo ocupa una posición de influencia. Según el investigador Peter Winn, forma parte «más o menos» de la sociedad blanca y a veces niega sus raíces africanas, adoptando una actitud de superioridad frente a sus compatriotas de piel más oscura. El comienzo del movimiento abolicionista en Gran Bretaña a principios del siglo diecinueve provocó prohibiciones internacionales contra el tráfico de africanos. Se puso fin a la esclavitud en casi todas partes de las Américas a mediados del siglo. Cuba y Brasil, los países que dependían más de la mano de obra negra, prohibieron la esclavitud en 1886 y 1888, respectivamente.

Los africanos influyeron profundamente en las culturas latinoamericanas. Centenares de palabras africanas se han incorporado al español y al portugués del Nuevo Mundo. A pesar de las diferencias que pueden existir entre las diversas poblaciones negras, comparten ciertas características. Todos han enriquecido el folklore americano con sus leyendas, su música y sus bailes. La salsa, el merengue, la rumba y la samba son de origen africano y, según algunos investigadores, también lo es el tango argentino. Entre las celebraciones del Carnaval, las Llamadas —una fiesta afro-uruguaya— están entre las más pintorescas; es entonces cuando el candombe, ritmo de origen africano, llena las tabernas y las calles de Montevideo. En el Perú sólo recientemente se está empezando a apreciar la contribución africana a la música. En 1995 apareció *El alma del Perú negro,* un CD que por primera vez puso al alcance del público la herencia musical peru-africana. En cuanto a la vestimenta, el turbante y la túnica de los dahomey se usan en algunas partes de Brasil y en las Guyanas, aunque conviene señalar que el origen de estas prendas es islámico.

La comida también revela la influencia africana. A través de Afroamérica los negros son apreciados como cocineros. Las sacerdotisas del *candomblé,* una de las religiones africanas que se practican en Brasil, a menudo son cocineras en casas o restaurantes, donde preparan las mismas comidas suculentas para su clientela que para las deidades tradicionales. Sus complicadas recetas casi siempre requieren ingredientes de origen africano. *Bobó* y *acarajé* son dos platos brasileños derivados de comidas rituales. El primero contiene camarones, tomates, pimentones, yuca y coco. El segundo es un budín[13] hecho de frijoles, camarones y cebolla. En las plazas de Salvador, antigua capital colonial del Brasil, mujeres en trajes africanos venden *vatapá,* un plato que contiene camarones molidos, maní y menta con condimentos originalmente del África occidental.

Tal vez el área en que vemos más claramente la herencia africana es la religión. Hoy día miles de brasileños practican el candomblé y otras religiones africanas. Aun cuando los esclavos africanos adoptaron el catolicismo, a menudo siguieron adorando a dioses africanos en forma de santos católicos. En Brasil, por ejemplo, se fundieron en la consciencia popular el dios guerrero Ogum y San Jorge, y la diosa del mar Iemanjá con la Virgen de la Concepción. Los africanos llenaron sus iglesias de santos negros tales como san Benedicto Moro e introdujeron ritmos africanos en los ritos. En el Caribe ocurrió lo mismo. Se identificó Nuestra Señora de la Asunción con Ezili Freda, diosa de los dahomey, y con Manbo Inan, diosa madre congolesa. Hoy en día descendientes de africanos y muchos otros caribeños que no lo son rezan a estas deidades bajo nombres de santos católicos.

En Cuba los esclavos siguieron practicando sus cultos, a veces en secreto, durante todo el período colonial. A menudo los amos españoles se hacían de la vista gorda, con tal de que los brujos y curanderos no interfirieran con el trabajo de los esclavos. Las prácticas fetichistas, los amuletos contra el «mal de ojo» y otras «enfermedades» y la farmacopea a base de productos naturales siguen en uso no sólo en el Caribe sino también en partes de los Estados Unidos con grandes poblaciones cubanas. Escribe Raúl M. Shelton: «El cubano en el exilio floridano hizo prosperar la ‹botánica africana› que vende las hierbas e ingredientes necesarios para fabricar el embó[14] y practicar la hechicería curativa y protectora que aprendieron en la Cuba de ayer».[15]

Jorge e Isabel Castellanos explican que «las religiones afrocubanas, ampliamente practicadas por negros y por blancos dentro y fuera de la Isla, se conocen en el país con el nombre de *reglas.* Y en Cuba, las reglas más importantes se hallan en relación con los grandes sistemas culturales afrocubanos: el *lucumí,*

---

[13] Although in some countries *budín* means "pudding" or "cake," here it means "dumpling."

[14] Objeto que se supone que hará mal a una persona enemiga

[15] Raúl M. Shelton, *Cuba y su cultura* (Miami: Universal, 1993), 343.

de orden yoruba y el *congo* de orden bantú».[16] La Regla de Ocha, de la religión lucumí, también es conocida por el nombre de *santería*. Se trata de un culto que mezcla creencias católicas y africanas. Los *ochas* u *orichas* son los dioses o «santos» del panteón lucumí a los cuales se les atribuyen poderes mágicos. Se les reza para la protección y para la destrucción del enemigo.

Vudú es un término que se refiere a varias creencias y prácticas africanas que siguen vigentes en Brasil y en las Antillas, particularmente en Haití. La palabra *vudú* se deriva de una voz africana que significa «dios», «espíritu» u «objeto sagrado». Como la santería, el vudú incorpora elementos del catolicismo. Los vuduistas creen en un ser supremo y diversos espíritus; cada persona tiene un espíritu protector que lo premia con riquezas o lo castiga con enfermedades. Para mantener contentos a estos espíritus, hay que hacer ritos especiales que incluyen bailes, cantos y a veces sacrificios de animales. Los vuduis-

---

[16] Jorge y Isabel Castellanos, *Cultura afrocubana 3: Las religiones y las lenguas* (Miami: Universal, 1992), 11.

tas creen que cuando una persona muere, va a *Nan Guinín*, que significa «África bajo el mar». El jefe de un templo vudú es el *ongan* (sacerdote) o la *manbo* (sacerdotisa).

Afroamérica ha producido a muchos grandes artistas y escritores. Entre los pintores más conocidos cabe mencionar al cubano Wifredo Lam, cuyos cuadros reflejan sus raíces africanas. Lam estudió en París con Pablo Picasso, que se interesaba por el arte «primitivo» y familiarizó a Lam con la escultura de África. Al volver a Cuba, éste creó una pintura sumamente innovadora que combinaba las técnicas vanguardistas que había aprendido en Europa con temas afrocubanos. En el campo literario habrá que mencionar al puerto-rriqueño Luis Palés Matos que, aunque blanco, incorporó ritmos y temas negros en su poesía y a los cubanos Nicolás Guillén y Nancy Morejón. Otra figura importante es el escritor ecuatoriano Adalberto Ortiz, que, además de cuentista y novelista, es dramaturgo, pintor y musicólogo. Las obras del poeta haitiano Jacques Romain constituyen una feroz protesta contra el abuso del negro y una afirmación de su identidad cultural.

Durante los años treinta, artistas como Lam y Guillén, inspirados en parte por el nuevo interés en lo africano e indígena de Picasso y otros vanguardistas, lucharon por desarrollar una consciencia estética panafricana. Su meta fue celebrar la cultura de las Antillas africanas para ayudar al negro a superar su sentido de inferioridad. El *panafricanismo* buscó vínculos entre las diversas tradiciones del negro africano, norteamericano y latinoamericano para fomentar un sentido de solidaridad. En los años setenta, el *Black Power Movement* de los Estados Unidos estimuló movimientos políticos en el Caribe y en otras partes. En Trinidad, por ejemplo, los partidarios del poder negro adoptaron nombres y trajes africanos, rechazando por completo la identidad europea. Aunque la policía puso fin al movimiento, ganó representación para los negros en las elecciones de 1981. En Brasil la creación durante los años noventa de nuevas revistas dedicadas a la cultura negra revela una mayor aceptación de parte de la población de su herencia africana.

Al igual que en los Estados Unidos, los países del sur son multirraciales y multiculturales, aunque los componentes de su población son diferentes a los de la población norteamericana. Para apreciar la riqueza de las culturas de Latinoamérica, tenemos que reconocer su complejidad étnica. A causa de esta comple-jidad, la pregunta ¿Quién es hispano? o aun ¿Quién es latino? no es siempre tan fácil de contestar.

Repaso

I. Conteste las siguientes preguntas.

1. En su opinión, ¿cuáles de las personas descritas en la primera sección son hispanas? ¿Por qué?

2. ¿Por qué es difícil definir el término *hispano*?

3. ¿Cuáles son los seis grupos más grandes que componen la población de Latinoamérica?

4. ¿Qué quiere decir «los prejuicios raciales a menudo se interpretan como prejuicios sociales»?

5. ¿En qué sentido es el español un nexo entre la mayoría de los países de Latinoamérica? ¿En qué países no se habla español?

6. ¿Qué otro nexo importante es parte de la herencia española?

7. Describa la estructura social de la mayoría de los países de Latinoamérica. ¿Qué factores ayudan a definir la clase social de una persona?

8. ¿Qué actitudes son parte de la herencia española?

9. ¿Cómo influye el concepto del personalismo en la política?

10. ¿Por qué dice Arciniegas que la afirmación que los españoles descubrieron América es inexacta? ¿Por qué prefiere el término *Indoamérica* a *Hispanoamérica?*

11. ¿En qué países hay grandes concentraciones de indios?

12. ¿Es el catolicismo que practican los indios idéntico al que practican otros católicos? Explique.

13. ¿Qué actitud tienen los indios a menudo hacia la medicina moderna?

14. ¿En qué sentido se han transformado mutuamente la sociedad moderna y las comunidades indígenas?

15. ¿En qué países hay grandes concentraciones de negros?

16. ¿Cómo llegaron los negros al Nuevo Mundo?

17. ¿Por qué se ha dicho que los españoles solían tratar a los negros con cierta tolerancia?

18. ¿Qué importancia tenía el negro en la plantación? ¿Qué ventaja tenía el mulato?

19. ¿Qué influencia tuvieron los africanos en el folklore de Brasil y de los países del Caribe? ¿en su ropa? ¿en su comida? ¿en sus prácticas religiosas?

20. ¿Qué contribuciones han hecho los afrohispanos al arte y a la literatura?

II. Defina los siguientes términos.

1. mestizo

2. mulato

3. zambo

4. yoísmo

5. personalismo

6. individualismo

7. Indoamérica

8. Afroamérica

9. sensala

10. candomblé

11. santería

12. panafricanismo

III. Temas para la conversación y la composición

1. ¿Cambió su concepto de quién es hispano después de leer esta lectura? Explique.

2. ¿En qué sentido es diferente el concepto de *hispano* en los Estados Unidos que en Hispanoamérica? ¿Es bueno o malo colocar a las personas en categorías étnicas?

3. ¿Cree Ud. que existe una identidad hispana o no? Explique.

4. ¿En qué sentido es diferente el concepto del individualismo en los Estados Unidos que en el mundo hispánico?

5. Compare las perspectivas de Díaz Plaja y Paz.

6. ¿Cree Ud. que se debe usar el término *Indoamérica* en vez de *Hispanoamérica?* ¿Cuál es la diferencia entre *Hispanoamérica* y *Latinoamérica?* ¿Qué significa *Afroamérica?* ¿Son todos los países de Afroamérica «latinos»? ¿Por qué es difícil saber a veces qué término usar?

7. ¿Qué efectos puede tener la tecnología en las culturas indígenas?

8. ¿Qué semejanzas y diferencias ve Ud. entre las culturas negras de Latinoamérica y las de los Estados Unidos? ¿Cree Ud. que el panafricanismo es un concepto positivo? ¿Por qué?

 OTRAS VOCES

Me llamo Rigoberta Menchú y así me nació la conciencia

Elizabeth Burgos

Activista en pro del indio guatemalteco, Rigoberta Menchú ganó el Premio Nóbel de la Paz en 1992. Nació en 1959 en el seno de una comunidad indígena en Guatemala, donde todavía se conservan las antiguas costumbres precolombinas. *Me llamo Rigoberta Menchú y así me nació la conciencia* es su historia según se la cuenta a la etnóloga venezolana Elizabeth Burgos. En este libro Rigoberta describe no sólo los abusos de los indios y sus propias actividades políticas sino también los usos y creencias de su pueblo. En 1998 el antropólogo David Stoll, después de una década de investigaciones que incluyeron entrevistas con numerosos parientes y conocidos de Rigoberta Menchú, presentó evidencia de que algunos pasajes clave de su libro no eran verdad. Sin embargo, las descripciones de las costumbres y creencias de los indios son válidas y nos pueden servir de fuente de información sobre las prácticas de los maya-quichés en la Guatemala actual.

LA NATURALEZA. LA TIERRA MADRE DEL HOMBRE. EL SOL. EL COPAL.[17] EL FUEGO. EL AGUA.

Tenemos que respetar al único dios, al corazón del cielo que es el sol.

Rigoberta Menchú

Tojil, en la oscuridad que le era propicia, con una piedra golpeó el cuero de su sandalia, y de ella, al instante, brotó una chispa, luego un brillo y en seguida una llama y el nuevo fuego lució esplendoroso.

Popol Vuh

Entonces también desde niños recibimos una educación diferente de la que tienen los blancos, los ladinos.[18] Nosotros, los indígenas, tenemos más contacto con la naturaleza. Por eso nos dicen politeístas.[19] Pero, sin embargo, no somos politeístas...o, si lo somos, sería bueno, porque es nuestra cultura, nuestras cos-
5   tumbres. De que nosotros adoramos, no es que adoremos, sino que respetamos una serie de cosas de la naturaleza. Las cosas más importantes para nosotros. Por ejemplo, el agua es algo sagrado. La explicación que nos dan nuestros padres desde niños es que no hay que desperdiciar el agua, aunque haya. El agua es algo puro, es algo limpio y es algo que da vida al hombre. Sin el agua no se
10 puede vivir, tampoco hubieran podido vivir nuestros antepasados. Entonces, el agua la tenemos como algo sagrado y eso está en la mente desde niños y nunca se le quita a uno de pensar que el agua es algo puro. Tenemos la tierra. Nuestros

---

[17] Resina que se extrae de algunos árboles que sirve para la preparación de barnices y como incienso

[18] Aunque aquí *ladino* quiere decir «mestizo», en otras partes del texto Rigoberta usa el término para referirse a cualquiera que no sea indio.

[19] Personas que adoran a múltiples dioses

padres nos dicen «Hijos, la tierra es la madre del hombre porque es la que da de comer al hombre». Y más, nosotros que nos basamos en el cultivo, porque nosotros los indígenas comemos maíz, fríjol y yerbas del campo y no sabemos comer, por ejemplo, jamón o queso, cosas compuestas con aparatos, con máquinas. Entonces, se considera que la tierra es la madre del hombre. Y de hecho nuestros padres nos enseñan a respetar esa tierra. Sólo se puede herir la tierra cuando hay necesidad. Esa concepción hace que antes de sembrar nuestra milpa,[20] tenemos que pedirle permiso a la tierra. Existe el pom, el copal, es el elemento sagrado para el indígena, para expresar el sentimiento ante la tierra, para que la tierra se pueda cultivar.

El copal es una goma que da un árbol y esa goma tiene un olor como incienso. Entonces se quema y da un olor bastante fuerte. Un humo con un olor muy sabroso, muy rico. Cuando se pide permiso a la tierra, antes de cultivarla, se hace una ceremonia. Nosotros nos basamos mucho en la candela, el agua, la cal.[21] En primer lugar se le pone una candela al representante de la tierra, del agua, del maíz, que es la comida del hombre. Se considera, según los antepasados, que nosotros los indígenas estamos hechos de maíz. Estamos hechos del maíz blanco y del maíz amarillo, según nuestros antepasados. Entonces, eso se toma en cuenta. Y luego la candela, que representa al hombre como un hijo de la naturaleza, del universo. Entonces, se ponen esas candelas y se unen todos los miembros de la familia a rezar. Más que todo pidiéndole permiso a la tierra, que dé una buena cosecha. También se reza a nuestros antepasados, mencionándoles sus oraciones, que hace tiempo, hace mucho tiempo, existen.

Se menciona, en primer lugar, el representante de los animales, se habla de nombres de perros. Se habla de nombres de la tierra, el Dios de la tierra. Se habla del Dios del agua. Y luego, el corazón del cielo, que es el sol. Dicen los abuelitos que pidan al sol que alumbre sobre todos sus hijos que son los árboles, los animales, el agua, el hombre. Y luego, que alumbre sobre sus enemigos. Para nosotros, un enemigo es algo como la gente que empieza a robar y a estar en la prostitución. Entonces, es un mundo diferente, pues. No se refiere tanto a la realidad. Pero sin embargo lleva parte de la realidad que uno vive. Entonces, esa oración está compuesta en todo y luego se hace una petición concreta a la tierra, donde se le pide «Madre tierra, que nos tienes que dar de comer, que somos tus hijos y que de ti dependemos y que de ese producto que nos das pueda generar y puedan crecer nuestros hijos y nuestros animales…» y toda una serie de peticiones. Es una ceremonia de comunidades, ya que la cosecha se empieza a hacer cuando todo el mundo empieza a trabajar, a sembrar.

---

[20] maíz

[21] *lime*

50   La oración es igual a como hacen los católicos, de hablar con el santo o con una imagen. Una oración general que dice toda la comunidad. Pero varía. Depende de la gente. Es más o menos así: «Diez días que tenemos que estar en culto para que tú nos concedas el permiso de que tú, madre tierra, que eres Sagrada, nos tienes que dar de comer, nos tienes que dar todo lo que nuestros

55   hijos necesiten. Y que no abusamos de ti sino que te pedimos este permiso, ya que eres parte de la naturaleza y eres miembro de nuestros padres, de nuestros abuelos». O sea, se considera... por ejemplo... el sol es nuestro abuelo. Es para decir que es miembro de nuestros padres, de nuestra familia... «Y te respetamos y te queremos y que tú nos quieras como nosotros te queremos». Es una de

60   las oraciones para la tierra, específicamente. Luego para el sol, se dice, «Corazón del cielo, tú como padre, nos tienes que dar calor, tu luz, sobre nuestros animales, sobre nuestro maíz, nuestro fríjol, sobre nuestras yerbas, para que crezcan para que podamos comer tus hijos». Se refiere también al color del sol porque el fuego es bastante significativo para nosotros. De acuerdo del color del sol y cuando se

65   menciona el color del sol, es algo importantísimo para nosotros. Así tienen que vivir nuestros hijos. Que sean una luz que alumbra, que sean generosos. El fuego para nosotros significa calor, significa una generosidad bastante grande. Significa un corazón bastante amplio. Significa también fortaleza, que da vida. Y algo que no se pierde, que está en diferentes lados. Entonces, cuando se menciona el color

70   del sol, es como mencionar todos los elementos que reúne toda esa vida. Se le suplica al sol como el canal que pasa al dios único nuestra petición de sus hijos para que nosotros nunca violemos todos los derechos que necesitan los demás seres que viven alrededor. Ahí se le renueva o se le hace nuevamente una petición donde dice que los hombres, como hijos del único dios, tenemos que respetar

75   la vida de los árboles, de los pájaros, de los animales. Se mencionan todos los nombres de los pájaros que existen o de los animales, las vacas, los caballos, los perros, los gatos. Todo eso. Se menciona todo. Tenemos que respetar la vida de cada uno de ellos. Tenemos que respetar la vida, la pureza, lo sagrado que es el agua. Tenemos que respetar al único dios, el corazón del cielo que es el sol. No

80   hacer cosas malas cuando el sol está alumbrando a todos sus hijos. Es una promesa a la vez. Luego, se promete a respetar la vida del único ser que es el hombre. Y es importantísimo. Y decimos «nosotros no somos capaces de dañar la vida de uno de tus hijos, que somos nosotros. No somos capaces de matar a uno de tus seres, o sea ninguno de los árboles, de los animales». Es un mundo

85   diferente. Y así se hace toda esa promesa, y al mismo tiempo, cuando está la cosecha tenemos que agradecer con toda nuestra potencia, con todo nuestro ser, más que todo con las oraciones. Luego se dispone, por ejemplo, una oveja o gallinas, ya que consideramos que las ovejas son animales muy sagrados, animales quietos, animales santos, animales que no dañan a otro animal. Y son los ani-

90 males más educados[22] que existen, como los pájaros. Entonces, la comunidad
junta sus animalitos para comer después en la ceremonia.

Repaso

I. Conteste las siguientes preguntas.

1. Según Menchú, ¿cuál es la diferencia principal entre la educación que recibe el niño indio y la que reciben otros niños?

2. Explique la actitud del indio hacia el agua.

3. ¿En qué sentido es la tierra la madre del hombre?

4. ¿Qué quiere decir Rigoberta cuando afirma que sólo se permite herir la tierra cuando hay necesidad? Describa la ceremonia que hacen los indios antes de romper la tierra.

5. ¿Por qué dice Rigoberta que el indio está hecho de maíz?

6. Describa las oraciones de los indios.

7. ¿Qué concepto tienen del sol?

8. ¿Por qué cree el indio que hay que respetar todo lo que existe en la naturaleza —las plantas, los animales, el hombre y los elementos?

II. Defina los siguientes términos y explique su significado dentro del contexto de la lectura.

1. milpa

2. politeísta

3. ladino

4. copal

III. Temas para la conversación y la composición

1. ¿En qué sentido es la visión del indio «cósmica»? Es decir, ¿en qué sentido abarca la totalidad del universo?

---

[22] *well behaved*

2. ¿Por qué dice Rigoberta que los indios no son politeístas? ¿Lo son o no?

3. Compare la actitud hacia la naturaleza del indio con la que predomina en la sociedad norteamericana.

4. ¿Qué significan las dos citas al principio de la lectura?

5. Compare el rito que describe Menchú con los de otras religiones. ¿Cuál es la importancia del rito en la religión? ¿Hay ritos en la vida secular? ¿Son importantes también?

El *círculo del* alacrán

Luis Zalamea

Luis Zalamea es un escritor colombiano con vínculos a Cuba. Su novela, *El círculo del alacrán,* narra la historia del astuto comerciante cubano, Lázaro Recio, que nace en la pobreza pero, gracias a su audacia y a su socarronería, llega a hacerse millonario. Al comenzar la Revolución de Castro, Recio se ve obligado a abandonarlo todo y a trasladarse a la Florida, donde vuelve a amasar una fortuna. En Cuba como en Miami, Recio practica la santería y el catolicismo sin percibir ninguna contradicción en esta doble devoción. Le reza a Babalú-Ayé, *oricha* que se asocia con San Lázaro por ser leproso como él, con la misma veneración que le da a éste. La novela comienza con la siguiente leyenda.

OBERTURA[23]

Cuentan las tradiciones de yorubas, bantúes y dagomíes que fueron traídos al Nuevo Mundo del África como esclavos que Olofín, el dios supremo, decidió repartir sus poderes sobrenaturales entre su prole.[24]

A Ochún, diosa de la belleza, le dio el río; a Oyá, señora de la muerte, le
5   adjudicó la centella; a Yemayá, madre de la familia humana, le legó el mar, y así sucesivamente.

Cuando le llegó el turno a Babalú-Ayé, feo, cojo y fiestero, el amo de las enfermedades, éste le dijo a Olofín:

---

[23] introducción

[24] hijos

—Padre, dame el poder de poseer a cuantas mujeres hay en la tierra.

10   —Te concedo ese don, con la condición de que en Jueves Santo no toques a ninguna mujer.

Durante algún tiempo Babalú-Ayé respetó el compromiso.[25] Pero era joven y fogoso,[26] y la tentación se le apareció un Jueves Santo encarnada en una mulata tan apetitosa que pronto le hizo olvidar su promesa.

15   A la mañana siguiente Babalú-Ayé amaneció plagado de llagas[27] purulentas, algunas de ellas curvas y con punta enroscada como la cola del alacrán.[28] Para muchos africanos el alacrán es símbolo de Olósil, el diablo, y hay que conjurarlo encerrándolo en un círculo de candela para que se mate clavándose su propia ponzoña.

20   A los pocos días la lepra se le declaró a Babalú-Ayé en forma virulenta y le causó una muerte horripilante.

A pesar de su fealdad y su cojera, las mujeres del mundo habían amado mucho a Babalú-Ayé y su muerte las dejó inconsolables. Acudieron entonces a rogar a Ochún con el objeto de que intercediera ante Olofín para resucitar a
25   Babalú-Ayé.

No sólo hermosa, sino astuta, Ochún fue al palacio del dios supremo y esparció por doquier su *oñi,* parte embrujo y parte mezcla de vapores selváticos y perfumes íntimos de su propio cuerpo, que tiene el poder de enardecer a los hombres de pasión sexual.

30   —Dame un poquito de tu *oñi,* —dijo Olofín a Ochún. Porque quiero volver a ser joven y hacer las locuras de la juventud.

—Te lo doy si resucitas a Babalú-Ayé, el mejor de los dioses del amor.

Aunque era el dios supremo y nadie osaba criticarlo, Olofín quiso guardar las apariencias y contestó: —La supuesta «muerte» de Babalú-Ayé no fue ver-
35   dadera, sino un escarmiento.[29]

Luego, a través del tiempo, con su voz de viento, exclamó:

—Babalú-Ayé, levántate[30] de tu sueño de castigo y vuelve a andar entre tus hermanos y tus hijos.

Y Babalú-Ayé volvió a bailar en güemileres,[31] a «montársele» a sus hijos
40   y a poseer a muchas mujeres.

---

[25] obligación

[26] apasionado

[27] *wounds, sores*

[28] *scorpion*

[29] *trick*

[30] Estas palabras recuerdan las de Jesús cuando resucitó a Lázaro.

[31] ceremonia de santería

Cuando los esclavos africanos que llegaron al Nuevo Mundo se vieron obligados a disfrazar a sus dioses u orichás identificándolos con los santos de los blancos, Babalú-Ayé se transformó en San Lázaro. A éste lo representan como un hombre flaco, de rostro macilento,[32] apoyado en una muleta porque le

45 cojea una pierna y con la piel cubierta de las llagas de la lepra. Está vestido con túnica de tela burda[33] de yute y lo acompañan dos perros que a veces lo alivian lamiéndole las llagas.

A pesar de su pasión por las mujeres y el baile, Babalú-Ayé sigue siendo un orichá muy temido porque no sólo puede curar las enfermedades, sino tam-

50 bién desatarlas.[34] Los viejos babalaos[35] recomiendan no jugar con él, ni tratarlo a la ligera, ni mentar su nombre en vano. Cuando en alguna ceremonia de la religión se menciona su nombre, quien lo hace deberá tocar el suelo con los dedos en señal de reverencia.

En cuanto a la cola del alacrán dentro del circulo de fuego, éste sigue

55 siendo el símbolo del mal y del demonio.

Repaso

I. Conteste las siguientes preguntas.

1. ¿Qué poder especial le da Olofín a Babalú-Ayé? ¿Qué condición le pone?

2. ¿Respeta Babalú-Ayé esta condición o no? ¿Cómo lo castiga Olofín?

3. ¿Cómo reaccionan las mujeres del mundo? ¿Qué le piden a Ochún que haga?

4. ¿Cómo convence Ochún al dios supremo? ¿Cómo guarda éste las apariencias?

5. ¿Cómo se transformó Babalú-Ayé en San Lázaro?

6. ¿Qué simboliza el círculo del alacrán?

---

[32] flaco y descolorido

[33] *coarse*

[34] *unleash them*

[35] sacerdote de santería

II. Temas para la conversación y la composición

1. ¿Cómo ilustra este cuento el sincretismo entre la tradición católica y la africana?

2. Compare la actitud hacia la sexualidad que se revela en esta leyenda con la que predomina en las tradiciones religiosas europeas.

3. ¿Por qué cree Ud. que ha perdurado la práctica de la santería?

4. ¿Cómo ha transformado la inmigración hispanoamericana los centros urbanos de los Estados Unidos?

Capítulo 4

La familia hispanoamericana: mitos y realidades

¿Cuál es una familia típica?

¿Cuál de las siguientes familias hispanoamericanas es típica?

1. Marisa Rodríguez de Gómez y Antonio Gómez Soto están casados desde hace ocho años y tienen dos hijos. Marisa trabaja en una oficina de seguros y gana bastante más que su marido, que es vendedor de zapatos en una pequeña galería comercial. Los Gómez viven en un departamento en el centro de la ciudad. Sus hijos rara vez visitan a sus abuelos, que viven en el campo, pero los días de fiesta se reúnen con sus tíos y primos en casa de uno de ellos.

2. Ana Téllez está divorciada y vive con sus tres hijos en una pequeña casa en las afueras de la capital. Hace años que sus hijos no ven a su padre, que partió para los Estados Unidos poco después de divorciarse. Ana es secretaria en la oficina de un abogado y también teje y vende suéteres a fin de ganar más dinero. Todos los días, después de clases, sus hijos van a casa de los abuelos y hacen sus tareas allí. Al salir de la oficina, Ana los recoge y los lleva a casa, donde cenan juntos.

3. Marta González nunca se ha casado pero tiene seis hijos. Vive en casa de su madre, quien cuida a los pequeños mientras Marta trabaja durante el día en una fábrica de automóviles. La abuela cocina y se ocupa de la casa, y todas las semanas Marta le da dinero para los gastos. Viven con ellos la hermana de Marta, también madre soltera, que trabaja en una tintorería, y el hijo de ella.

4. Fernando Valdés Restrepo y Estela Torres no están casados pero hace casi 30 años que viven juntos. Tienen cinco hijos, todos adultos. Residen con ellos Magdalena, una hija soltera de veinticinco años, y Nano, un hijo divorciado de veintiocho, quien tiene dos hijos que viven con su ex-mujer. Todos los domingos se reúnen en casa de Fernando y Estela sus tres otros hijos, todos casados, y las esposas e hijos de éstos, además de los hijos de Nano. Después de oír misa, todos almuerzan en casa de los abuelos.

5. Roberto Valenzuela Echeverría y Yolanda Pla de Valenzuela se casaron hace unos quince años y habitan una casa grande y cómoda en un pueblo de tamaño mediano. Viven con ellos la madre de Roberto, viuda de 73 años, y dos hermanas solteras de Yolanda. La pareja tiene ocho hijos de entre dos y catorce años de edad. Roberto y Yolanda viven en el mismo barrio que sus hermanos casados y que los padres de ella. Pasan los días de fiesta y los fines de semana todos juntos. Yolanda no trabaja, pero participa en varias organizaciones sociales y caritativas. Tiene tres empleadas que se ocupan de la cocina, la limpieza, el lavado y el planchado, pero Yolanda es la que atiende a los niños. Roberto es arquitecto. A veces tiene que viajar por su trabajo, pero siempre se las arregla para estar en casa los días de fiesta.

6. Pedro Oña y Alicia Calderón ni están casados ni tienen la intención de casarse. Viven en un departamento lujoso en la capital de un país del Cono Sur. Cada uno está completamente de-

dicado a su carrera. Pedro es pintor. Ha tenido numerosas exposiciones y ha ganado varios premios importantes. Alicia es productora de televisión. Los dos son de familias acomodadas y, aunque sus padres no se oponen a su estilo de vida, esperan que algún día Pedro y Alicia decidan desposarse y tener hijos.

¿Cuál de estas familias es típica? Aunque la de Roberto y Yolanda corresponde a la imagen tradicional de la familia hispanoamericana, investigaciones recientes han demostrado que existe una gran variedad de estructuras familiares en todos los países de habla española y también en Brasil. Hasta los años ochenta los sociólogos e historiadores creyeron que la *familia patriarcal* —en la cual el hombre de más edad y prestigio controla todo— era la norma en todas las clases sociales, pero estudios recientes prueban que no sólo existe un porcentaje muy grande de casas encabezadas por mujeres sino también que la *familia matrifocal* predomina en ciertos lugares y ambientes sociales desde tiempos coloniales.

 ## LA FAMILIA PATRIARCAL

Respaldado por las instituciones políticas, sociales y religiosas, el modelo patriarcal otorga al padre la máxima autoridad, pero también le proporciona grandes responsabilidades. Al jefe de familia le toca mantener a los suyos —no sólo a su esposa y a sus hijos sino a menudo también a sus padres y suegros o a algún otro pariente que viva bajo su techo. Además, el padre tiene obligaciones para con sus empleados domésticos y a veces para con los hijos de ellos. Es el deber del padre mantener el nivel social y económico de la familia. Toma las decisiones importantes respecto a las finanzas, la vivienda, la educación de los niños y en algunos casos aun la ropa y la conducta de su esposa. En algunos países, hasta hace relativamente poco una mujer ni siquiera podía viajar sin el permiso de su marido.

Según este paradigma, la madre es el alma de la familia, es decir, su centro espiritual. Se dedica exclusivamente a su marido y a sus hijos, cuya educación religiosa está a cargo de ella. También es su responsabilidad la vida social de la familia, que, en las clases acomodadas, es un asunto serio. La posición de la familia tiene que mantenerse a toda costa. Por lo tanto, es esencial mantener las apariencias. Aun si el padre tiene problemas financieros, hay que proyectar una imagen de bienestar y de prosperidad. Por lo tanto, la madre organiza fiestas, cenas y recepciones, y se reúne con otras damas de su grupo para charlar o jugar a las cartas. En las casas de clase media y alta suele haber sirvientas, y es la responsabilidad de la madre supervisarlas. Aun en las casas humildes a menudo hay alguien que ayuda con los quehaceres domésticos —una prima que llega del campo o una sobrinita huérfana. A diferencia de la mujer norteamericana, la latinoamericana que no trabaja no se ve como «sólo un ama de casa». Su papel es más bien el de administradora, y entraña prestigio de responsabilidad.

Desde el punto de vista legal, la familia patriarcal siempre ha sido considerada el núcleo de la sociedad. En los ojos de las autoridades coloniales, el patriarca representaba a la familia entera. Durante el siglo diecinueve, aun después de que las antiguas colonias ganaron su independencia, sólo los hombres con propiedad tenían el derecho de participar en la política. Por lo tanto, la sociedad era concebida como una confederación de jerarquías individuales, cada una encabezada por un jefe de familia. Pero incluso el que no fuera terrateniente ejercía la autoridad absoluta sobre su esposa y sus hijos. Es decir, aun el hombre que no tuviera poder político mandaba en su propia casa.

La autoridad patriarcal había sido establecida por el sistema legal español, y al obtener su independencia, los nuevos países latinoamericanos crearon códigos civiles que protegían los derechos del jefe de familia. La *patria potestad* —«poder del padre»— era el concepto legal que le daba al patriarca el derecho de mandar sobre los que dependían de él. Sólo el padre podía firmar contratos o administrar la propiedad, ya que él era considerado el representante del estado en su familia. Al casarse una mujer, su hacienda —dinero, joyas, tierras— pasaba a su esposo. Si una mujer creía que su marido administraba sus bienes de una manera irresponsable, podía quejarse ante un juez, aunque, a causa de las amistades que a menudo existían entre los hombres de la élite social, era poco probable que un magistrado accediera a sus demandas. Un esposo tenía el derecho de matar a su esposa si era adúltera, pero una mujer no tenía el derecho de vengarse de un marido infiel. Un hijo soltero quedaba bajo la autoridad de su padre a menos que éste lo emancipara oficialmente. Este sistema se mantuvo vigente hasta principios del siglo veinte en los países de Latinoamérica, aunque su aplicación variaba mucho de una región a otra y dentro de diferentes clases sociales. Aun hoy en día quedan vestigios de la patria potestad en los sistemas legales y en las actitudes sociales de muchas personas.

El argumento que se ha usado para defender la familia patriarcal es que este modelo produce estabilidad social. Sin embargo, el concepto jerárquico de la familia ha engendrado serios problemas. El concepto del padre como mediador entre el hogar y el mundo externo le da al hombre gran libertad y refuerza el *machismo,* o la idea que el hombre es superior a la mujer. El machismo encierra la noción de que el hombre es por naturaleza seductor y, por lo tanto, sus apetitos sexuales necesitan ser satisfechos. Según esta lógica, es aceptable que el hombre tenga relaciones con una variedad de mujeres aunque no permitiría jamás la misma libertad a su esposa.

Las leyes coloniales apoyaban el machismo al distinguir entre la mujer «decente» y la liviana. Si una mujer era virgen al casarse y casta y obediente durante el matrimonio, era considerada «decente». Si una mujer «decente» era violada por un hombre que no fuera su esposo, las cortes le ofrecían alguna recompensa y a veces hasta le permitían a su familia matar al hombre culpable. Sin embargo, esta protección rara vez se le extendía a la mujer pobre.

Si se esperaba que una señora de la clase patricia fuera siempre virtuosa, ¿con qué mujeres podía su marido satisfacer sus deseos? Lo más común era que tuviera relaciones con una mujer de una clase inferior a la suya. Claro que no todos los hombres mantenían amantes; sin embargo, la práctica era y sigue siendo bastante común. Como resultado, miles de mujeres de condición humilde quedaban con *hijos naturales* que tenían que criar por su cuenta. En algunos casos el padre mantenía a su «segunda familia» o «casa chica», proveyéndole de vivienda y comida, pero no en todos. Los niños que resultaban de este tipo de relación eran llamados hijos naturales y no «ilegítimos» ya que, bien si nacían de una unión adúltera, ellos eran sin culpa. A pesar de esto, no gozaban de la misma protección legal que los hijos «legítimos».

La severa estratificación social impulsaba a la mujer pobre a aceptar esta situación. No sólo se consideraba aceptable que una mujer se entendiera con un hombre rico sino que sus parientes a menudo secundaban este tipo de relación ya que, si el amante era generoso, podía beneficiar a toda la familia.

 # LA FAMILIA MATRILINEAR

Aunque la familia patriarcal predominaba en las clases acomodadas, había variantes. Al morir un hombre, su viuda podía funcionar como jefe de familia, ejerciendo derechos de los cuales nunca había gozado antes. Podía firmar contratos y administrar su propiedad. Además, tenía la misma obligación que un hombre de mantener a sus hijos, aunque no ejercía la patria potestad, lo cual significa que sus hijos no le debían la misma obediencia que a su padre. Hacia fines del siglo diecinueve se empezaron a liberalizar las leyes. El Código Civil mexicano de 1870 estableció que un hijo soltero ya no estaba bajo el dominio de su padre y les otorgó patria potestad a las madres solteras y a las viudas que no volvieran a casarse. En el caso de las viudas, los hijos llevaban el apellido del padre, y la propiedad de éste normalmente pasaba al hijo varón mayor. En el caso de las madres solteras, los hijos a menudo tomaban el apellido de la madre, quien podía legar su propiedad a su hija. El término *matrifocal* se refiere a cualquier familia encabezada por una mujer. El término *matrilinear* se refiere a una familia en que la autoridad —y a veces también el apellido y la propiedad— pasa de madre a hija.

En las clases humildes, nunca ha habido una sola norma. De hecho, la *madre soltera* existe en Latinoamérica desde la época de la Conquista. Los españoles que llegaron al Nuevo Mundo —a diferencia de los colonizadores ingleses— venían en búsqueda de riquezas y tenían poco interés en echar raíces. Aventureros y soldados, llegaron solos, sin mujeres. Muchos estaban casados con españolas que habían dejado en su país, y otros tenían la intención de volver a España a buscar esposa. Se unieron con mujeres indígenas que, por lo general, después abandonaron con sus hijos mestizos. Investigaciones recientes muestran que la familia matrifocal tiene sus orígenes en el siglo dieciséis. Para principios del siglo diecinueve, un tercio de las familias de la capital de México tenían por cabeza a una mujer. En algunas ciudades del Brasil, entre el 30 y el 50 por ciento de las familias eran matrifocales.

Hoy en día hay un número creciente de familias encabezadas por mujeres. En algunas partes del Caribe y de la América Central, más del 60 por ciento de los niños nacen fuera del matrimonio, y la gran mayoría de estos niños son criados por la madre. Aunque algunos nacen de la unión de un hombre poderoso y una mujer humilde, es más común que el padre tanto como la madre sean de clase baja. Se ha atribuido la frecuencia del *madresolterismo* al machismo, prevaleciente en todos los ambientes sociales, el cual conduce al hombre a producir hijos para afirmar su virilidad, y a una tendencia hacia el fatalismo y el pesimismo, que lleva al hombre a rechazar la responsabilidad familiar.

Hay muchas razones por las cuales las parejas no se casan. En las poblaciones indígenas y africanas, el matrimonio católico no se considera siempre una necesidad. En algunas zonas remotas hay pocos clérigos disponibles para casar a las parejas. El dinero es otro obstáculo, ya que para muchas personas el costo de una boda es prohibitivo. Otro problema es que antes de la legalización del divorcio, fenómeno muy reciente en algunos países, las personas a veces se separaban y formaban nuevos hogares sin poder casarse.

A través de Latinoamérica hay miles de parejas que forman hogares permanentes aun sin el beneficio del matrimonio. Sin embargo, los estudios muestran que este tipo de unión tiende a ser fluido y poco estable. Como la mujer pobre siempre ha trabajado, le ha sido menos difícil que a sus hermanas más aventajadas buscar la manera de mantener a sus hijos en el caso de que el padre los abandone. Sin embargo, la mujer que se encuentra en esta situación no se convierte automáticamente en cabeza de familia. Lo más común, especialmente si tiene menos de veinte años, es que vuelva a vivir con su propia familia —a menudo encabezada por la madre o la abuela. Esta estructura familiar se llama *matrilinear.*

El término *matrilinear* implica descendencia por el lado materno. En este paradigma, la mujer es la que ejerce la autoridad en la casa, ya que el padre está ausente. Es la responsabilidad de ella proteger y alimentar a los hijos, que llevan el apellido de ella. Sin embargo, para mantener a su familia, a menudo tiene que trabajar largas horas, lo cual la obliga a dejar a sus hijos solos o bajo la supervisión de la abuela, que puede estar demasiado ocupada o vieja para vigilarlos. Como consecuencia del exceso de libertad, sus hijas comienzan a ser activas sexualmente apenas entran en la adolescencia. Como la madre, tienen hijos cuando son aún muy jóvenes, por lo cual se ven obligadas a volver al hogar materno. Los hijos varones, que crecen sin padre, a veces se sienten fuertemente ligados a la madre, a quien ven como fuente de calor y de amor. Sin embargo, sin modelos masculinos de madurez y responsabilidad, muy pronto experimentan la necesidad de afirmar su virilidad dejando encintas a las muchachas de su barrio. Como los padres que los han abandonado a ellos, estos jóvenes abandonarán a sus propios hijos, perpetuando así la familia matrilinear.

A pesar de esta heterogeneidad en la estructura doméstica, la familia encabezada por la madre pasó inadvertida de los estudiosos hasta fines del siglo veinte. Sencillamente se daba por sentado que el modelo patriarcal era la regla; podían existir familias con una mujer a la cabeza, pero eran consideradas aberraciones. Sin embargo, cuando los investigadores empezaron a estudiar la composición de la familia desde una perspectiva histórica, descubrieron que lejos de ser una anomalía, era a menudo la norma.

 # LA FAMILIA COMO NÚCLEO SOCIAL

El concepto de familia es diferente en los Estados Unidos al que predomina en los países del sur, donde incluye no sólo a padres e hijos sino también toda la parentela —abuelos, tíos, primos, yernos, nueras y aun compadres, a veces bajo un solo techo. Sea cual sea su estructura —patriarcal, matrilinear u otra— la familia suele inspirar gran lealtad de parte del individuo, y se espera que los miembros se ayuden mutuamente. El nepotismo —la práctica de usar el poder o la influencia en favor de un pariente, considerada poco ética en los Estados Unidos— es bastante aceptado a través de Latinoamérica.

En la clase alta, donde el concepto de linaje perdura, los apellidos son de tanta importancia que a veces las personas hacen sacrificios extraordinarios para protegerlos. Así que si un tío está involucrado en un desfalco o un sobrino en un escándalo sexual, el padre toma medidas para evitar que se sepa. La importancia de la familia se refleja en la costumbre, prevaleciente en todas las clases sociales, de emplear el apellido tanto del padre como de la madre (excepto a veces en las familias matrilineares). En el caso de un señor que se llama Carlos Paredes Turcio, *Paredes* es el apellido de su padre, mientras que *Turcio* es el de su madre. Si este señor se casa con una señorita que se llama Luisa Gómez Lobo, por ejemplo, el nombre de casada de ella será Luisa Gómez de Paredes (o Luisa Gómez Paredes).

La familia es el núcleo de la vida social, religiosa y económica de una persona. Los ritos religiosos —bautizos, primeras comuniones, matrimonios, entierros— son motivos de reuniones familiares, igual que las fiestas—santos, cumpleaños, Navidades o Pascua. Muchos negocios son de familias, por lo tanto, es común ver letreros anunciando compañías con nombres como «Hermanos Fernández» o «Campos e Hijos». Al buscar un empleo, un préstamo o una recomendación, una persona usualmente pide ayuda a un pariente. El dueño de un negocio se siente obligado a emplear a un sobrino o a un primo antes que a un extraño, y a menudo se escoge a un médico o a un abogado porque es pariente o amigo de un pariente.

El *compadrazgo* es una institución que aumenta el alcance de la red familiar. Al bautizar a un bebé, los padres escogen a un *padrino* y a una *madrina* que asumen la responsabilidad de apoyar a su *ahijado* durante su vida. Los padres y los padrinos de un niño son *compadres,* relación que constituye una especie de seudoparentesco. Los padrinos son como segundos padres para el niño; en el caso de que éste busque entrar en la universidad, tenga un problema con la ley o necesite ayuda de algún otro tipo, sabe que puede contar con sus padrinos. Por eso se considera importante escoger a un padrino con recursos económicos e influencia. Los políticos, dueños de fábricas y celebridades a veces tienen numerosos ahijados. En el campo es común que un labrador le pida a su patrón que apadrine a su hijo. En la clase alta normalmente se busca un padrino que sea capaz de administrar los bienes del joven en caso de necesidad.

 # EL DIVORCIO

Hoy en día nuevas presiones políticas, sociales y económicas están cambiando los conceptos tradicionales de la familia y abriendo las puertas a estilos de vida que antes no se aceptaban. Uno de los desarrollos más significativos es la legalización del divorcio, proceso largo y difícil debido a la oposición de la Iglesia y a la tradición machista. Cuando Uruguay legalizó el divorcio a principios del siglo veinte, fue considerado un paso extraordinario. El divorcio se hizo posible en México como resultado de la separación entre el estado y la Iglesia durante la Revolución de 1910. Otros países han demorado más en aceptar la disolución legal del matrimonio. Argentina legalizó el divorcio en 1987 y Paraguay en 1992. A principios del año 2000, el divorcio era legal en todos los países de Latinoamérica excepto Chile.

Es difícil conseguir información confiable sobre el divorcio en Latinoamérica. El hecho de que no se declaren las uniones consensuales ante las autoridades hace imposible conseguir datos sobre las separaciones. Otro problema es que en países donde el divorcio legal es un fenómeno reciente, las parejas acostumbraban viajar a otro país para divorciarse, pero estos divorcios no se reconocían ni se registraban en su propio país —situación que todavía existe en Chile. En casos en que el hombre y la mujer se separaban y se unían a otra persona, ni la separación ni el nuevo matrimonio se podían declarar. Un obstáculo serio a la recolección de datos es que los gobiernos suelen excluir las poblaciones indígenas de los estudios demográficos, ya porque es difícil conseguir información sobre las comunidades más remotas, ya porque los diferentes grupos autóctonos tienen costumbres que no se prestan a los acostumbrados métodos de análisis. Por ejemplo, en algunos pueblos de los Andes son comunes los matrimonios «provisionales». Es decir, antes de casarse oficialmente, un hombre y una mujer viven juntos durante un año, usualmente en la casa de los padres de él. Si la unión no resulta, sencillamente se separan. Cualquier niño que nazca durante ese primer año se queda en la casa donde se ha criado, es decir, en la de sus abuelos paternos.

Aunque nuestra documentación es incompleta, las estadísticas que hay indican que el divorcio es más frecuente ahora que antes. Por ejemplo, en el Ecuador, en 1965 sólo se declararon 1.300 divorcios; en 1993 se declararon 7.302. En Costa Rica, 181 divorcios fueron documentados en 1963; la cifra para 1995 fue 3.385. En 1965, 8.937 parejas cubanas se divorciaron; en 1993 el número fue 64.938 —aunque hay que notar que la tasa de divorcio entre cubano-americanos es bastante más baja que la del resto de la población estadounidense. En México, la tasa de divorcios bajó a 32.746 en 1995 después de subir de 24.705 a 51.953 entre 1965 y 1992. Se ha atribuido la tasa de divorcios relativamente baja de los países latinoamericanos a sus tradiciones católicas. Sin embargo, Puerto Rico —políticamente unido a los Estados Unidos pero culturalmente hispánico— tiene una de las tasas de divorcio más altas del mundo.

Estudios recientes sobre Colombia, Panamá y el Perú confirman que en estos países los matrimonios consensuales terminan en separación con más frecuencia que los formales. Aunque la tasa de separación y divorcio es igual en todas las clases sociales, es más probable que una mujer que se case cuando tiene menos de quince años se divorcie que una mujer que se casa más madura.

Durante las décadas de 1970 y 1980, el divorcio fue una de las causas defendidas con más pasión por grupos feministas latinoamericanos. Señalaban que sin el divorcio, un hombre podía abandonar a su familia sin consecuencias, ya que ninguna ley le obligaba a mantener a su mujer y a sus hijos. Sin el divorcio, afirmaban las partidarias del divorcio, la esposa abandonada no tenía recursos; no podía volver a casarse, y a menudo no tenía la educación necesaria para conseguir un trabajo. Además, en ciertos ambientes sociales aún no se aceptaba que una mujer se empleara y menos si tenía hijos. Como señala Elizabeth Subercaseaux en su libro *Matrimonio a la chilena,* esta situación todavía existe en Chile, donde el divorcio aun no es legal. Aunque las parejas chilenas que no quieren seguir casadas pueden conseguir una anulación, el proceso es largo y complicado y a menudo deja a la mujer absolutamente desamparada. Paradójicamente, muchas mujeres se han opuesto a la legalización del divorcio porque creen que amenaza su posición social. De hecho, aún hoy en día la mujer divorciada no es completamente aceptada en ciertos ámbitos sociales.

 # OTROS ESTILOS DE VIDA

A pesar de la influencia de películas y programas de televisión extranjeros, un joven latinoamericano rara vez vive solo. Un estudio publicado por Susan M. De Vos en 1995 muestra que más del 90 por ciento de los jóvenes de entre 15 y 29 años viven en algún tipo de familia; un porcentaje muy pequeño vive solo o con un compañero de cuarto.[1]

Sin embargo, el número de personas que viven solas está creciendo. Las viudas, que antes casi siempre optaban por vivir con un hijo, ahora muchas veces prefieren permanecer en su propia casa y, en vez de dedicarse a ayudar a criar a sus nietos, como las abuelas de generaciones anteriores, trabajan o llevan una vida social muy activa. También las personas divorciadas y las que son exponentes de la autonomía personal optan cada vez más por vivir solas, especialmente en los países del Cono Sur. Este fenómeno se encuentra más en las clases acomodadas, donde el individuo tiene los medios para independizarse. También hay un número creciente de jóvenes de clase media o alta que optan por la cohabitación, desdeñando los valores y tradiciones de sus padres.

Otro cambio importante es que el tamaño de las familias está disminuyendo. Gracias a los adelantos médicos, la mortalidad infantil ha bajado en todas partes de Latinoamérica. Mientras que antiguamente las familias tenían que ser grandes para asegurar que sobrevivieran por lo menos algunos de los hijos, hoy en día la niñez trae menos riesgos. Aunque en el campo las familias tienden a ser grandes, en los centros urbanos la tasa de natalidad ha bajado dramáticamente. Muchos matrimonios optan por limitar el tamaño de su familia para poder darles a sus hijos más ventajas materiales y una mejor educación. Como se ve en la Tabla 4.1, en 1985 una familia mexicana mediana tenía 3,9 hijos; en 1995 tenía 3,1 hijos, y la proyección para 2020 es 2,2 hijos. El promedio en Bolivia era 5,2 hijos en 1985 y 4,1 hijos en 1995, y la proyección es 2,5 hijos para 2020.

Entre las razones por esta disminución en el tamaño de la familia hay que contar la diseminación de datos sobre la fertilidad y el uso de la anticoncepción. A pesar de la oposición de la Iglesia Católica, más del 65 por ciento de las mujeres casadas en Brasil, Colombia, Costa Rica y Venezuela emplean anticonceptivos, y más del 70 por ciento los emplean en Cuba. Además, el aborto es legal en ocho países.

Al abrirse nuevas oportunidades de empleo, muchas mujeres han optado por continuar su educación o trabajar, lo cual ha hecho necesario que limiten el tamaño de su familia. Antes una mujer que trabajaba podía contar siempre con su mamá o con empleadas para ocuparse de sus niños. Hoy día muchas abuelas también trabajan, y con la industrialización de los centros urbanos, las campesinas que antes llegaban a la ciudad en busca de empleo como sirvientas ahora prefieren trabajar en fábricas, donde ganan más dinero y tienen más libertad.

Si bien siempre ha habido una gran diversidad en la estructura familiar, hoy en día hasta el concepto de la familia tradicional está cambiando. Las influencias extranjeras que llegan a través de los medios de difusión —el cine, la televisión, la prensa, Internet— exponen al público a nuevos estilos de vida. Además, a medida que Latinoamérica va integrándose al mundo moderno, la Iglesia Católica pierde su influencia, y el divorcio y la anticoncepción son cada vez más aceptados. Además, hoy en día los hijos a menudo salen del hogar paterno para estudiar o trabajar en otra ciudad, donde suelen vivir con un pariente o en una pensión estudiantil. Antes un hijo adulto —aun un hijo casado— muchas veces seguía viviendo con sus padres. Aunque esta costumbre todavía se usa en muchas partes, especialmente en las zonas rurales, es menos común que antes.

---

[1] Susan M. De Vos, *Household Composition in Latin America* (New York: Plenum Press, 1995).

Tabla 4.1   Total Fertility Rates,[1] 20 LC, 1985–2020

Country	1985	1990	1994	1995	2000	2005	2010	2015	2020
A. Argentina	3.0	2.8	2.7	2.7	2.5	2.4	2.3	2.2	2.1
B. Bolivia	5.2	4.6	4.2	4.1	3.6	3.2	2.9	2.7	2.5
C. Brazil	3.3	2.6	2.4	2.4	2.1	2.0	1.9	1.9	1.8
D. Chile	2.5	2.6	2.5	2.5	2.4	2.4	2.3	2.3	2.2
E. Colombia	3.2	2.8	2.5	2.4	2.2	2.0	1.9	1.9	1.9
F. Costa Rica	3.5	3.3	3.1	3.0	2.8	2.6	2.5	2.4	2.3
G. Cuba	1.9	1.9	1.8	1.8	1.8	1.8	1.8	1.8	1.8
H. Dominican Rep.	3.7	3.2	2.8	2.7	2.4	2.2	2.1	2.1	2.0
I. Ecuador	4.2	3.5	3.1	3.0	2.6	2.4	2.2	2.1	2.1
J. El Salvador	4.6	4.1	3.8	3.7	3.3	3.0	2.7	2.5	2.4
K. Guatemala	5.7	5.3	4.8	4.6	4.0	3.5	3.0	2.7	2.5
L. Haiti	6.3	6.4	5.9	5.8	5.2	4.5	3.9	3.3	2.9
M. Honduras	6.1	5.3	4.7	4.6	3.8	3.2	2.8	2.5	2.3
N. Mexico	3.9	3.5	3.2	3.1	2.8	2.6	2.4	2.3	2.2
O. Nicaragua	5.7	5.0	4.3	4.2	3.5	3.0	2.6	2.4	2.2
P. Panama	3.3	3.1	2.9	2.8	2.6	2.4	2.3	2.2	2.2
Q. Paraguay	5.0	4.6	4.3	4.2	3.9	3.5	3.2	3.0	2.8
R. Peru	4.3	3.6	3.1	3.0	2.6	2.4	2.2	2.1	2.1
S. Uruguay	2.5	2.5	2.4	2.4	2.3	2.2	2.1	2.1	2.0
T. Venezuela	3.7	3.4	3.1	3.0	2.7	2.5	2.3	2.2	2.2
United States	1.8	2.1	2.1	2.1	2.1	2.1	2.1	2.1	2.1

[1] Average number of children born per woman.

SOURCE: Adapted from USBC, *World Population Profile: 1994* (Washington, D.C.: U.S. Government Printing Office, 1994), table 7.

Los historiadores y sociólogos ya no hablan de la familia «típica» latinoamericana sino de diferentes modelos o paradigmas que coexisten. Además, no toman en consideración sólo el parentesco sino también cuestiones como la residencia. El vasto compendio de información que están recogiendo los expertos deja una cosa clara: La familia hispanoamericana es mucho más compleja y diversa de lo que pensábamos.

Repaso

I. Defina los siguientes términos.

1. patria potestad
2. machismo

3. hijo natural

4. madresolterismo

5. familia matrifocal

6. matrilinear

7. nepotismo

8. compadrazgo

9. padrino

10. matrimonio consensual

II. Conteste las siguientes preguntas.

1. ¿Cuáles son las características más significativas de las seis familias que se describen?

2. ¿Cuáles son los derechos y responsabilidades del padre en una familia patriarcal?

3. Describa el papel de la madre en la familia patriarcal.

4. ¿Por qué era considerada la familia patriarcal el núcleo de la sociedad durante el período colonial?

5. ¿Qué derechos confería la patria potestad?

6. ¿Cómo reforzaba este concepto el machismo? ¿Cómo apoyaban las leyes coloniales el machismo?

7. ¿Qué problemas han resultado del concepto jerárquico de la familia y de la estratificación social?

8. ¿Bajo qué circunstancias podía una mujer ser cabeza de familia?

9. ¿Es la madre soltera un fenómeno nuevo en Latinoamérica?

10. ¿Cómo se explica el gran número de matrimonios consensuales en Latinoamérica? ¿Suelen ser estables estas uniones?

11. ¿Cómo se produce la estructura doméstica matrilinear?

12. ¿En qué sentido es la familia el centro de la vida de un individuo?

13. ¿Por qué es importante el compadrazgo?

14. ¿Es el divorcio legal en todos los países de Latinoamérica? Explique.

15. ¿Qué elementos de la sociedad se han opuesto al divorcio? ¿Qué elementos lo han defendido?

16. ¿Por qué es difícil conseguir información segura sobre el divorcio?

17. ¿Es común que una persona viva sola en Latinoamérica? Explique.

18. ¿Está creciendo o disminuyendo el tamaño de las familias? ¿Por qué?

19. ¿Suelen los hijos salir del hogar paterno antes de casarse? Explique.

20. ¿Qué es una familia típica latinoamericana?

III. Temas para la conversación y la composición

1. ¿Cuál de las familias descritas en la primera sección pensaba Ud. que era típica antes de leer el artículo? ¿Cómo modificó su idea de la familia latinoamericana?

2. ¿Cuáles son las ventajas y las desventajas de la familia patriarcal?

3. ¿Existe el machismo en los Estados Unidos? Si existe, ¿cómo se manifiesta?

4. Compare la actitud hacia el madresolterismo en Latinoamérica y los Estados Unidos.

5. ¿Existe una familia típica norteamericana? Explique.

6. Compare la noción de familia en Latinoamérica y los Estados Unidos.

7. ¿Cuáles son las ventajas y desventajas del compadrazgo?

8. ¿Por qué ha sido el divorcio un tema tan problemático en Latinoamérica? Compare las actitudes hacia el divorcio allí y en los Estados Unidos.

9. ¿Cómo refleja la costumbre de salir del hogar paterno después de terminar los estudios secundarios la actitud del norteamericano hacia la vida? ¿Por qué cree Ud. que los jóvenes latinoamericanos no suelen vivir solos?

10. Compare el tamaño de la familia latinoamericana con la norteamericana. ¿Qué cree Ud. que reflejan estas estadísticas?

OTRAS VOCES

Poesía

Marjorie Agosín

Poeta, cuentista y ensayista, Marjorie Agosín es conocida por su activismo en pro de la mujer tanto como por su labor creativa. Agosín combina la magia y la fantasía con la lucha política para crear obras sumamente originales. Chilena que vive en los Estados Unidos desde hace décadas, escribe con cariño del país donde se crió, evocando los olores de la cocina, la hermosura de la playa, la musicalidad del idioma. Entre sus libros se cuentan *Sagrada memoria* (1995) y *Dear Anne Frank* (1998). Ganó el Premio Letras de Oro en 1996.

En *Sargazo* (1991) evoca el mar de los Sargazos al nordeste de las Antillas. Pero «sargazo» *(gulfweed)* significa mucho más. Las algas se convierten en la red de sus historias, en los hilos de los cuales teje sus poemas. En las selecciones que se incluyen aquí, expresa su amor por su hijo José Daniel y la alegría de ser madre, su admiración por su propia madre y la angustia de las mujeres que observan a sus hijos jugando al lado del mar. *Círculos de locura* (1992) está dedicado a las mujeres que perdieron a sus hijos y a otros seres amados durante la brutal represión de la dictadura militar en Argentina entre 1976 y 1983.

Sargazo[2]
2

Cuando nació José Daniel
su cuerpo era la longitud de
la boca de un río
y sus manos, dos estrellas de mar

---

[2] El mar de los Sargazos es una vasta región del Atlántico al nordeste de las Antillas, cubierta de algas.

6
José Daniel

Y cuando lo beso
confundida
parece que me vivo
en cada caricia
5 y es tan extraño
sentir su aliento duende[3]
y es tan dulce amarrarlo junto a mi cara
como si fuera un trozo de agua
o una arena muy suave que
10 se desplaza[4] entre los cabellos jóvenes
y cuando lo beso
confundida pregunto
¿cómo llegó junto a mis faldas?
¿qué noche marina y desmemoriada[5]
15 me lo hizo?
entonces lo vuelvo a besar, es tibio y poderoso
y comienzo a creer
amanezco en su mirada,
atravieso su cuerpo que
20 fluye más allá de nosotros,
es mi hijo
y se parece a un trozo,
al agua viva.

8

Cuando José Daniel sueña, duerme o navega
sus ojos son dos islas
inclinadas
donde la memoria de la luz
5 sostiene el futuro
transporte del
despertar adormecido

---

[3] *impish*

[4] **se...** *gets lost*

[5] *careless, carefree*

ondulante
tiene forma de cristal paloma y río
10 me acerco a él
como si su presencia cercana pero distante
fuera una incertidumbre
entre mis manos
entonces
15 lo beso
para sentir su aliento en la
yema[6]
en el origen
y es
20 un faro[7]
que lleva los olores del río
y el signo
del agua.
Viajo en su diminuta mirada de luciérnaga,[8]
25 me quiero confundir con su aroma y dormida
repetirme
en sus gestos
como lo éramos antes,
una inmensa
30 bolsa de agua
un pueblo marino.

9
Delantales

El delantal de mi madre
es mantel fosforescente
donde anidan las gaviotas[9]
y sus ojos,
5   el borde de las rutas
los comienzos de la sal

---

[6] el centro de mi ser
[7] luz muy fuerte
[8] *glowworm, firefly*
[9] **donde...** *where the seagulls make their nests*

un faro suave
donde los relatos son también
los ritmos
10   de las escamas[10]
que brillan
y sueñan.

11
Madres

Las mujeres con sus hijos frente al océano
confundiéndose en la profundidad de los cuerpos,
inventando urdimbres[11] entre las piernas
ahí están, acercándose a ellos, llamándolos, enlazándolos
5   de amor
para que no se mueran
para que no se ahoguen
recordándoles con los gestos de la mano,
las cosas,
10   las heridas del amor,
las mujeres con sus hijos,
son un espectáculo
de certezas vivientes.

Círculos de locura

¿Ha visto a mi hijo?...

¿Ha visto a mi hijo? me
preguntó
tenía una cicatriz alumbradora[12]
en las sienes
5   tenía los labios de rosa
¿lo ha visto?
me preguntó
¿O tal vez ha visto

---

[10] *scales (of fish)*
[11] *kind of knitting or weaving*
[12] *shiny*

mientras alguien enloquecido
10 hacía estallar[13] su piel en dolores?
¿Ha visto a mi hijo? me
preguntó
aunque sea por un instante,
¿ha visto a mi hijo?
15 me dijo
¿Ha visto a mi
hijo?
me volvió a preguntar.

Una mujer aguarda[14]...

Una mujer aguarda a sus muertos, en un comedor
insensato. Aúlla[15] esos nombres como los dados de la muerte; se
refriega[16] los ojos y pide verlos mejor,
decirles cosas como el color del cielo en los parques,
5   o el porqué de las lluvias en una mirada.
Una mujer habla de la muerte como si fuera una vagabunda en
rotaciones acladas.[17]
Una mujer conversa con la muerte en
un comedor de sillas mancas,[18] de
10 tenedores carmesíes,[19] un cuchillo
solitario
desfila en la penumbra[20]
Una mujer aguarda a sus muertos.

---

[13] explotar
[14] espera
[15] *She howls*
[16] *rubs*
[17] *tethered circles*
[18] Sin brazos (como las víctimas que han sido torturadas y desfiguradas)
[19] rojos
[20] sombras

Cómo ser una abuela «hip»

Bárbara Mujica

Bárbara Mujica es cuentista, novelista y ensayista. Es autora de *The Deaths of Don Bernardo* (novela, 1990), *Sanchez across the Street* (cuentos, 1997), *Far from My Mother's Home* (cuentos, 1999), *Affirmative Actions* (novela, 2001) y *Frida* (novela, 2001). Sus obras han sido publicadas en español, en francés y en alemán. Es ganadora de la Competencia Internacional E. L. Doctorow y el Premio Pangolin (Mejor Cuento de 1998). «Como ser una abuela ‹hip›» apareció en la revista *Mujer 2000.*

El año en que me dijeron que iba a ser abuela compré una minifalda de cuero y un Jeep rojo furioso. También aprendí a jugar tenis. Bajé de peso, probé nuevos maquillajes y empecé a pintarme las uñas.

5   Hay los que dirán que rechazaba la noción de ser abuela, que no quería enfrentarme a mi propia vejez. Pero no es así. Todo lo contrario, estaba encantada, y cuando nació la guagua[21] partí inmediatamente para Nueva York para ocuparme de mi nuevo nietecito. Al tomar ese bulto tibio en mis brazos, sentí que me iba a derretir.[22] Sam era un bebé adorable. Al apretarlo contra mi cuerpo por primera vez experimenté la alegría más intensa de mi vida.

10   ¿Pero qué tiene que ver eso con la minifalda y el Jeep rojo? Es que yo no quería ser una abuela tradicional, sino una abuela «hip». Como muchas mujeres de mi generación, siempre he trabajado. Nunca he sido una mamá tradicional, de las que se encargan de una tropa de Brownies y hacen galletas. Varias de mis vecinas se dedican precisamente a esas actividades y las admiro mucho. Sin embargo,

15   las mamás tradicionales son menos comunes que antes debido a las realidades económicas de hoy y los cambios dramáticos en las normas de conducta.

Como muchas otras mujeres que trabajan, siempre he sido muy activa en las vidas de mis hijos. Fui administradora del equipo de fútbol de mi hijo durante ocho temporadas; he sido *«room mother»* y miembro de la PTA. He llevado a

20   mis hijos a incontables prácticas, fiestas y lecciones de música. Pero ama de casa, como las que salían antes en las revistas, con la cocina perfectamente

---

[21] bebé (chilenismo)

[22] *melt*

ordenada y el perro peinado, esponjado y sonriente como Lassie, ese tipo de
ama de casa no lo he sido nunca.

25   Tampoco he sido una mamá «hip» porque, en verdad, ser una mamá «hip»
es un lujo.[23] Hay que disponer de tiempo libre. Cuando mis hijos eran pequeños,
yo estaba perpetuamente cansada. Luchaba por forjar una carrera al mismo
tiempo que cambiaba pañales.[24] Me ocupaba de la familia, la casa, el perro, los
gatos y el equipo de fútbol. No había más remedio; había que ser una *super-
woman*. «¿Por qué no aprendiste a jugar tenis hace veinte años?» me preguntó
30   mi esposo el otro día. «Habríamos podido jugar juntos». Porque, m'hijito, hace
veinte años yo no tenía tiempo ni para respirar, y mucho menos para dedicarme
al deporte. Tampoco tenía tiempo para pintarme las uñas ni plata para comprar
un Jeep, y estaba demasiado exhausta para experimentar con el maquillaje. Pero
el no haber sido una mamá «hip» no quiere decir que haya sido una mamá tradi-
35   cional. Y como nunca fui una mamá tradicional, ¿por qué —dada la opción—
iba a ser una abuela tradicional?

    Especialmente cuando Sam ya tenía una de ésas. La mamá de mi yerno
se llama Phyllis, y es una de esas abuelas ejemplares y angelicales que uno
piensa que existen sólo en los libros infantiles. Es enfermera pediátrica y es una
40   fuente inagotable de consuelo y de información. Cuando Sam está resfriado, mi
hija Liliana llama a Phyllis, quien le explica exactamente cómo proceder. ¿La
guagua no quiere comer? Phyllis sabe remediar la situación. ¿A Sam le duele
el oído? No importa, Phyllis receta gotas, ungüentos y compresas. ¿Inflama-
ciones? ¿Gases? ¿Diarrea? No hay ningún problema que Phyllis no sepa
45   resolver. Y por si eso fuera poco, sabe tejer y teje unos trajecitos exquisitos para
la guagua, con ositos, patitos o corderitos en el pecho y sus iniciales en el cuello.
Y hace galletas, todo tipo de galletas, de chocolate, de harina de avena, de pan
de jengibre.[25] ¿Ustedes piensan que voy a tratar de competir con Phyllis? ¡Ni
por broma! Mejor ser la abuela «hip».

50   De todos modos, no le viene mal a un niño tener dos tipos de abuela. La
tradicional le da un fuerte sentido de identidad, la «hip» le da una imagen tal
vez más realista de lo que es ser mujer a principios del siglo veintiuno. Con
Phyllis pasa las fiestas religiosas; ella le cuenta los mitos y leyendas que serán
parte de su cultura, prepara los platos étnicos que recordará toda su vida y le
55   enseña las antiguas oraciones que calman y fortalecen a uno en momentos de
angustia. Conmigo pasa las fiestas seculares —Thanksgiving, el 4 de julio, los
cumpleaños. (Thanksgiving, aunque no del todo secular, tampoco aparece en el
calendario católico.) Para el primero preparo una tremenda comida, un

---

[23] *luxury*

[24] *diapers*

[25] **pan...** *gingerbread*

Thanksgiving a lo chileno, con pavo, patatas y *«cranberry sauce»*, y también empanadas,[26] porotos granados,[27] pebre[28] (que, aunque no lo crean, va muy bien
60 con el pavo), y de postre, arroz con leche. Para el 4 de julio hacemos una tremenda barbacoa en el patio, yo vestida de *blue-jeans* con una camiseta (¡te vestih[29] como si fueras una *teenager*! me dicen mis hijos) y mi esposo igual. Durante el verano subimos al Jeep y llevo a Sam conmigo a la oficina para recoger mi correo. Lo dejo jugar con mi computadora y se lo presento a mis
65 colegas. Baja mis libros de los estantes y con *La vida es sueño, Los siete libros de la Diana, El Polifemo, Don Quijote, Lazarillo de Tormes* y *Feminist Theater and Theory* construye maravillosos edificios o caminos largos sobre los cuales ruedan sus camioncitos. Entonces vamos a la piscina o al parque, donde jugamos fútbol. Cuando sea más grande le compraré una raqueta de tenis y le
70 enseñaré a jugar. A veces ponemos música y bailamos. Fui una gran *rock-'n'-rollera* en mis tiempos y es obvio que Sam heredó mis talentos. Y le leo libros en inglés y en castellano. Ya he conseguido una versión infantil del *Quijote* para complementar los consabidos *Yo soy un caballito* y *La rana busca el arco iris.* Le preparo sus platos favoritos —hamburguesas, sopas de gallina o de vege-
75 tales y los ubicuos sánduiches de *peanut butter.* Pero las galletas, desgraciada-mente, las tengo que comprar en el supermercado.

    Aunque Phyllis y yo tenemos estilos muy diferentes, coincidimos en lo esencial. Las dos amamos a Sam intensamente. No somos rivales sino com-pañeras y correligionarias. Compartimos una meta: ayudar a formar a un niño
80 feliz y sano. Cada una aporta sus talentos, y las dos —la tradicional y la «hip»— le damos lo que más necesita cualquier niño: amor.

Repaso

I. Conteste las siguientes preguntas.

Sargoza

   1. ¿Cómo expresa Agosín su asombro ante la belleza de su hijo? ¿Qué versos comunican mejor su fascinación?

---

[26] *meat turnovers*
[27] *a kind of bean dish*
[28] *a typical Chilean condiment*
[29] vistes (dialecto)

2. ¿Cómo expresa la plenitud que siente en la playa?

3. ¿Qué relación existe entre el océano y la «inmensa / bolsa de agua» en que José Daniel vivió antes de nacer? ¿Por qué lo ve casi como un animal marítimo?

4. ¿Qué quiere decir «lo beso / para sentir su aliento en la / yema»?

5. En «Delantales» ¿cómo expresa el sentido de seguridad que siente al lado de su madre?

6. ¿Cómo comunica la idea que su madre es una tejedora de cuentos?

7. ¿Cómo expresa la angustia de las madres que observan a sus hijos jugando en la playa? ¿Por qué sienten esta angustia? ¿Es solamente el miedo al océano, o se trata de una congoja más profunda?

Círculos de locura

1. ¿Qué efecto produce la repetición de la pregunta en «¿Ha visto a mi hijo?»?

2. ¿Cómo describe la madre a su hijo? ¿Cómo expresa su ternura?

3. ¿Qué efecto produce la imagen de la piel que estalla?

4. En «Una mujer aguarda…» ¿qué sentimientos evoca la imagen de la mujer que espera al hijo que no volverá jamás?

5. ¿Qué imágenes nos hacen sentir la soledad de esta mujer?

6. ¿Qué imágenes evocan la muerte y la violencia?

7. ¿Qué efecto produce la mención de sillas y tenedores —es decir, la mesa puesta para una cena familiar?

Cómo ser una abuela «hip»

1. ¿Qué hizo la narradora al saber que iba a ser abuela?

2. ¿Por qué dice que no fue una mamá tradicional?

3. ¿Por qué dice que ser una mamá «hip» es un lujo?

4. ¿Qué tipo de abuela es Phyllis?

5. ¿Cómo es la cena de Thanksgiving en casa de la narradora?

6. Contraste las actitudes de la narradora y la abuela Phyllis. ¿Son rivales? Explique.

II. Temas para la conversación y la composición

1. ¿Cree Ud. que la actitud hacia la maternidad de la norteamericana es diferente de la de la latinoamericana? Explique su respuesta basándose en las lecturas que se incluyen aquí.

2. ¿Por qué nos conmueven tanto las imágenes de las madres de *Círculos de locura*?

3. En su opinión, ¿qué debe hacer el nuevo gobierno democrático de Argentina para compensar a estas mujeres?

4. ¿Cree Ud. que los hombres y las mujeres expresan sus sentimientos paternos de la misma manera?

5. ¿Cómo refleja «Cómo ser una abuela ‹hip›» el nuevo concepto de la abuela?

6. ¿Es buena o mala esta evolución de la abuela? ¿Cuáles son las ventajas y desventajas de la abuela tradicional y de la no tradicional? ¿Cuál preferiría Ud. tener?

7. En este artículo ¿cómo se refleja la mezcla de culturas?

Capítulo 5

¿Puede una mujer entrar en el Paraíso?

Un hombre de negocios muere y se presenta ante San Pedro. «Puedes entrar al Paraíso», le dice el guardián de las puertas del cielo. «Pero primero hay una pequeña prueba».

—¿Ah, sí? —responde el hombre.

—Sí —dice San Pedro—. Deletrea la palabra «perro».

—Muy fácil —dice el hombre—. *P e rr o.*

—Excelente —dice el santo—. Pasa.

Otro hombre muere y aparece en la entrada del Edén empíreo. Éste había sido ejecutivo de la Compañía Nacional de Teléfonos.

—Para entrar en el Paraíso —le dice San Pedro— tienes que salir bien en un pequeño examen.

—Claro, padre —dice el hombre—. Entiendo. Dime qué tengo que hacer.

—Deletrea la palabra «gato».

—*G a t o* —dice el hombre.

—Perfecto, mi hijo. Pasa.

Dentro de poco muere una mujer, subgerente de una compañía de textiles.

—¿Puedo entrar? —le pregunta al Apóstol.

—Claro que puedes —le responde el buen santo—. Pero primero, tienes que hacer un pequeño ejercicio. Si lo haces bien, irás directamente al Cielo.

—Gracias, padre. Estoy lista.

—Muy bien. Deletrea la palabra «xocotlhuetzi».

Todas las mujeres se echan a reír. «¿Ven?» dice María Teresa Palma, presidente de la Organización Interamericana de Mujeres. «Todo es más difícil para nosotras. No es imposible que una mujer entre en el Paraíso, pero le van a poner obstáculos que no existen para los hombres».

María Teresa ha organizado esta reunión de mujeres de diversos países y condiciones sociales para hablar de la situación actual de la mujer en Latinoamérica. Ecuatoriana de 36 años, María Teresa está divorciada y tiene dos hijos. Para ella los problemas de la mujer en la fuerza laboral no son teóricos sino reales. Durante 5 años luchó contra los prejuicios y estereotipos antes de conseguirse un buen puesto en una revista femenina.

Mujer dinámica e inteligente, María Teresa es morena, de ojos negros, con pestañas largas y abundantes. Se ha dedicado a conseguir fondos para este tipo de reunión porque opina que es esencial que mujeres de diferentes ambientes se hablen y compartan ideas. Cree que aunque la mujer latina ha empezado a derrumbar barreras en el mundo del trabajo, la educación y la política, todavía le quedan grandes obstáculos. Sin embargo, no todas las que están presentes comparten su perspectiva.

Lisarda Morales Pineda, médica argentina de 40 años, interrumpe.

—En Argentina —dice— la mujer siempre ha trabajado, y más del 50 por ciento de los estudiantes universitarios son mujeres. En 1960 había 49 mujeres por cada 100 hombres en las universidades argentinas, pero en 1985 había 103 mujeres por cada 100 hombres. Hoy día el porcentaje de mujeres sigue creciendo, aunque también es cierto que muchas de las que se gradúan con diplomas profesionales abandonan la carrera cuando empiezan a tener familia.

—Lo mismo ocurre en México —dice Rosalía Torres Freiberg, ingeniera civil de 35 años. Rosalía está embarazada, y le interesan en particular la educación y los problemas de la mujer profesional con niños—. Es decir, aunque el porcentaje de mujeres universitarias es más bajo que en la Argentina, ha habido un aumento impresionante. En 1960 había 21 mujeres por cada 100 hombres, pero en 1985 ya había 53 mujeres por cada 100 hombres. En una de las universidades más grandes de mi país, entran tantas estudiantes de ingeniería que los administradores están hablando de bajar los estándares para los hombres y subirlos para las mujeres. Están bromeando, por supuesto.

—Pero no es lo mismo en todos los países —interrumpe la doctora Emilia Rosenberg, pediatra guatemalteca que se especializa en enfermedades infantiles en las comunidades indígenas. La doctora Rosenberg, casada, abuela y feminista, es una mujer intensa de 57 años. Ha participado en incontables congresos sobre la situación de la mujer y del niño en los países latinoamericanos—. Si bien es cierto que en Brasil hay 116 mujeres por cada 100 hombres en la universidad y que en Panamá hay 120, —sigue la doctora Rosenberg—también es cierto que en Guatemala la proporción entre los hombres y las mujeres es de 37 a 100. De veinte países latinoamericanos, hay dieciséis en que las mujeres constituyen menos de la mitad de la población universitaria.

—Además —dice Rosalía— no hay que mirar sólo las estadísticas sobre la educación universitaria. Yo diría que el analfabetismo y la educación primaria son problemas mucho más urgentes.

—Tienes razón —concuerda Emilia—. Tradicionalmente, las niñas tienen menos acceso a las escuelas que los niños, en algunos casos porque los mismos padres piensan que una niña no necesita la educación. Sin embargo, estas actitudes perjudiciales a la mujer empezaron a cambiar durante las últimas décadas del siglo veinte. Miremos el ejemplo de Cuba. Después de la Revolución cubana, el gobierno, como parte de su programa de adoctrinamiento político, lanzó una campaña educativa inusitada. En 1961 unos 300.000 voluntarios se esparcieron por la Isla para alfabetizar a los 985.000 cubanos que no sabían leer y escribir, usando libros de texto llenos de elogios a Fidel Castro. Durante los años sesenta el analfabetismo bajó del 23,6 por ciento al 3,9 por ciento, y hoy día Cuba tiene la tasa de analfabetismo más baja de Latinoamérica. Ahora bien, las mujeres fueron grandes beneficiarias de esta reforma. Antes, apenas había escuelas en las zonas rurales, y los campesinos a menudo no recibían educación alguna. El nuevo gobierno estableció escuelas rurales en que se combinaban el trabajo y la instrucción, dándoles por primera vez a niños y a niñas la oportunidad de recibir una educación primaria. Gracias a los esfuerzos de la Federación de Mujeres Cubanas, las jóvenes campesinas aprendieron a leer y a escribir, además de oficios útiles como coser o construir una valla. Muchas mujeres adultas también pudieron tomar cursos, lo cual les permitió aumentar sus oportunidades de empleo. La importancia que el gobierno le dio a la ingeniería y a la agronomía alentó no sólo a los varones adolescentes a entrar en esos campos sino también a las muchachas. Al igual que Costa Rica, Argentina, Uruguay y Chile, Cuba comenzó a producir un número significativo de mujeres dedicadas a las ciencias.

—El ejemplo de Cuba inspiró a otros países latinoamericanos a reorganizar su sistema educativo y a darles mayores oportunidades a las jóvenes. En Nicaragua, donde se ha hecho una campaña contra el analfabetismo, los adelantos han sido enormes. Sin embargo, en muchos países faltan escuelas en las

zonas rurales y las barriadas urbanas, y aún cuando las hay, a veces los alumnos aprenden tan poco que después de varios años de instrucción todavía siguen analfabetos. En cuanto a la educación de la mujer, es importante señalar que en las clases humildes las muchachas a menudo no asisten a la escuela más de un año o dos, por lo cual hay mucho más analfabetismo entre las mujeres que entre los hombres.

—Emilia —interrumpe María Teresa— no te olvides que en Cuba se eliminaron las escuelas católicas, una de las bases del sistema educativo en otros países latinoamericanos. ¿Por qué no nos explicas cómo ha cambiado la educación de la mujer en aquellos países que todavía cuentan con la participación de la Iglesia?

—Primero quiero aclarar una cosa —dice Emilia—. Históricamente la educación católica no ha sido limitada en Latinoamérica ni a los hombres ni a la élite económica. Desde tiempos coloniales las escuelas religiosas aceptan a niños de diversas condiciones sociales. Hoy día algunos de los colegios católicos más prestigiosos reservan cierto número de puestos para becarios. También es cierto que muchas órdenes eclesiásticas mantienen escuelas donde sus monjas educan a niñas de familias privilegiadas y también a cierto número de becarias. Sin embargo, la función de estas escuelas ha sido la de mantener el *status quo,* no la de introducir cambios radicales en la sociedad, especialmente con respecto a la mujer. Es decir, preparaban a la joven a desempeñar sus papeles tradicionales de esposa y ama de casa.

—En cuanto a la educación pública, ¿persisten los problemas? —pregunta María Teresa.

—Claro que sí —agrega Laura Marini, estudiante de sociología de la Universidad de Chile— aunque se ha hecho mucho progreso. Es decir, no todas las noticias son malas. La verdad es que hoy día en Latinoamérica y el Caribe hay mujeres que son presidentes de compañías, cirujanas, periodistas, economistas y políticos. Hay mujeres que tienen puestos importantes en los sindicatos laborales, y hasta hay mujeres que son comandantes en las guerrillas. Durante la primera mitad del siglo veinte, las mujeres profesionales eran principalmente maestras o visitadoras sociales —lo que llaman en algunos países *asistentes sociales.* Pero eso ha cambiado. Aunque la educación sigue siendo una fuente de empleo importante para la mujer, se han abierto otros campos. Miles de mujeres han encontrado puestos en el periodismo y en la telecomunicación, por ejemplo.

—Según la Comisión Económica de las Naciones Unidas, el 45 por ciento de las brasileñas que viven en zonas urbanas y el 41 por ciento de las que viven en zonas rurales están en la fuerza laboral. En Panamá, el 43 por ciento de las mujeres urbanas y el 24 por ciento de las mujeres rurales están en la fuerza laboral. En Venezuela, las cifras son el 39 por ciento y el 23 por ciento de las mujeres. Así que, si examinamos una muestra representativa, veremos que en las zonas urbanas, de un tercio a casi la mitad de las mujeres han entrado en la fuerza laboral. Además, en muchos casos las cifras engañan; es decir, deben ser aún más altas porque a veces no se cuenta a mujeres que tienen empleos como lavandera o cocinera que desempeñan en su casa. A todos los niveles sociales se encuentra a mujeres que trabajan y también a mujeres que se dedican al papel tradicional de ama de casa. Ya no se puede hablar de la mujer «típica».

Laura tiene 22 años y piensa trabajar para alguna organización internacional en pro de la mujer. Ya ha asistido a varios congresos en Chile donde se ha distinguido por sus conocimientos de la situación laboral. Sigue su polémica: «Durante las dos últimas décadas la situación ha cambiado radicalmente en muchos países latinoamericanos debido a crisis económicas y políticas o a otros factores, como la legalización del divorcio o el éxodo del campo a la ciudad».

—Explica —pide Lisarda.

—Bueno, durante las décadas de los setenta y los ochenta varios países de Latinoamérica fueron acumulando deudas, precipitando crisis económicas. Sin embargo, debido a unas reformas impuestas por organizaciones como el Fondo Monetario Internacional, la situación mejoró a principios de los noventa. Los acreedores norteamericanos, europeos y japoneses volvieron a ver Latinoamérica como una buena inversión. El influjo de fondos privados internacionales subió de 13,4 billones[1] de dólares en 1990 a 57 billones en 1994. Pero a causa de cambios en el mercado internacional, a mediados de los noventa el influjo de capital extranjero disminuyó, causando problemas.

—¡Pucha, hija, que sabes hartos datos!

Todas se ríen. La que habla es Patricia Gatica, también chilena. Pintora y escultora, es una señora bonachona y bohemia de 60 años, de piel color té con leche y pelo canoso.

—¿Cómo puedes llevar tanta información en la cabeza? —pregunta María Teresa, también riéndose.

---

[1] Aunque tradicionalmente se emplea *un millón de millones* en vez de *billón,* hoy en día *billón* es aceptado y muy común.

—¡Es que está estudiando para sus exámenes! —dice Lisarda.

—Lo que quisiera que alguien me explicara —dice Patricia— es qué tiene que ver todo esto con la situación de la mujer.

—Pues —dice Laura— en un país como México, por ejemplo, a causa de la depresión económica de 1994, miles de familias que habían entrado en la clase media de repente se encontraron sin recursos. De un día al otro los padres de familia perdían su trabajo. La gente tenía que vender su casa y mudarse a una más pequeña, deshacerse del auto, sacar a los hijos del colegio particular. Y las mujeres, claro, tenían que trabajar. No había remedio. Tenían que ayudar a mantener a la familia. Una crisis como la que tuvo México puede tener un efecto profundo en la estructura social de un país.

—Pero —dice Rosalía— aunque la mujer ha entrado con fuerza en el mundo del trabajo, persisten los prejuicios. En diciembre de 1998 se realizó un congreso en la Universidad de Texas acerca del futuro de la mujer mexicana en el que se señalaron varios problemas. Primero, la cuestión del pago: Las mujeres típicamente ganan menos que los hombres por el mismo trabajo, y aun cuando ganan un sueldo decente, se les niega acceso al crédito y a la ayuda tecnológica y financiera. Cuando consideramos que, según un estudio publicado en 1999, entre el 35 y el 60 por ciento de las familias en México son encabezadas por mujeres, estas injusticias cobran una nueva importancia. En México se ha tratado de aliviar el problema de la pobreza al comenzar un programa de préstamos de cantidades pequeñas (conocido como el *micro-crédito*) para ayudar a la gente a poner negocios. Las mujeres son las que se han beneficiado más de este programa. Por ejemplo, en Aguascalientes, el 90 por ciento de las personas que han solicitado el micro-crédito son mujeres. Pero, a pesar de estos adelantos, quedan problemas —por ejemplo, los prejuicios. Para muchos trabajos se le exige a la mujer un examen médico para averiguar si está embarazada. Si lo está, se le niega el trabajo. En las oficinas, a menudo se trata a la mujer como si fuera una empleada doméstica o un objeto sexual, lo cual no es raro cuando consideramos que todavía se la representa así en el cine y en la televisión. Hemos hecho grandes adelantos, pero es esencial que sigamos luchando por la justicia en el mundo del trabajo.

—Pues no sé —dice Basilia, una joven ecuatoriana de 16 años que trabaja como asistenta en una clínica—. Ustedes hablan como si esto de que la mujer trabaje fuera una novedad. Mi mamá siempre ha trabajado. Ahora es camarera en un hotel en Lima, y antes fue sirvienta en una casa. Francamente, no veo que sea ningún privilegio barrer pisos y limpiar bacinicas. Además, no veo que las mujeres hayan hecho nunca otra cosa que trabajar.

—Estoy de acuerdo —dice Vilma, también de 16 años. Una chica alegre y astuta, es lavandera y planchadora para varias familias pero sueña con entrar en una escuela de belleza para estudiar para peluquera—. Mi mamá ahora trabaja de empleada doméstica, pero antes de venir a la capital, trabajó en el campo sembrando y cosechando algodón, ocupándose de los animales, haciendo canastas, tejiendo chombas, bordando ropa blanca y llevando sus productos al mercado… Mi abuela también. Así que todos estos problemas me parecen ser invenciones de ustedes.

—Lo que tú dices es verdad —afirma Laura—. Es un mito que la mujer latina nunca ha trabajado. Las mujeres de nuestras clases humildes siempre han tenido que ayudar a mantener a la familia.

—Pero las circunstancias han cambiado —dice Lisarda—. Últimamente ha habido un éxodo significativo del campo a la ciudad en todos los países latinoamericanos, y esto ha creado nuevas oportunidades para las mujeres al mismo tiempo que ha traído problemas. Antes había apenas dos opciones para

la mujer pobre que llegaba a la ciudad a buscar empleo: el servicio doméstico o la prostitución. Hoy en día en las zonas urbanas muchas mujeres pobres encuentran trabajo en fábricas o limpiando cuartos de hotel u oficinas.

—En México —dice Rosalía— muchas mujeres encuentran trabajo en las *maquiladoras,* es decir, pequeños talleres donde se realizan ciertos pasos en la fabricación de un producto. Ha habido un verdadero éxodo de los pueblos a la frontera con los Estados Unidos, donde las grandes compañías norteamericanas han puesto cientos de maquiladoras.

—Pues, yo creo que debemos pausar un rato —sugiere María Teresa.

—Sí —dice Patricia—. ¡Vamos a almorzar! Los problemas todavía estarán aquí esperándonos cuando volvamos.

Según cuentan, el antiguo presidente de la Argentina, Carlos Menem, aparecía en público constantemente con una rubia despampanante colgada de su brazo.

—¿Y la señora de Menem? —preguntaban los reporteros.

—¿Y la primera dama? —preguntaban los políticos.

—¿Y Zulemita, su hija? —preguntaban las damas de sociedad.

Pero a Menem parece que no le importaban estos comentarios. Aparecía en las cenas oficiales, en los sitios de desastres naturales, en los orfelinatos y en los asilos para ancianos siempre con una rubia. No siempre con la *misma* rubia, claro. Pero siempre con una bella rubia. Y los fotógrafos les sacaban fotos a Menem y a su rubia, que se publicaban en las revistas argentinas e internacionales.

Finalmente, un periodista se atrevió a preguntarle: «Señor presidente, cómo puede usted, un hombre casado y con familia, aparecer en funciones públicas con una mujer que no es su esposa? ¿Por qué lo hace?»

El presidente miró al reportero con ojos tranquilos y le sonrió. Entonces le dijo sin inmutarse: «Es muy sencillo. Lo hago porque soy un hombre».

Las mujeres gruñen.

—«Porque soy un hombre» —repite Lisarda, la que está contando la historia—. Y eso le da licencia.

—Y no crean que haya perdido votos por ese comentario —dice Emilia—. Es decir, muchas mujeres y algunos hombres habrán dejado de votar por él en las próximas elecciones, pero muchos más habrán aplaudido su actitud machista.

—Sin embargo, hoy en día las mujeres no siempre aceptan esa conducta —dice Laura—. Ya ven que la esposa de Menem se divorció en 1991. Antes era considerado normal que un hombre tuviera su vida social independiente, que tuviera sus amigas y hasta una familia aparte de la «oficial», pero ahora hay esposas que ya no están dispuestas a soportar eso. ¿Será verdad la historia de Menem?

—Sea verdad o no, tienes que reconocer que sigue la desigualdad en la arena sexual —dice María Teresa—. Cuando un hombre casado tiene una querida, la gente lo acepta o, por lo menos, no le parece cosa del otro mundo. Y para muchos es algo positivo, una prueba de la virilidad. Aun hay los que piensan que si un hombre no tiene una amiguita por ahí, tiene algo de raro. Claro, no todos los hombres tienen amantes, pero te aseguro que el caso de Menem no escandaliza a la mayoría de los argentinos. En contraste, si una mujer casada toma un amante, no sólo se considera una catástrofe, sino que en algunos países la pueden encarcelar.

Patricia toma la palabra: «Antes del almuerzo estuvimos hablando de la mujer en el mundo del trabajo, pero no hemos hablado de la mujer en la política. A mí me parece que aunque no se puede negar que estamos entrando en campos nuevos y ocupando puestos que antes estaban reservados a los hombres, hemos desempeñado un papel bastante insignificante en la gobernación de nuestros países.

—Eso se debe al machismo —dice María Teresa sin vacilar.

Responde Laura: «La verdad es que todos nosotros, hombres y mujeres, hemos heredado ciertos conceptos que siguen influyendo en nuestra manera de pensar. El *machismo* —la actitud que considera que el sexo masculino es superior al femenino— es el producto de nuestras raíces católicas y españolas, y en países como Chile, Uruguay y Argentina, donde segmentos significativos de la población son de origen italiano, alemán o irlandés, ha sido reforzado por otras tradiciones europeas. También habría que mencionar que muchas culturas indígenas también colocan al hombre en una posición dominante. El machismo explica la celebración del poder y de la virilidad que vemos en nuestras sociedades. Es lo que justifica la agresividad y la violencia, el afán de algunos hombres de beber más, gastar más y conquistar a más mujeres que sus compañeros. Explica también la tendencia de algunos hombres de ser obsesivamente posesivos y controladores. El *marianismo* —la actitud que considera que la mujer debe ser la imagen de la Virgen María, es decir, devota, sumisa y sacrificadora— refuerza la idea tradicional de que el dominio de la mujer es la casa mientras que el del hombre es el mundo del poder, es decir, el trabajo, la política, la cultura».

Habla Emilia: «Es cierto que se considera a la mujer más bien espiritual, mientras que se considera al hombre intelectual y creativo. Y muchas mujeres están conformes con esta idea. Pero aún las que no, creen a menudo que los hijos y la casa son siempre la responsabilidad de la madre».

—Pero yo no veo que eso sea del todo malo —dice Rosalía—. En nuestras sociedades se aprecia a la madre. Se considera que ser madre es un papel importantísimo. Yo creo que entre mis amigas que no trabajan, ninguna se siente disminuida. No es como en los Estados Unidos, donde la mujer que opta por quedarse en casa a menudo lamenta ser *just a housewife,* «sólo un ama de casa». En las familias pudientes, la madre es una verdadera administradora que vigila a los niños, se ocupa de las sirvientas y se encarga de la vida social de la familia. En las casas menos acomodadas, también es la madre —a menudo con la ayuda de tías, primas o su propia mamá— la que se encarga de absolutamente todo lo que tenga que ver con la rutina diaria. Además, si la familia es grande y no dispone de aparatos eléctricos —aspiradoras, máquinas de lavar, secadoras, lavaplatos— hay siempre muchísimo trabajo que hacer. Muchas mujeres aceptan su papel doméstico de muy buena voluntad. Eso no quiere decir que ellas sean esclavas o que sus maridos sean ogros. Además, hoy en día hay hombres que rechazan el machismo.

Laura está de acuerdo: «Tienes razón. A mí me parece que el machismo está disminuyendo, especialmente entre los jóvenes de clase media —muchachos que ya están acostumbrados a ver a sus hermanas y amigas, y a veces a sus mamás y a sus abuelas, con sus diplomas universitarios y ocupando puestos de importancia. Sin embargo, hay vestigios del machismo y del marianismo en muchos aspectos de la sociedad. Consideren ustedes que en nueve de los veinte países de Latinoamérica, la ley estipula que cuando una muchacha se casa, su propiedad tiene que ser administrada por su marido. En nueve países la patria potestad, es decir, el derecho que tienen los padres sobre la persona y la propiedad de su hija, pasa automáticamente al marido. En el caso de que el padre y la madre no estén de acuerdo, la opinión del padre es la que predomina».

Dice Lisarda: «Sin embargo, la democratización de Latinoamérica que empezó en los años setenta ha abierto nuevos horizontes para la mujer, porque ningún partido político que pretenda representar al pueblo entero puede pasar por alto los asuntos de particular interés al sector votante femenino. Al declarar los años 1976 a 1985 la Década de la Mujer, las Naciones Unidas dio el ímpetu necesario para una verdadera reforma. Hay activistas feministas en Latinoamérica desde el siglo pasado, pero no pudieron lograr una verdadera transformación sino hasta hace relativamente poco. Las precursoras del feminismo actual habían aprendido que podían avanzar su causa más eficazmente durante períodos de reforma —por ejemplo, después de la Revolución mexicana de 1910 o la cubana de 1959. Sin embargo, al definir sus proyectos en términos del bienestar común —es decir, al luchar por el ‹pueblo› en vez de por la ‹mujer›— sólo perpetuaban el dominio político masculino porque aún cuando conseguían cambios sociales significativos, como en el caso de las dos revoluciones que acabo de mencionar, los hombres todavía ocupaban

los puestos de poder. Para realmente avanzar sus propias causas, tenían que articularlas dentro de un contexto feminista. Esto se hizo posible después del comienzo del movimiento feminista mundial en los años setenta. Empezaron a formarse organizaciones y agencias estatales para la protección de la mujer. Hoy en día hay grupos de este tipo en todos los países de Latinoamérica. Hay que señalar, sin embargo, que normalmente se conciernen con ‹asuntos femeninos› tradicionales: el embarazo, el cuido de los niños, la alimentación, la anticoncepción, y no con los temas que se discuten en los congresos internacionales».

—Eso no me sorprende —dice Emilia—. La verdad es que en nuestros países, muchos de los temas que apasionan a las feministas norteamericanas y europeas son de poco interés. Las feministas extranjeras son usualmente intelectuales de clase media o alta. Hablan de la liberación sexual o de los problemas de las ejecutivas. A los hombres les echan la culpa por todo: las guerras, las injusticias, la prostitución. Pero como ya se ha visto en varios congresos interamericanos, a la feminista latinoamericana le interesan más los problemas de criar a una familia y de poner comida en su mesa. No desea buscar conflictos con los hombres.

Laura ofrece otra perspectiva: «Sin embargo —dice— no podemos evitar siempre esos conflictos. Tomemos por ejemplo el problema de la violencia doméstica. Se trata casi siempre del abuso de la mujer por el hombre».

—Yo puedo hablar acerca de eso —dice Basilia—. No he dicho casi nada acerca de otros temas que se han discutido aquí hoy, porque realmente no los entiendo o porque no me tocan a mí personalmente, pero sí puedo hablar acerca de la violencia doméstica.

Las otras la miran.

—No, no es lo que ustedes piensan. Es decir, yo no he sido víctima de este tipo de abuso. Mi padre es un pan de Dios que trata a todo el mundo con cariño, especialmente a mi mamá y a nosotros. Pero entre mis vecinas he visto este problema, especialmente en la capital. Lo que pasa cuando una familia se traslada del campo a la ciudad es que, pues, la mamá consigue trabajo primero, a veces como sirvienta. El hombre a veces busca empleo durante meses, se frustra, encuentra consuelo en los compañeros, en el alcohol… se emborracha y se desquita con su mujer y sus hijos. En el campo no se portaría así porque durante el día trabaja en la cosecha, llega a casa cansado… Además, allí están sus padres, sus tíos, sus amigos, sus vecinos, la prima Cándida… la prima Endira… el abuelo Antonio… Si se porta mal, si hace tonterías… todo el mundo lo sabe… se lo cuentan unos a otros… El Celso no fue al campo hoy… se quedó en casa… le pegó a la Maite… los chismes… ustedes saben… Entonces, antes de hacer una bobada un hombre lo piensa dos veces…

—Pues yo conozco a campesinos que les pegan a sus mujeres —dice Vilma.

—En realidad, la violencia doméstica es un problema por todas partes. No se limita a una zona geográfica ni a una clase social. Sin embargo, la situación que Basilia describe no es poco común —dice Rosalía—. Como mencionó Lisarda, ha habido un importante desplazamiento del campo a la ciudad. Miles de familias llegan a las zonas urbanas todos los años en busca de una mejor forma de vida, y muchas veces es la mujer la que encuentra trabajo antes que el marido. Esto le da más movilidad y poder económico a la mujer, pero a veces despierta celos de parte del hombre, que se frustra al verse obligado a depender de su esposa. Además, la madre ya no se queda en casa cuidando a los niños durante el día, lo cual conduce a desajustes en la vida familiar. El hombre puede tener la impresión de estar perdiendo el control, de haber fracasado, y a veces esta situación conduce al abuso del alcohol o a la violencia doméstica. Según Leticia Calzada, del Partido de la Revolución Democrática o PRD, de México, la violencia es el problema más grande al cual la mujer mexicana tiene que enfrentarse. Han subido dramáticamente las instancias de violencia doméstica contra la mujer.

—Y contra el niño —agrega Emilia.

Agrega María Teresa: «Pero el abuso doméstico no es el único tipo de violencia que sufren la mujer y el niño. En tiempos de guerra ellos son a menudo las víctimas invisibles. Es decir, las que pasan desapercibidas. De hecho, es difícil conseguir estadísticas sobre estos abusos porque las organizaciones de derechos humanos no recogen datos específicos sobre las mujeres y los niños.

Interrumpe Emilia: «Hay un estudio de Ximena Bunster[2] que muestra que en la América Central —Nicaragua, El Salvador, Honduras y Guatemala— las mujeres han muerto en la violencia general: es decir, en masacres, ataques contra iglesias, etc. En contraste, en Chile, Argentina, Uruguay, Paraguay y Bolivia ha habido campañas de violencia dirigidas particularmente contra las mujeres. Las dictaduras militares de estos países emplearon la violación, la esclavitud sexual y la tortura —a veces con mecanismos especializados para infligir dolor a la mujer— a fin de castigar a las activistas sospechadas de intrigar contra el régimen. También fue común amenazar o torturar a los niños a fin de intimidar y quebrantar a sus madres».

—Afortunadamente —dice Patricia— esos tiempos han pasado. Latinoamérica está en un proceso de democratización. La única dictadura que queda es la de Castro.

Pero María Teresa no está convencida del todo: «Sin embargo, la violencia oficial contra la mujer no ha desaparecido. A fines de 1998 *El País,* un periódico español, informó que el gobierno peruano había forzado a miles de mujeres a aceptar la esterilización a fin de bajar la tasa de natalidad. Según el Comité Latinoamericano y Caribeño por los Derechos Humanos, 250.000 mujeres fueron esterilizadas en tres años, la gran mayoría de ellas contra su voluntad».

—Lo único que puede impedir este tipo de abuso es mayor representación de la mujer en los gobiernos latinoamericanos —contesta Patricia—. Necesitamos legisladoras que puedan articular los problemas en los congresos.

Agrega Rosalía: «En México ése es precisamente uno de los temas más discutidos en las reuniones de feministas. El hecho es que hay poca representación femenina en el gobierno. Se ha sugerido, por ejemplo, que el PRI —es decir, el Partido Revolucionario Institucional— que estuvo en el poder 71 años y sigue siendo un órgano político influyente, establezca cuotas para asegurar la representación femenina. Claro, no todos están de acuerdo. De todos modos, hay que señalar que hoy en día hay mujeres que desempeñan un papel importante en la política mexicana. Teresa García de Madero, alcalde de San Pedro Garza García, es del Partido Acción Nacional, el que tiene once alcaldes mujeres en diez estados diferentes».

—En mis tiempos se decía «alcaldesa» —dice Emilia—. Me alegro de que los jóvenes ya no usen ese vocablo. Nunca me gustó.

—Va a tomar tiempo encontrar nuestra voz en la política. Piensen ustedes que en muchos países latinoamericanos ni siquiera se le concedió el voto a la mujer hasta hace relativamente poco—dice Laura—. En los Estados Unidos la mujer obtuvo el sufragio en 1920, pero en México no lo consiguió hasta 1953. En Nicaragua, Honduras y Perú lo consiguió en 1955; en Colombia, en 1957; y en Paraguay, en 1961.

—¡Sigue escupiendo estadísticas como una computadora esta niña! —dice Patricia—. ¡Qué cabeza tiene para las fechas!

Laura sonríe pero no deja de hablar: «Claro, el voto no resuelve todos los problemas. Muchas mujeres votan por el candidato que prefiere su marido; otras sencillamente no votan. Sin embargo, en

---

[2] "Surviving Beyond Fear: Women and Torture in Latin America," in *Surviving Beyond Fear: Women, Children and Human Rights in Latin America,* ed. Marjorie Agosín (Fredonia, NY: White Pine Press, 1993), 98–125.

Chile en 1958, fue gracias a las mujeres que ganó el candidato conservador, Jorge Alessandri; los hombres habían apoyado a su adversario. Y en 1970, también en Chile, fue gracias en gran parte a las mujeres de clase obrera que ganó el candidato socialista, Salvador Allende. Cuando mucha gente se desilusionó con Allende y empezaron a faltar productos básicos como el arroz y la carne, las mujeres protestaron contra el gobierno. Salieron a la calle golpeando sus cacerolas vacías, manifestando así su disgusto y ayudando a volver la opinión internacional contra el presidente. Más tarde, durante la dictadura de Augusto Pinochet, que duró desde 1973 hasta 1990, mujeres de todas clases sociales se unieron para protestar contra la brutalidad de los militares. Las mujeres pobres, muchas de las cuales habían perdido a hijos, hermanos o maridos, se organizaban en grupos donde hacían *arpilleras* —bordados de contenido político, a veces con imágenes que ilustraban los abusos de los militares. Otras personas se encargaban de hacer las arpilleras llegar al extranjero. Fue gracias en gran parte a esta labor que la comunidad internacional se enteró de la situación en Chile y le puso presión a Pinochet para hacerle parar las atrocidades que infligía contra el pueblo chileno.

—Algo semejante ocurrió en la Argentina —dice Lisarda—. Las mujeres formaban un bloc importante en el peronismo, y Juan Domingo Perón mostró su gratitud al concederles el voto en 1947. Eva Perón, su esposa, fue probablemente una de las mujeres más admiradas y poderosas de la política latinoamericana, gracias en gran parte a la devoción que inspiraba entre las obreras y campesinas argentinas, y fue instrumental en mantener a su esposo en el poder. Después de la muerte de Eva, Perón se casó con Isabel Martínez, quien llegó a ser la primera mujer presidente de Latinoamérica. Durante la dictadura militar que duró hasta 1983, las mujeres volvieron a hacer sentir su influencia. Entre 20 y 30 mil argentinos desaparecieron a manos de los secuaces de los generales, y en algunos casos sus familiares nunca supieron qué fin tuvieron. Durante los años setenta las Madres de la Plaza de Mayo, mujeres que habían perdido a sus hijos o esposos durante la dictadura, empezaron a reunirse todas las semanas para protestar la desaparición de sus familiares. Las vigilias de las Madres de la Plaza de Mayo atrajeron la atención internacional y ayudaron a volver la opinión pública contra la dictadura.

Comenta María Teresa: «Así que, aunque es verdad que hay relativamente pocas mujeres en posiciones de poder, la voz femenina se ha hecho oír en la política».

Agrega Patricia: «Además, poco a poco estamos adquiriendo más poder político. No se olviden que Violeta Barrios de Chamorro fue elegida presidente de Nicaragua en 1990, y ese mismo año Ertha Pascal-

Trouillot fue presidente provisional de Haití. Además, muchas mujeres han alcanzado puestos importantes en los partidos y en gobiernos locales».

—Otra cosa que no debemos olvidar es que hoy día hay numerosas escritoras que exploran el estado de la mujer en nuestras sociedades y que articulan nuestras inquietudes y expectativas —afirma Rosalía, infundiendo una nota de optimismo en los últimos momentos de la reunión—. Mexicanas como Ángeles Mastretta, Laura Esquivel y Elena Poniatowska…

—Chilenas como Isabel Allende, Elizabeth Subercaseaux, Marjorie Agosín…

—Argentinas como Angélica Gorodischer, Alicia Steimberg y Luisa Valenzuela…

—Uruguayas como Cristina Peri Rossi…

—Brasileñas como Nélida Piñón…

—Venezolanas como Ana Teresa Torres…

—Puertorriqueñas como Ana Lydia Vega y Rosario Ferré…

—Según varios estudios, hoy en día más de la mitad de los escritores latinoamericanos son mujeres —comenta María Teresa—. Es obvio que, a pesar de los problemas que persisten, la situación de la mujer latinoamericana está mejorando.

—Así que tú crees que algún día vamos a poder entrar en el Paraíso —dice Patricia.

—Claro —contesta María Teresa—. Pero temo que no sea sin que primero aprendamos a deletrear «xocotlhuetzi».

Repaso

I. Conteste las siguientes preguntas sobre la primera parte de la lectura.

1. ¿Qué ilustra la fábula que cuenta María Teresa al principio de la reunión?

2. ¿Por qué no está Lisarda completamente de acuerdo con ella? ¿Qué dice acerca de la situación de la mujer en la Argentina?

3. Según Rosalía, ¿asisten muchas mexicanas a la universidad? ¿Por qué cree Emilia que las estadísticas que citan Lisarda y Rosalía crean una impresión errónea de la situación?

4. ¿Qué problemas mencionan con relación a la educación primaria?

5. ¿En qué sentido estimuló la Revolución cubana una reforma educativa? Con respecto a las escuelas, ¿qué situación existe en las zonas rurales y en las barriadas de ciertos otros países?

6. ¿Qué dice Emilia de las escuelas católicas?

7. ¿En qué campos que antes estaban reservados a los hombres han entrado las mujeres? ¿Sigue siendo la educación una fuente de empleo importante para la mujer? ¿Qué demuestran las estadísticas que menciona Laura con respecto al porcentaje de mujeres que trabajan en Latinoamérica? ¿Por qué dice que no se puede hablar de la mujer «típica»?

8. ¿Cómo han afectado las recientes crisis económicas la situación de la mujer?

9. ¿Qué problemas para la mujer que trabaja menciona Rosalía?

10. ¿En qué sentido es diferente la perspectiva de Basilia y Vilma a la de las otras mujeres? ¿Qué problemas ha traído el éxodo del campo a la ciudad?

II. Conteste las siguientes preguntas sobre la segunda parte de la lectura.

1. ¿Qué ilustra la anécdota sobre el presidente de la Argentina?

2. ¿Por qué dice María Teresa que no hay igualdad entre los sexos en la arena sexual?

3. ¿Cómo influye el machismo en la política de Latinoamérica? ¿Cree Laura que todos los hombres sean machistas? ¿Qué manifestaciones del machismo existen en la legislación de muchos países?

4. ¿Cómo influye el marianismo en la conducta de la mujer? ¿Se oponen todas las mujeres a este concepto?

5. ¿Qué actitud prevalece acerca de la maternidad en Latinoamérica? ¿Cómo influyó el feminismo internacional de los años setenta en la sociedad latinoamericana? ¿Qué diferencias existen entre el feminismo norteamericano y el latino?

6. ¿Cuáles son algunas de las causas de la violencia doméstica en Latinoamérica?

7. ¿Qué otros tipos de violencia sufren la mujer y el niño?

8. ¿Por qué piensa Laura que va a tardar la mujer latina en encontrar su voz política? ¿Qué éxitos políticos han tenido las mujeres en Latinoamérica?

9. ¿Han tenido éxito las mujeres en el campo de la literatura? Explique.

10. ¿Por qué cree María Teresa que las mujeres no podrán entrar en el Paraíso hasta aprender a deletrear «xocotlhuetzi»?

III. Explique los siguientes términos.

1. PRI

2. machismo

3. marianismo

4. Madres de la Plaza de Mayo

5. visitadora

6. maquiladora

IV. Temas para la conversación y la composición

1. ¿Qué semejanzas y diferencias existen entre el feminismo norteamericano y el latino-americano?

2. ¿Qué contradicciones nota Ud. en las actitudes de las mujeres? ¿A qué se deben?

3. ¿Por qué no se puede hablar de la mujer «típica» latinoamericana? ¿Se puede hablar de la mujer «típica» norteamericana?

4. ¿Con qué puntos de vista que expresan estas mujeres está Ud. de acuerdo? ¿Con cuáles no está de acuerdo?

5. ¿Ha leído Ud. obras de algunas de las autoras que se mencionan aquí? Comente sobre su lectura.

6. ¿Cree Ud. que también el hombre ha sufrido de los estereotipos y los prejuicios? Explique.

 OTRAS VOCES

Vagas desapariciones

Ana Teresa Torres

Psicóloga egresada de la Universidad Católica Andrés Bello de Caracas, la escritora venezolana Ana Teresa Torres se ha distinguido como novelista y cuentista, y actualmente se dedica exclusivamente a su trabajo narrativo. Entre sus novelas se cuentan *El exilio del tiempo* (1990), que fue doblemente galardonada con el Premio Municipal de Narrativa y el Premio de Narrativa del Consejo Nacional de la Cultura; *Doña Inés contra el olvido* (1992), que obtuvo el premio de novela de la Primera Bienal de Literatura Mariano Picón Salas; *Vagas desapariciones* (1995); *Goce ajeno* (1997); y *Malena de cinco mundos* (1997). El fragmento que se incluye aquí es de *Vagas desapariciones*, que tiene lugar en una clínica para enfermos mentales. Doña Cecilia, una señora ya de edad, siempre ha quedado frustrada en su intento de mantener un trabajo por factores familiares y sociales. Ahora, en el manicomio, por fin puede tomar clases de pintura y así expresar sus aspiraciones artísticas y culturales.

La señora Cecilia fue la que más se entusiasmó con las clases de pintura… porque era una actividad cultural y precisamente ella había querido estudiar en la universidad y sacar la licenciatura[3] en la Escuela de Arte, pero su mamá dijo que cómo se le ocurría pensar que se iba a meter en la universidad, con tres niños
5   chiquitos, un marido y un hogar que atender. El primer día que salió a las clases, los niños se pasaron la tarde llorando, y a uno de ellos parece que le dio mucha fiebre porque sufría de amigdalitis[4] y tuvieron que avisar al marido al Banco y el señor se fue a la casa y agarró al niño y lo llevó al médico, y por la noche, cuando llegó la señora Cecilia de la universidad, él le dijo: «Bueno, Cecilia, aquí
10   en esta casa tiene que haber alguien para solucionar los problemas; o yo dejo el Banco o tú dejas la universidad, o los niños se van con su abuela, pero este caos no puede seguir así ni un día más», y la señora Cecilia se salió de la universidad. Eso fue hace bastante tiempo, cuando los niños estaban pequeños.

Luego quiso trabajar con una amiga que vendía seguros[5] y la convenció
15   de que se ganaba muy bien y era el trabajo ideal para las amas de casa, porque es muy libre de horarios[6] y no se trabaja sino un ratico al día y casi todo es telefónico. Hizo el curso de instrucción para agentes de seguros, sin ningún problema, porque era por las mañanas y a esa hora los niños estaban en el colegio, y sacó muy buena nota y empezó a trabajar. Al principio todo salió bien, porque,
20   como le había dicho la amiga, el asunto era más que nada telefónico, hasta que por fin consiguió un cliente. Un ejecutivo bastante rico que le dijo que fuera a verlo en la oficina porque él quería asegurar todo: un seguro de incendios para la casa, un seguro para las joyas de su señora, un seguro médico familiar, y como tres seguros para los carros. Un éxito, el primer cliente: le firmó todas las pó-
25   lizas,[7] y en la compañía la felicitaron porque había sacado la prima[8] máxima del agente del año y se puso muy contenta, pero, cuando regresaba a su casa, tuvo la mala suerte de que se le atravesó un loco en un semáforo y le chocó el carro. No le pasó nada, pero el carro quedó en muy malas condiciones y el

---

[3] Grado universitario más o menos equivalente a un *Master of Arts*
[4] *tonsillitis*
[5] *insurance*
[6] *schedules*
[7] *policies*
[8] premio

marido se puso bravísimo.[9] «Este sí es un negocio redondo,[10] Cecilia, tú ganas
30   plata con los seguros y yo tengo que reparar el automóvil que me va a costar la
mitad de las utilidades de este año; ¡tronco de negocio[11] hemos hecho con los
seguros! ¿Tú sabes cómo es la cosa? Que yo no voy a estar trabajando para
reparaciones de carro que no tendrían por qué ocurrir si estuvieras en tu casa».
La señora Cecilia le dijo que también podía chocar cuando llevaba los niños al
35   colegio, pero él le insistió en que, en tantos años llevando los niños al colegio,
nunca había ocurrido y no hubo caso. La señora Cecilia se retiró de los seguros.

Entonces se dedicó a hacer adornos navideños con otra amiga que la metió
en asunto; éste sí era un trabajo apropiado porque lo hacían en la casa. Pasaban
toda la tarde sentadas frente a la televisión; veían primero la telenovela[12] de las
40   dos, que les gustaba mucho, y luego hacían los adornitos para venderlos en
diciembre; era una actividad tranquila y no hacía falta salir a la calle porque la
encargada de comprar los materiales era la amiga y la señora Cecilia pensó
que, si le iba bien, ahorraría dinero para comprarse un apartamento pequeño
en la playa.

45   Pero tampoco resultó porque los niños habían crecido, y el mayor estaba
ya haciendo el bachillerato,[13] un muchacho muy distraído, muy poco disci-
plinado para los libros, y mientras la señora Cecilia y la amiga hacían los
adornos y conversaban, porque ése es un trabajo que permite mirar de vez en
cuando la tele y conversar, el muchacho se iba de la casa y se ponía a hablar de
50   motos[14] con los otros muchachos del edificio y así se le pasaban las tardes sin
hacer las tareas. Cuando llegaron los exámenes, no sabía nada y tuvo que repetir el año. Entonces, otra vez el marido habló con ella y le explicó que había una
cosa que eran las funciones de cada quien; que si él estaba partiéndose el lomo[15]
en el Banco para ver si llegaba a gerente antes de los cincuenta años, y traba-
55   jando de lunes a viernes, todos los días del año, menos los quince días de vacaciones y los feriados bancarios,[16] era con la esperanza de que sus hijos fuesen
a la universidad y tuvieran más posibilidades que él, y si los hijos iban a la universidad, era porque les salía cupo,[17] y si les salía cupo, era porque habían sido

---

[9] furioso

[10] *great*

[11] **tronco...** *some deal*

[12] *soap opera*

[13] High school degree requiring an examination that students must pass in order to enter the
university. The *bachillerato* is considered roughly equivalent to two years of college in the
United States.

[14] *motorcycles*

[15] **él...** él estaba matándose

[16] **los...** *bank holidays*

[17] **les...** *there was a place for them*

60   buenos alumnos en el bachillerato, y si su hijo mayor tenía que repetir el año, era porque alguien no estaba cumpliendo sus funciones, y él no podía estar en el Banco, haciendo horas extraordinarias para quedar bien con el vicepresidente, y a la vez[18] en su casa, vigilando las tareas del niño y viendo si estudiaba química, que era la materia que llevaba peor; y que si alguien, aquél a quien esa responsabilidad le competía, no estaba dispuesto a asumirla, él entonces se
65   retiraba del Banco, pedía una jubilación,[19] que ya le tocaba porque tenía los veinte años trabajando; la media jubilación era lo que en realidad le tocaba, pero con eso, si se trataba de subsistir y no había en aquella casa espíritu de superación,[20] era suficiente y todo el mundo quedaba contento; ahora, que si él continuaba la lucha por superarse y la idea era que los tres hijos que habían
70   tenido llegaran a ser alguien, entonces ella tendría que asumir sus responsabilidades de madre, que no terminaban ni mucho menos en dar los teteros[21] y cambiar los pañales,[22] precisamente allí es donde estaban empezando, etcétera, etcétera. Así que la señora Cecilia le dijo a la amiga que no podía seguir con lo de los adornos, por el asunto de las tareas escolares, y la amiga lo lamentó
75   mucho porque precisamente para aquel año había conseguido un contrato con una oficina muy importante y la decoración les iba a dejar[23] bastante, tanto como para la cuota[24] inicial del apartamento de la playa que la señora Cecilia había soñado tener.

    Los niños lograron todos sacar muy bien su bachillerato y fueron los tres
80   a la universidad, de manera que el papá se puso muy contento: la muchacha estudió arquitectura y fue tan buena estudiante que se sacó una beca[25] para hacer un postgrado en los Estados Unidos; el mayor se graduó de ingeniero y le dieron un trabajo en una constructora[26] muy importante y se casó; y el menor quiso estudiar agronomía y se fue de la ciudad. Así que la señora Cecilia y su esposo
85   estaban muy contentos por el éxito que habían tenido los dos como padres, y el esposo pensó que era un buen momento para jubilarse, ahora que ya le había llegado el sueldo de gerente. Como llevaban una vida muy sencilla y la casa estaba prácticamente sola, la señora Cecilia contrató a una mujer para que viniera tres días por semana a hacer la limpieza y planchar la ropa, que ya era menos, y le

---

[18] **a...** al mismo tiempo
[19] *retirement*
[20] mejora, progreso
[21] **dar...** *(baby) bottles*
[22] *diapers*
[23] pagar
[24] pago
[25] *scholarship*
[26] *construction firm*

90 quedaba mucho tiempo libre. Entonces se aburría un poco y otra amiga la convenció de que fuera con ella por las tardes a una casa-hogar de niñas ciegas, donde trabajaban las Damas Voluntarias, que eran unas señoras que dedicaban el tiempo libre a ir a los hospitales y a los hogares de niños abandonados y que cumplían una labor social. La señora Cecilia, como ya estaba más desahogada,[27] dijo que
95 estaba bien, porque ya no tenía la ilusión de ganar más dinero; aparte que su hijo mayor ganaba mucho y les mandaba bastantes regalos; por ejemplo, les había comprado un equipo de video de primera; y, que siendo así, ella podía dedicar un tiempo a alguna labor útil que no tuviera remuneración. Los lunes, miércoles y viernes, la señora Cecilia se iba de tres a seis con esta amiga a la casa-hogar
100 de las niñas ciegas y pasaban la tarde tratando de enseñar a las niñas a leer con los dedos, a cantar y a dibujar, y la señora Cecilia se fue entusiasmando y propuso que los martes y los jueves podían organizarse excursiones y paseos para llevar a las niñas a los parques, y la idea tuvo mucho éxito, de manera que la pusieron en práctica. Pero entonces su esposo dijo que ésta sí era la última[28]: toda
105 la vida trabajando, matándose por su hogar, un hombre sin vicios de ninguna especie, que en treinta años de matrimonio no había echado ni una cana al aire,[29] no había dejado ni un día de llegar a su casa directamente desde la oficina, no como otros, que se emparrandaban[30] todos los viernes; él no, él a su casa directo, sin tomarse una cerveza con los amigos, para no crear malas costumbres; él, que
110 había sido un hombre de hogar, un marido perfecto, su sueldo íntegro para la casa, ni un centavo se había gastado en sí mismo, ni un domingo se había ido a jugar dominó o al Hipódromo, siempre con su señora y sus hijos, a almorzar a casa de los abuelos, así día tras día, año tras año para llegar ahora a una digna jubilación, pero solo, abandonado, sin una esposa que lo acompañara y se sen-
115 tara con él a ver la televisión o comentar el periódico o darse una vuelta por la calle, incluso ir al cine; ahora éste era el pago que recibía, éste era el fin de sus días, una artritis lumbar de estar sentado tantas horas, y más solo que un gato, sus hijos fuera, y su esposa atendiendo a las niñas ciegas. Esto era lo que la vida le traía en recompensa: una esposa dedicada al bienestar social pero que aban-
120 donaba lo que debía constituir su primera preocupación; una esposa que ahora, en las proximidades de la vejez, cuando más debían acompañarse mutuamente, elegía a las niñas ciegas para darles su amor y su abnegación. Y la señora Cecilia decidió retirarse de la casa-hogar, donde le hicieron una despedida, y las niñas cantaron y lloró todo el mundo porque ella había sido el alma de aquella casa.

---

[27] tranquila

[28] **ésta...** *this was the last straw*

[29] **no...** no se había dedicado a divertirse una sola vez

[30] iban a fiestas, salían a divertirse

125   Allí fue cuando empezó a sentirse mal y el Doctor dijo que tenía una cosa que en los Estados Unidos llaman «el síndrome del nido[31] vacío». «Vacío porque quiere —dijo el esposo— porque aquí está su casa para llenar y aquí está su esposo para ocuparse de él». Pero el Doctor le dijo que eso lo habían estudiado en los Estados Unidos y que no le discutiera a él, que tenía todas las revistas

130   médicas…

La señora Cecilia no se quiere ir de la clínica, y cada vez que el Doctor le dice que vayan pensando en el alta,[32] ella le contesta que no se le ha pasado todavía el asunto del nido vacío.

Las *diez* cosas que una mujer en Chile no debe hacer jamás

Elizabeth Subercaseaux

Periodista, novelista y cuentista chilena, Elizabeth Subercaseaux ha escrito para varias publicaciones, entre ellas *Cosas, Apsi, Caras* y *Vanidades Continental.* Su libro más conocido es *Ego Sum Pinochet,* entrevistas con el ex-dictador de Chile, preparado con Raquel Correa. También ha escrito una colección de cuentos, *Silendra* (1986), y tres novelas, *El canto de la raíz lejana* (1988), *El general azul* (1992) y *Una semana de octubre* (1999). Ha publicado tres libros sobre los problemas de la mujer contemporánea —*La comezón de ser mujer* (1994), *Las diez cosas que una mujer en Chile no debe hacer jamás* (1995) y *Matrimonio a la chilena* (1997)— todos los cuales combinan el humor con la crítica social. En *Las diez cosas* Subercaseaux afirma que aunque Chile es considerado uno de los países más avanzados de Latinoamérica, la mujer chilena todavía se enfrenta a muchos obstáculos. Es difícil que una mujer sola arriende un departamento, que tenga una vida social, que se encargue de sus propias finanzas o que reciba el mismo respeto

---

[31] *nest*

[32] *discharge (from the clinic)*

que un hombre en el trabajo. En *Matrimonio a la chilena* examina cómo la prohibición contra el divorcio perjudica a la mujer. *Una semana de octubre* es sobre una mujer que, sabiendo que su muerte es inminente, decide buscar el amor que nunca ha encontrado en su matrimonio.

Aspirar al poder y destacarse

Si usted es la jefa, no espere que sus empleados la quieran como a los hombres. Sepa Dios por qué será, pero a las mujeres en cargos de poder no las quieren como a los hombres, en cambio a los jefes los quieren, los respetan y hasta se enamoran de ellos.

5   En los veinte años que llevo ejerciendo el periodismo en Chile me han tocado tres jefes y cuatro jefas y he podido observar el siguiente fenómeno: los jefes, que suelen ser explotadores, hiperkinéticos y encantadores, son literalmente adorados por las mujeres que están a sus órdenes.

Las enfermeras pasan la vida enamoradas del médico jefe, las estudiantes
10   pasan medio año enamoradas del profesor, las periodistas se enamoran del editor del diario, del director y del colega periodista que es su jefe directo.

El caso de las secretarias es quizás el que mejor ilustra lo que es la relación jefe-empleada en Chile.

Las secretarias suelen rendirles pleitesía[33] a unos caballeros que dejan
15   bastante que desear en cuanto a la consideración que demuestran hacia ellas; tienen que cubrirles las espaldas cuando son acosados por la esposa celosa, pagar sus cuentas, recordarles las fechas de los cumpleaños de sus hijos, saberse el número de la patente de su auto, quedarse con ellos hasta que decidan regresar a sus casas y no hasta que se cumpla el horario de trabajo de ellas, ¿le impor-
20   taría mucho, Bertita, que yo le dictara esta última carta?, enterarse de todos sus secretos y problemas personales y seguir poniendo buena cara. Pero así y todo los quieren. Don Alberto es un encanto, don Cristián es amoroso, yo no cambio a don Antonio por nadie.

Los jefes pueden darse todos los lujos de mal carácter que necesiten, lle-
25   gar de mal genio en las mañanas, entrar a trancos[34] largos sin saludar a nadie o gritarle al personal, pero van a seguir siendo un amor y la[35] Bertita continuará quedándose hasta las siete y media o más, para que él le dicte la última carta.

---

[33] sumisión, obediencia
[34] pasos, marcha
[35] En Chile y en algunos otros países, es común el uso del artículo antes del nombre de una persona.

Lo único que explica esta relación es que, en el fondo, entre el jefe y la
30 secretaria existe una especie de código de lealtades mutuas. Puede ser que él la
explote durante muchos años, puede ser que ella sea la depositaria de secretos
que él no le cuenta ni a su mamá, puede ser que ella sufra con los malos ratos
y las rabietas[36] de él, pero a la vuelta de la vida, cuando ella esté vieja y ya no
pueda trabajar, ese hombre siempre recordará a su secretaria de todos esos años,
35 le pagará unas vacaciones de quince días en algún hotel de La Serena[37] y le otor-
gará, por una vez, una prima de 25 UF[38] pagadera en cuatro cuotas semestrales,
para ayudarla en la educación de su hijo. Tal como ha hecho con la Cleme, su
«nana»[39] de la infancia.

La Cleme era la «nana» de Toñito en la casa. Y la Bertita es la «nana» de
40 don Antonio en la oficina.

Con las jefas, en cambio, nunca se establece una sociedad de lealtades
mutuas, y aun cuando las mujeres en cargos de poder suelen ser más directas y
más justas, esa sociedad no llega a producirse.

Será porque las mujeres tienen que andar justificando su jefatura a cada
45 rato, será porque se equivocan y cuando ascienden en la escala del poder creen
que hay que ser como los hombres, será porque a ellas no les resulta levantar la
voz al rato uno y el encanto al rato dos[40] (como a los hombres) y para hacerse
respetar eligen la distancia, o será porque las mujeres, cuyo rasgo[41] cultural también es el machismo, privilegian a los hombres, qué sé yo por qué será, pero lo
50 cierto es que a las jefas no las quieren y a los jefes, en cambio, sí.

Tengo una amiga banquetera que durante mucho tiempo se dedicó a orga-
nizarle las comidas a un ministro.

El ministro era un mañoso del diablo,[42] no comía más que bistec con arroz
graneado[43] y ensalada de tomates, pero el bistec tenía que ser cocinado de una
55 manera especial, el arroz tenía que granearse con un aceite de oliva superior,
que no vendían en ninguna parte, la ensalada de tomates tenía que ser hecha con
tomates maduros, recién cosechados en pleno invierno, cuando nunca ha habido
tomates, y el agua mineral (porque el ministro no tomaba vino) tenía que ser de
esas aguas en botellitas chicas que venden en Canadá y que el ministro había
60 tomado una vez en un hotel de Toronto, pero que en Chile no existen.

---

[36] ataques de rabia
[37] puerto y centro turístico chileno, con balneario
[38] Unidad de Fomento, unidad monetaria establecida por el gobierno cuyo valor fluctúa
[39] niñera
[40] **no...** *they can't get away with yelling one minute and turning on the charm the next*
[41] delineación, contexto
[42] **un...** *horribly picky*
[43] granulado, en grano

Mi amiga pasaba media vida consiguiéndose libros de cocina con comidas novedosas, aprendió a guisar las codornices[44] de la Julia Child[45] y cocinaba unas *petits légumes à la grecque*[46] deliciosas que sacó del Cordon Bleu,[47] a ver si tentaba al ministro, a ver si lograba hacerlo comer algo que no fuera bistec
65 con arroz y tomates, pero nunca lo consiguió, y cuando el ministro ofrecía un banquete, mi amiga ocupaba las recetas de sus libros para los invitados y a él le servían lo mismo de siempre.

¿Usted cree que ella lo detestaba? ¿Cree que llegaba en la noche a la casa a quejarse por la desgracia de tener un jefe maniático[48] como aquél? ¿Cree que
70 alguna vez reclamó por esos ataques de cólera que le bajaban al ministro cuando los tomates no estaban aliñados[49] como él estaba acostumbrado?

De ninguna manera. Ni siquiera renunció a su trabajo el día en que el ministro la gritoneó por haberle echado orégano al arroz. ¡Cómo se le ocurre que iba a renunciar! Ella lo adoraba. «No hay nadie más amoroso, es un encanto de
75 persona, dulce como ninguno, nunca he tenido un jefe como él», me decía cada vez que yo le preguntaba hasta cuándo iba a soportar a ese fanático del bistec a la plancha,[50] y después se ponía a hablarme de sus ojitos azules, de su corbata italiana, de lo bien que se veía cuando vino el presidente de Uruguay...

Repaso

I. Conteste las siguientes preguntas.

Ana Teresa Torres

1. ¿Quiénes se oponen cuando la señora Cecilia quiere estudiar en la universidad? ¿Es su marido el único que no está de acuerdo? ¿Qué revela este episodio acerca de las actitudes sociales?

2. ¿Qué pasa cuando la señora Cecilia empieza a vender seguros? ¿Por qué cree Ud. que su marido reacciona tan mal cuando ella choca el auto?

3. ¿Qué objeción tiene al negocio de los adornos navideños? ¿Afecta realmente las notas del hijo? ¿Cómo lo sabemos?

---

[44] *quails*
[45] Famosa cocinera norteamericana, autora de numerosos libros de cocina
[46] **petits...** *marinated vegetables*
[47] premio culinario; libro que contiene las recetas que han ganado este premio
[48] *fussy*
[49] *with the salad dressing*
[50] **a...** *grilled*

4. ¿Cómo pone fin su marido a las actividades caritativas de la señora Cecilia? ¿Cree Ud. que él sólo quiere manipularla o tiene razón en insistir que pase todo su tiempo con él?

5. ¿En qué sentido es la locura una liberación para la señora Cecilia?

6. ¿Qué está diciendo Ana Teresa Torres sobre la situación de la mujer? ¿Existen mujeres como la señora Cecilia en la sociedad norteamericana? ¿Hasta qué punto es el problema que se describe aquí generacional?

7. ¿Por qué quiere trabajar la señora Cecilia? ¿Se trata de la necesidad económica o satisface el trabajo otras necesidades? ¿Por qué cree Ud. que trabajan la mayoría de las mujeres en los Estados Unidos?

8. ¿Qué papel desempeña el machismo en la historia de la señora Cecilia? ¿Se puede justificar la actitud de su esposo o no?

Elizabeth Subercaseaux

1. ¿Por qué dice la autora que a las jefas los empleados no las quieren como a los jefes? ¿Es verdad esto en los Estados Unidos? ¿Existe el machismo en las oficinas norteamericanas? ¿En el ejército? ¿En el gobierno? Explique su respuesta.

2. ¿Es el machismo siempre negativo, o puede tener aspectos positivos?

3. En los Estados Unidos, ¿es verdad que las empleadas se enamoran de los jefes y aceptan sus manías sin protestas? ¿Cree Ud. que la situación está cambiando?

4. ¿Conoce Ud. a alguien como la Bertita? ¿Por qué dice la autora que la secretaria es la «nana» de don Antonio?

5. ¿Es verdad que con las jefas nunca se establece «una sociedad de lealtades mutuas»? Si es verdad, ¿por qué existe esta situación? ¿Cree Ud. que cambiará cuando haya más mujeres en posiciones de poder?

6. ¿Cree Ud. que algunos hombres se resienten de tener que tomar órdenes de una mujer? ¿Por qué?

7. Según Subercaseaux, ¿qué errores cometen las mujeres cuando ocupan una posición de poder? ¿Está Ud. de acuerdo con ella? ¿Por qué (no)? Algunos estudios muestran que las mujeres son mejores jefes que los hombres. ¿Por qué será?

8. ¿Qué piensa Ud. del ejemplo de la amiga banquetera? ¿Cree Ud. que esta situación se produce con más frecuencia en Latinoamérica que en los Estados Unidos? Explique. Subercaseaux sugiere que en Chile las mujeres tanto como los hombres funcionan dentro del contexto machista. ¿En qué sentido son machistas las mujeres que ella describe?

Capítulo 6

La religión y la educación

LA RELIGIÓN EN LA ÉPOCA COLONIAL

El proceso de conversión de las poblaciones indígenas comenzó inmediatamente después de la llegada de los españoles a América. Los primeros sacerdotes que llegaron con los conquistadores establecieron misiones para la evangelización de los pueblos nativos. En 1492, el mismo año del primer viaje de Colón, los ejércitos de Fernando e Isabel —los Reyes Católicos— expulsaron a los moros de Granada, poniendo fin a la Reconquista.[1] Unos 30 años más tarde, la Reforma Protestante constituiría una nueva amenaza para el dominio católico en Europa. Carlos V y su hijo, Felipe II, seguirían luchando contra fuerzas heterodoxas dentro y fuera de su país durante todo el siglo. Para el militar de aquella época, acostumbrado a combatir por la religión, la propagación de la fe era un fin legítimo de la guerra.

Sin embargo, no todos creían que la conversión del indio fuera un objetivo loable. Algunos padres de la Iglesia pensaban que el nativo americano era menos que humano y por lo tanto no era digno de recibir los Sacramentos. La naturaleza del indio —en particular, la cuestión de si tenía alma o no— era el tema de acalorados debates a principios del siglo dieciséis, época en que también se polemizaba la capacidad de la mujer de ser salvada. En cuanto al indio, el Papa Paulo III puso fin a la discusión en 1537 al promulgar una bula que afirmaba la humanidad del aborigen y su derecho de recibir los Sacramentos.

En aquel entonces el concepto de la separación del estado y la Iglesia no existía. La Iglesia no era sólo un instrumento en la conversión de indios y negros en el Nuevo Mundo sino también un brazo político de la monarquía. Los reyes españoles y portugueses dictaban los nombramientos de sacerdotes y obispos y controlaban la creación de monasterios, conventos, catedrales e iglesias, a veces sin el permiso del papa. Al mismo tiempo, la Corona brindaba su protección a la religión, gracias a la cual la Iglesia adquirió gran riqueza y vastas propiedades en el Nuevo Mundo. La Iglesia y la burocracia real eran los instrumentos del poder español en las colonias. La Corona apoyaba a la Iglesia no sólo económica sino también legislativamente. Durante el período colonial, los primeros sacerdotes participaban en todo aspecto de la vida. Eran políticos, maestros, ingenieros, científicos y poetas. Escribieron algunos de los primeros tratados sobre el Nuevo Mundo, describiendo la flora y la fauna americanas para sus lectores en Europa. Algunos de los oficiales de la Iglesia llegaron a ser virreyes coloniales, y otros establecieron colegios y universidades. Los sacerdotes eran también moralistas cuyas censuras podían enviar a una persona ante la *Inquisición,* tribunal creado para investigar y castigar a herejes. La Inquisición fue implantada en las Américas en 1570.

Por lo general, la Inquisición americana fue menos violenta que la española. Durante sus dos siglos y medio de existencia, condenó a muerte a aproximadamente 100 personas, casi a todas por razones de herejía. Rara vez condenaba a un indio, ya que los padres de la Iglesia pensaban que, como los nativos no habían tenido la oportunidad de conocer la fe antes de la llegada de los españoles, era inevitable que cometieran errores. En cuestiones de pecados de la carne, los inquisidores se mostraban bastante tolerantes. De hecho, no era poco común que los sacerdotes mismos tuvieran relaciones ilícitas. El concepto

---

[1] Conquista, por parte de los cristianos, de las regiones de la península Ibérica que estaban bajo los musulmanes, quienes habían invadido en 711.

del hombre como un ser imperfecto y por lo tanto destinado a pecar, fundamental al catolicismo, explica esta actitud indulgente. Por otro lado, los inquisidores intentaban controlar los libros y obras de arte que entraban en las colonias porque creían que la ficción imaginativa y el arte profano podían estimular pensamientos libidinosos y por lo tanto conducir a la degeneración social.

Las *misiones* fueron un instrumento fundamental de evangelización y de educación en las colonias. Las encomiendas tenían vínculos estrechos con las ciudades, puesto que sus dueños solían vivir en centros urbanos cuyos habitantes eran consumidores de sus productos. En cambio, las misiones eran más independientes. Éstas eran unidades económicas autosuficientes, es decir, producían todos los productos que los habitantes necesitaban. Además, las gobernaban sacerdotes en vez de autoridades civiles, y prevalecía la ley religiosa en vez de la ley real o la voluntad del encomendero. Mientras que los encomenderos explotaban a los indígenas, a quienes consideraban su propiedad, los misioneros los trataban como seres humanos. Así, las misiones servían de protección a los indios contra la avaricia y la crueldad de los conquistadores.

La publicación en 1516 de la *Utopía* de Tomás Moro sirvió de inspiración para clérigos que deseaban devolver la sociedad a sus raíces cristianas y establecer un orden social basado en ideales religiosos. Padres de la Iglesia como los dominicos Pedro de Córdoba y Bartolomé de las Casas protestaron contra la explotación de las razas nativas y promovieron la fundación de misiones donde se pudieran aplicar principios cristianos y utópicos. En México el sacerdote Vasco de Quiroga, inspirado por Tomás Moro, fundó el Hospital de Santa Fe, el cual, además de enfermería, era un hogar para niños, una escuela y una comunidad donde los habitantes trabajaban juntos y llevaban una vida comunal. En la región ocupada por lo que es hoy día el norte de Argentina, Paraguay y Brasil, los jesuitas establecieron misiones eficientes y productivas llamadas *reducciones*. En estas comunidades la disciplina era férrea, pero los padres trataban a los indios humanamente. Además, los sacerdotes facilitaron la integración de los indios en el orden social al imponer costumbres compatibles con las españolas, por ejemplo, la monogamia y el uso de la ropa.

Miles de indios buscaron refugio en las reducciones de los esclavistas que trataban de capturarlos y venderlos. Los *mamelucos* (llamados también *paulistas* porque provenían de São Paulo, Brasil), fueron una de las amenazas más terribles. Estos comerciantes en seres humanos veían las reducciones como fuentes de mercancía particularmente lucrativas. Acostumbrados a la disciplina y entrenados en diversos oficios, los indios de las reducciones podían traer buenos precios en los mercados de São Paulo. Entre 1629 y 1631 los mamelucos atacaron las misiones jesuitas sin piedad, llevándose a miles de indios, los cuales no podían protegerse porque los padres no les permitían usar armas de fuego.

Algunos historiadores han alegado que los jesuitas mismos se aprovecharon de los indios, vendiendo los productos de su labor y llenando los cofres de la orden. En el siglo dieciocho el creciente poder político y económico de la Compañía empezaba a perturbar a la Corona. En 1767 Carlos III expulsó a los jesuitas de España y de los territorios españoles. Los padres no les habían enseñado a los indios a gobernarse, y después de la partida de aquéllos las reducciones fueron completamente destruidas.

La Iglesia también ministraba a los criollos, educando a sus hijos y proveyendo otros servicios. Una de sus funciones importantes fue la creación de conventos donde podían refugiarse mujeres criollas. En 1498 la Corona le dio licencia a Colón para llevar a 30 mujeres a las Américas en su tercer viaje. Los

soldados y aventureros que llegaban al Nuevo Mundo solían tomar concubinas indias, abandonándolas al volver a España para reunirse con sus esposas legítimas. Para estimular el proceso de colonización, la Corona envió a mujeres españolas a las Américas para que los colonizadores se casaran con ellas y se quedaran en el Nuevo Mundo. Durante las siguientes décadas casi todos los barcos que llegaban a las colonias llevaban a algunas mujeres. Para el año 1514, había mujeres españolas en trece de los catorce pueblos que se habían fundado en la isla de La Española. Así comenzó la formación de un nuevo componente de la sociedad colonial: el criollo.

Las hijas de los conquistadores, como sus hermanas en España, tenían dos opciones: el matrimonio o el convento. Seguramente muchas mujeres ingresaban en la vida religiosa por razones espirituales, pero otras tomaban el velo por razones muy ajenas a la religión. En la sociedad colonial el poder estaba en manos del padre, que tenía el derecho de casar a sus hijas con quien quisiera. A menudo arreglaba matrimonios por razones económicas, políticas o sociales, sin tomar en cuenta la voluntad y gustos de la joven. No era poco común que se casara a una niña de 14 años con un hombre de 50. Además, muchos de los conquistadores eran hombres violentos, rudos y donjuanescos. Déspotas en casa, trataban a su mujer como una posesión. Según los usos de la época, el marido tenía el derecho —y aun el deber— de disciplinar a su esposa. A pesar de que los manuales de matrimonio de los humanistas del siglo dieciséis hacían hincapié en la amistad y en el respeto mutuo que debían existir entre marido y mujer, documentos legales muestran que era común que un hombre le pegara o, en ciertos casos, aun matara a su esposa con impunidad. Además, en aquella época muchas mujeres morían durante el parto, especialmente en las zonas remotas donde no podían contar con la ayuda de parientas y parteras. También morían muchos niños, lo cual les causaba gran dolor a sus madres. (Aunque también se han documentado casos de mujeres que abandonaron, regalaron o mataron a niños que no podían mantener.) El convento podía ser un refugio para una mujer que deseara evitar las peripecias del matrimonio.

En una época en que la mujer criolla normalmente no tenía autoridad para controlar sus finanzas, para tomar decisiones o para trabajar, el convento le ofrecía un grado de libertad, y además, allí podía recibir por lo menos una educación rudimentaria. En el caso de una huérfana cuyos padres habían sido víctimas de la violencia o de la enfermedad y cuyos parientes no estaban dispuestos a criarla, el convento era la única opción. A veces las religiosas ofrecían una dote para que estas muchachas desamparadas pudieran casarse.

Ciertos conventos estaban de moda con la élite social. En una familia aristocrática con varias hijas, era normal que algunas de ellas tomaran el velo —aunque también es cierto que no todas las habitantes de conventos eran monjas. A menudo una viuda o una mujer cuyo padre viajaba o combatía en las guerras de conquista se retiraba al claustro hasta que su situación se remediara. Al ingresar en la vida religiosa una joven noble, su padre pagaba una dote. Luego, al morir la monja, podía legar cualquier propiedad que hubiera heredado a su orden. Estas prácticas resultaron en la creación de conventos extremadamente ricos y poderosos, especialmente en México y en Lima, donde se concentraban las familias más pudientes. En estos conventos las religiosas podían mantener esclavas y sirvientas, y algunas tenían su propia cocinera. Además, podían recibir visitas y a menudo gozaban de una rica vida cultural. En el Perú y en el México colonial, los conventos eran centros donde se reunían personas refinadas, se representaban obras de teatro y se hacían recitales de música o de poesía. Algunos clérigos, escandalizados por la libertad de las monjas y por el poder económico de las madres superiores, se quejaron ante el rey.

Al principio, los conventos coloniales sólo aceptaban a mujeres de sangre española pura, pero con el tiempo algunos empezaron a dejar entrar a mestizas e indias. A veces ingresaban como sirvientas, a veces llegaban recomendadas por algún oficial de la Iglesia que presentara documentos afirmando que la candidata era de sangre pura, aunque obviamente no lo era, y a veces eran miembros de la nobleza indígena.

Durante las primeras décadas del período colonial, la vida religiosa estuvo dominada por las órdenes, en particular por los dominicos, franciscanos y jesuitas; los clérigos *seculares* —es decir, los que no pertenecían a ninguna orden— ocupaban un lugar inferior. Sin embargo, a fines del siglo dieciséis la monarquía española empezó a favorecer a los seculares, provocando así grandes rivalidades entre éstos y las órdenes. Aunque abundan ejemplos de activismo individual, por lo general la Iglesia americana se había convertido en una burocracia que afectaba cada elemento de la vida. A principios del siglo diecisiete, la mayoría de los clérigos ya no eran peninsulares sino criollos. Esto sirvió para afianzar a la Iglesia dentro de la sociedad colonial en un momento en que el fervor evangelizador ya empezaba a disminuir.

La Independencia debilitó la posición de la Iglesia en las Américas. Por lo general, los sacerdotes que habían nacido en España o Portugal sentían lealtad hacia la monarquía. Los nacidos en el Nuevo Mundo, como, por ejemplo, el patriota mexicano Miguel Hidalgo (1753–1811), a veces fueron instigadores de sublevaciones patrióticas contra el poder europeo. La misma filosofía racionalista importada de Francia e Inglaterra que fomentó los movimientos separatistas también fomentó sentimientos anticlericales. Al establecerse las nuevas repúblicas, la educación, que había estado controlada por eclesiásticos, empezó a secularizarse, y la Iglesia perdió el poder de censura. Para asegurar su influencia política, el clero terminó aliándose con las oligarquías conservadoras.

 # LA IGLESIA DE HOY

Los esfuerzos de los primeros sacerdotes por crear una sociedad unida en la religión produjeron el resultado deseado. Hoy en día la gran mayoría de los habitantes de Latinoamérica son católicos, por lo menos de nombre. De hecho, Latinoamérica tiene la población católica más grande del mundo. El 60 por ciento de los católicos del planeta habitan allí. Brasil, con 110 millones de fieles y 350 obispos, tiene más católicos que ningún otro país. Aun los que no asisten a misa regularmente o que han adoptado una posición política hostil hacia la Iglesia suelen identificarse como católicos. Usualmente estas personas se casan por la Iglesia, bautizan a sus niños y piden la última unción cuando mueren. Celebran las fiestas religiosas más importantes y, en tiempos de crisis, buscan consuelo en la fe de sus antepasados.

Sin embargo, sólo entre el 10 y el 20 por ciento de los católicos latinoamericanos van a misa regularmente. Muchos latinoamericanos sólo asisten a misa cuando hay una ocasión especial —un bautizo o una boda— especialmente los hombres. En Latinoamérica, como en España, muchas personas consideran la religión «cosa de mujeres». Sin embargo, no es poco común que un hombre que nunca mete el pie en la iglesia mande a sus hijos a un colegio católico, o por respeto a la tradición o por respeto a la calidad de educación que estas escuelas ofrecen. Por lo general, la religión tiene más apoyo en las zonas rurales y entre los pobres que en la clase media urbana.

La Iglesia fue blanco de los movimientos proletarios de principios del siglo veinte porque parecía indiferente al sufrimiento de las masas. Los sacerdotes, predicando en catedrales llenas de altares dorados y estatuas ricamente vestidas, hablaban del otro mundo sin tomar en cuenta la miseria de sus feligreses en éste. En cambio, los reformadores pedían la justicia social en el aquí y ahora. En este clima tumultuoso, la Revolución mexicana adoptó una posición claramente anticlerical; la Constitución de 1917 creó un estado secular que despojó a la Iglesia de sus tierras y puso límites a las actividades de los clérigos.

A mediados del siglo, la Iglesia, que hasta entonces había rechazado teorías políticas basadas en el materialismo, empezó a alterar su posición y a mostrar una mayor sensibilidad a los problemas de los pobres. El Concilio Vaticano II, que fue celebrado en la Basílica de San Pedro en Roma entre el 11 de octubre de 1962 y el 8 de diciembre de 1965, propuso una renovación de la Iglesia frente al mundo moderno. Reconociendo los cambios dramáticos que ocurrían en una sociedad que se secularizaba, urbanizaba e industrializaba rápidamente, los oficiales eclesiásticos, al mismo tiempo que afirmaban el papel espiritual y moral de la Iglesia, reconocían su responsabilidad social. En 1968 se realizó un congreso de obispos latinoamericanos en Medellín, Colombia, para considerar los problemas particulares a la región. Con sus masas de indios y campesinos explotados y oprimidos, Latinoamérica ofrecía

a la Iglesia infinitas oportunidades de convertirse en un instrumento de cambio social. El resultado fue una afirmación del compromiso de la religión para con los pobres a fin de crear una sociedad más justa y pacífica.

Estas nuevas ideas formaron la base de una nueva *teología de la liberación,* que comprometía a la Iglesia a la lucha social. Teólogos de la liberación tales como el brasileño Leonardo Boff consideran a Jesús como el libertador de los pobres. Boff propuso la democratización de la Iglesia y la formación de organizaciones populares que trabajaran para mejorar las condiciones en el campo y en las barriadas. En vez de clavar su mirada en el otro mundo, los liberacionistas dirigen sus esfuerzos a éste. Animan a los marginados y desdichados a organizarse y a exigir sus derechos humanos.

La nueva orientación de la Iglesia condujo a ciertos conflictos. En 1979, después de décadas de abuso a manos de la familia Somoza, el pueblo nicaragüense, cansado de la brutalidad y la tiranía, se rebeló. La gran mayoría de los eclesiásticos apoyaron la Revolución sandinista. La colaboración del clero les dio legitimidad a los insurgentes. Después de que Somoza huyó de Nicaragua en julio de 1979, varios sacerdotes desempeñaron papeles importantes en el nuevo gobierno revolucionario.

Pero la orientación marxista de los sandinistas estaba empezando a preocupar a la jerarquía de la Iglesia. El arzobispo Miguel Obando y Bravo, primado de Nicaragua, se había opuesto a Somoza pero tampoco aceptaba las teorías izquierdistas del nuevo gobierno. El Papa Juan Pablo II, que se había criado en Polonia bajo el comunismo, vio con alarma el triunfo de un régimen marxista apoyado por curas progresistas que abogaban por una «iglesia del pueblo» y rechazaban la autoridad de Roma. En 1981 el papa les ordenó a los clérigos nicaragüenses que abandonaran sus puestos gubernamentales. Éstos, encabezados por el padre Ernesto Cardenal, autor de poesía revolucionaria y teólogo de la liberación, desobedecieron, pero otros sacerdotes adoptaron una posición hostil a los sandinistas y apoyaron el movimiento contrarrevolucionario.

Frente a estos dos extremos, el papa adoptó una actitud conciliatoria. Declaró su oposición al totalitarismo de la izquierda y de la derecha. Declaró su apoyo de la reforma social, afirmando que habría paz en la región sólo si se respetaban los derechos humanos y se buscaba la justicia social. Sin embargo, se opuso a la lucha armada. En vez de la teología de la liberación, propuso una «teología de la reconciliación», la cual se alcanzaría a través de la renovación espiritual, no mediante la violencia. Finalmente, la moderación prevaleció. El pueblo nigaragüense rechazó a los sandinistas en 1990.

El *anticlericalismo* no es un fenómeno nuevo en el mundo hispánico. De hecho, existen corrientes anticlericales en España desde la Edad Media. Santa Teresa de Ávila (1515–82), una de las figuras más amadas del pueblo español, tuvo muchos conflictos con las autoridades eclesiásticas durante su vida y a menudo criticaba a los sacerdotes ignorantes y pretenciosos. Se le atribuye el siguiente dicho: «Los clérigos son como el estiércol: Cuando se juntan demasiados, empiezan a apestar; para que hagan algún bien, hay que esparcirlos».

La democratización de Latinoamérica que se lleva a cabo durante las últimas décadas del siglo veinte presenta nuevos desafíos para la Iglesia. Bajo la influencia del liberalismo moderno, los sentimientos anticlericales se han intensificado, aunque hay que notar que la hostilidad hacia el clero no indica necesariamente incredulidad. Aunque por lo general los partidos centristas e izquierdistas han cuestionado el papel de la religión en la política, los partidos *democristianos* han combinado la vocación política con la religiosa. Estos partidos, que se han formado bajo la influencia de las ideas renovadoras del Vaticano II, intentan superar la tradicional orientación conservadora de la Iglesia que para ellos no responde ni a las aspiraciones de la clase media ni a las necesidades del pueblo.

El Partido Demócrata Cristiano (PDC) de Chile emergió, después del largo período del régimen de Pinochet, como una fuerza del centro capaz de sustentar un nuevo gobierno postautoritario. Con la elección en 1990 de Patricio Aylwin, el PDC intentó ocupar ese espacio político del cual ni los socialistas ni los neoliberales fueron capaces de adueñarse. Los partidos democristianos también han tenido una influencia importante en Venezuela y en Guatemala. En El Salvador, el Partido Demócrata Cristiano, fundado en 1962, constituyó el primer partido democrático en la historia del país.

A pesar de que la gran mayoría de la población sigue identificándose como católica, todos los años miles de latinoamericanos abandonan el catolicismo por otras religiones. A mediados del siglo veinte, el 95 por ciento de los brasileños eran católicos. Hoy en día se calcula que sólo el 75 por ciento practica esta religión. A través del continente ha habido un despertar espiritual, pero mucha gente está cuestionando las doctrinas tradicionales y explorando nuevos cultos. En Guatemala, por ejemplo, el protestantismo evangélico atrae no sólo a fieles de la clase media sino también a campesinos e indios. En México los Adventistas y varias religiones de Pentecostés han podido llenar un hueco en las vidas de miles de indios y campesinos para quienes el catolicismo había perdido vigencia. Además, muchos negros e indios han vuelto a las religiones animistas de sus antepasados.

También hay que mencionar la existencia de comunidades judías en todas las capitales de Latinoamérica. En 1991 México tenía una población judía de 48.000; Brasil tenía una población judía de 150.000, y Argentina tenía una población judía de 250.000, la sexta más grande del mundo.

A pesar de estos factores, para la gran mayoría de los latinoamericanos, el catolicismo sigue siendo una fuerza central en su vida. Los norteamericanos que visitan Latinoamérica a menudo comentan sobre la relación informal que parece existir entre el individuo y la religión. Aunque en los Estados Unidos se suele ir a la iglesia sólo los domingos, en Latinoamérica se puede entrar en un santuario a cualquier momento de cualquier día de la semana y encontrar a gente rezando, prendiendo velas o esperando entrar en el confesionario. Aunque hay personas que se ponen su traje más elegante para ir a misa, otros van con su ropa de trabajo. Es común ver a empleadas con sus delantales, obreros con su overol y campesinos con su poncho en la iglesia.

Octavio Paz nota que a pesar de su desconfianza en las instituciones, el mexicano —y se puede decir lo mismo de otros latinoamericanos— abraza a la Iglesia porque no la ve como una organización remota e impersonal como, por ejemplo, el gobierno sino como una madre amantísima que le ofrece esperanza y protección. El catolicismo latinoamericano, con sus iglesias ornamentadas, sus gráficas representaciones de la pasión de Cristo y sus estatuas de santos y mártires, le da a la religión una cara concreta. La familiaridad del latinoamericano con los seres divinos a veces escandaliza a los norteamericanos. Aun las personas más devotas pueden parecer irreverentes. Abundan chistes y dichos acerca de Dios, la Sagrada Familia y los santos.

La religión penetra en la vida de muchos latinoamericanos que no se consideran particularmente piadosos. Muchos tienen nombres con significados religiosos tales como Jesús, Caridad, Inocencio, Concepción, Inmaculada o Esperanza. Un enorme número de personas se llaman María o José. Fiestas religiosas tales como la de la Concepción Inmaculada (el 8 de diciembre, día de las madres), primeras comuniones, confirmaciones, onomásticos, bodas y entierros son ocasiones sociales además de religiosas. Muchas personas participan en cofradías u otros grupos afiliados con la Iglesia, como, por ejemplo, las Damas de Caridad, conocidas por sus obras de filantropía. El idioma español está lleno de expresiones de significado religioso. *Adiós, válgame Dios, Dios mío, Dios Padre* y *Madre de Dios* son unos pocos ejemplos. Estos dichos no son considerados sacrílegos.

Sin embargo, la religión no restringe necesariamente la conducta de la gente. La anticoncepción y aun el aborto se practican en muchas partes de Latinoamérica, y como se vio en el capítulo 4, el divorcio

es legal en todos los países del mundo hispánico excepto en Chile. Además, como vimos en el capítulo 5, el machismo a menudo impele a los hombres a adoptar estilos de vida que son antitéticos a la doctrina católica. Al observador norteamericano le puede parecer incomprensible que un latinoamericano exprese su fervorosa devoción a la Virgen al mismo tiempo que mantiene una relación adúltera. Lo que hace posible la conciliación entre la actuación y la creencia es el concepto de que, aunque el ser humano es imperfecto y pecador, Dios es misericordioso.

LAS PRIMERAS ESCUELAS

El objetivo de las escuelas coloniales era el adoctrinamiento. En una sociedad que aceptaba la preparación del alma para recibir a Dios como la preocupación principal del ser humano, la educación necesariamente cumplía un fin religioso. El primer colegio de las Américas, San Francisco de México, fue fundado en 1523 por el franciscano Pedro de Gante, posiblemente el hermanastro bastardo de Carlos V. Los frailes que enseñaban en esta escuela no sólo aprendieron el idioma de sus alumnos mexicanos sino que también se familiarizaron con sus costumbres, juegos y artes a fin de convertirlos en instrumentos de instrucción religiosa. Tres o cuatro meses después de su establecimiento, San Francisco de México tenía unos 1.000 estudiantes.

Pronto otras escuelas fueron establecidas en México y luego en el Perú. Los franciscanos y los dominicos se destacaron inmediatamente en el campo de la educación, pero más tarde, durante la segunda mitad del siglo dieciséis, los jesuitas también comenzaron a fundar escuelas, educando principalmente a los hijos de la aristocracia. Algunos de estos educadores desempeñaron una labor ejemplar; no sólo enseñaron español, latín, doctrina, matemáticas y diferentes tipos de artesanía a los niños indígenas sino que también compilaron datos valiosos sobre las culturas originales de las Américas. Por ejemplo, la *Historia general de las cosas de Nueva España* de fray Bernardino de Sahagún es un estudio cuidadoso de los aztecas, que contiene la explicación indígena de su cultura en lengua náhuatl y escritura jeroglífica.

La primera universidad de las Américas fue fundada en 1538 en Santo Domingo, pero pronto México y el Perú se convirtieron en los nuevos centros culturales de las Américas, y se deterioró la academia dominicana. En 1553 la Universidad de México abrió sus puertas, y unos veinte años más tarde fue fundada la Universidad de San Marcos en Lima. Estas universidades seguían modelos europeos con su énfasis en la teología, la ley canónica, la literatura clásica y el latín. En la Universidad de San Marcos el estudio del quechua, el idioma de los incas, era un requisito para la graduación, y más tarde las lenguas indígenas fueron agregadas también al currículum de la Universidad de México.

 # LA EDUCACIÓN EN LATINOAMÉRICA
A FINES DEL SIGLO VEINTE

La orientación humanística de las primeras escuelas perdura hoy en casi todas partes de Latinoamérica. El gobierno central controla el sistema educativo, que incluye las universidades. La mayoría de las escuelas son del estado, aunque también hay muchas escuelas particulares patrocinadas por la Iglesia católica, gobiernos extranjeros u otras organizaciones.

Aunque la educación primaria es obligatoria en todos los países de Latinoamérica, el analfabetismo sigue siendo un problema. Más del 24 por ciento de la población de Latinoamérica es analfabeta. Claro que la tasa de analfabetismo varía de un país a otro. El país con la tasa más alta es Haití, de habla francesa, donde el 55 por ciento de la población no sabe leer ni escribir.[2] La Tabla 6.1 muestra las tasas de analfabetismo de cuatro países para el año 1995.

---

[2] James W. Wilkie and José Guadalupe Ortega, eds., *Statistical Abstract of Latin America* (Los Angeles: UCLA Latin American Center Publications, 1997), 188–90.

Tabla 6.1   El analfabetismo en cuatro países de Latinoamérica

País	% de la población	Hombres	Mujeres
Guatemala	44,5	37,5	51,4
El Salvador	28,4	26,5	30,2
Nicaragua	34,0	34,5	33,4
Bolivia	16,8	9,5	24,0

Estas estadísticas encubren ciertas discrepancias, por ejemplo, la diferencia entre las poblaciones urbanas y rurales. Si comparamos estos dos grupos en Bolivia, vemos que el 36,1 por ciento de la población rural es analfabeta, mientras que sólo el 8,9 por ciento de la población urbana lo es. Además, hay una diferencia significativa entre las tasas de analfabetismo de hombres y mujeres. En el campo, el 23 por ciento de los hombres y el 49,4 por ciento de las mujeres no saben leer y escribir. En la ciudad, sólo el 3,7 por ciento de los hombres son analfabetos, mientras que el 13,5 de las mujeres lo son.

En contraste, en los países del Cono Sur, el analfabetismo es casi inexistente según las estadísticas que se muestran en la Tabla 6.2. Además, en estos países la diferencia entre la tasa de analfabetismo en el campo y en la ciudad es mínima.

Aunque el problema del atraso educativo persiste, la situación ha mejorado. Por ejemplo, México tenía una tasa de analfabetismo del 25,8 por ciento en 1970, mientras que la cifra actual es del 10,4 por ciento. Esta misma tendencia se ve en todos los países de Latinoamérica. En cuanto a la alfabetización del pueblo, la Revolución cubana ha sido un éxito rotundo. Hoy en día sólo el 4,3 por ciento de los cubanos no saben leer y escribir; Cuba tiene una de las tasas de analfabetismo más bajas de las Américas.

Una de las razones por las cuales ha sido difícil combatir el analfabetismo en Latinoamérica es la escasez de maestros. En las zonas rurales, a veces los profesores mismos sólo han recibido una educación

Tabla 6.2   El analfabetismo en el Cono Sur

País	% de la población	Hombres	Mujeres
Uruguay	2,7	3,1	2,3
Argentina	3,8	3,8	3,8
Chile	4,8	4,6	5,0

Source: The *Statistical Abstract of Latin America*.

primaria. Pocos profesores desean trabajar en zonas remotas donde se hablan idiomas indígenas en vez del castellano y la población siente hostilidad hacia la autoridad central representada por el profesor. Además, los niños pobres a menudo se ven obligados a comenzar a trabajar muy pequeños para ayudar a mantener a su familia. En países donde no hay una tradición de movilidad social, los padres a veces no ven la ventaja de mandar a sus hijos a la escuela. «Mi hijo va a ser labrador como yo», dice un campesino peruano que resiste los esfuerzos del gobierno a obligarlo a enviar a su hijo al colegio. «Puede aprender a sembrar y a cosechar a mi lado. ¿Para qué necesita ir a la escuela?» En la ciudad también la gente pobre a veces rechaza las oportunidades educativas. Por el otro lado, hay personas que hacen grandes sacrificios para enviar a sus hijos a la escuela. Hoy en día los sistemas educativos de casi todos los países de Latinoamérica ofrecen cursos especiales en mecánica, carpintería y otras ocupaciones manuales para estudiantes que no piensan hacer estudios secundarios.

El sistema universitario latinoamericano es bastante diferente del norteamericano. La mayoría de las universidades de Latinoamérica fueron fundadas por órdenes religiosas. Al independizarse de España, las nuevas repúblicas necesitaban líderes preparados para dirigir el gobierno y entrar en las profesiones. Hoy en día las universidades latinoamericanas todavía ven el entrenamiento profesional como su meta primaria. Suelen estar divididas en *facultades* —divisiones especializadas que preparan a un estudiante a entrar en un campo particular. Al ingresar en la universidad, el estudiante se matricula en una de estas facultades —Derecho, Arquitectura, Medicina, Ingeniería, Humanidades, etc.— y estudia sólo aquellas materias que su facultad requiere. Al final del año, se presenta al examen designado por su facultad cuyo contenido puede no corresponder exactamente a los cursos que ha tomado. Aunque la situación está cambiando en algunas partes, por lo general, el concepto de «cursos electivos» no existe. La función de la universidad no es darle al estudiante una educación general, ya que recibe una amplia base humanística en el colegio, donde estudia lenguas modernas y antiguas, matemáticas, ciencias, religión, filosofía y literatura.

A diferencia de en los Estados Unidos, en Latinoamérica pocos profesores se dedican exclusivamente a la enseñanza. Muchos son profesionales distinguidos que dictan uno o dos cursos al año en la universidad. Por ejemplo, un arquitecto con su propio taller daría un curso de diseño, o un cardiólogo famoso daría un curso sobre enfermedades del corazón. Como los profesores tienen obligaciones fuera de la universidad, pasan poco tiempo fuera del aula con sus estudiantes, quienes se reúnen regularmente con un *ayudante* que les ayuda con las tareas y contesta sus preguntas.

Hoy en día la universidad está ampliando sus horizontes. Además de entrenar a profesionales, fomenta la investigación científica y suministra servicios al público o al gobierno. Se han agregado nuevos campos de estudio tales como Comunicaciones, Computación,[3] Ciencias Domésticas[4] y Planificación Urbana. Antiguamente, la mayoría de los estudiantes hacían la carrera de derecho, que era considerada elegante y preparaba al joven para una variedad de profesiones (abogado, político, hombre de letras). Hoy en día, a causa de la escasez de médicos, científicos, ingenieros y expertos en la computación que existe en muchos países, muchas universidades están animando a sus estudiantes a seguir esas carreras. Otro

---

[3] *Computer Science*

[4] *Home Economics*

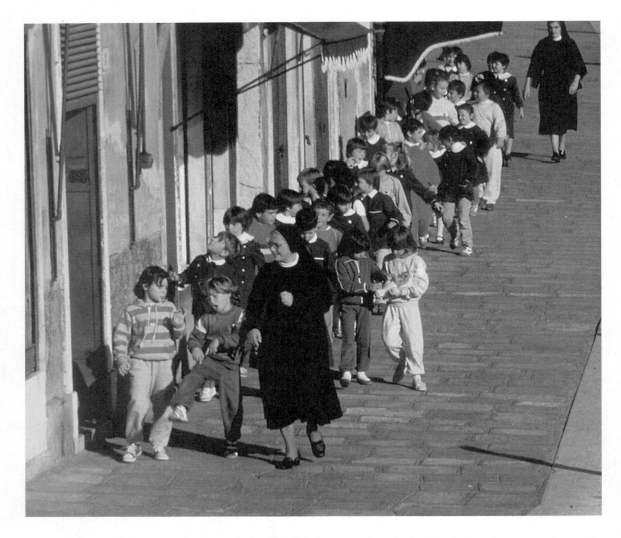

cambio notable es la creciente secularización del sistema universitario. Desde los años sesenta la matriculación en las universidades católicas disminuye, mientras que la de las universidades seculares crece.

Hasta hace muy poco el estudiantado universitario fue limitado a la élite social, pero actualmente se está haciendo un esfuerzo por matricular a un mayor número de personas de las clases humildes. A diferencia de las universidades norteamericanas, las latinoamericanas son normalmente financiadas por el estado y, por lo tanto, son bastante baratas o, en muchos casos, completamente gratis. Aun así, los jóvenes pobres a menudo no están dispuestos a estudiar porque necesitan trabajar o porque no ven las ventajas prácticas e inmediatas de un grado universitario. Hasta hace relativamente poco fue insólito que una persona estudiara y trabajara al mismo tiempo.

Durante la segunda mitad del siglo veinte, la situación empezó a cambiar. Varios gobiernos establecieron universidades en zonas rurales para que el campesino pudiera estudiar sin desplazarse o crearon programas especiales en las barriadas para atraer a jóvenes de las clases más humildes. Mientras que tradicionalmente el estudiante tenía que terminar el *bachillerato,* una carrera de estudios a nivel secundario que lo preparaba para la universidad, algunas universidades han adoptado un sistema de «admisión abierta» que permite que cualquier persona pueda asistir a clases. Gracias a estas modificaciones, entre 1960 y 2000 se vio un aumento dramático en el número de estudiantes universitarios de todas las clases sociales.

Otro cambio importante es la feminización del estudiantado. En 1993, en El Salvador, de 77.359 estudiantes universitarios, 39.545, o el 51 por ciento, eran mujeres. En Colombia, de 430.399 estudiantes, 215.374, o el 50 por ciento, eran mujeres. En Cuba, de 198.747 estudiantes, 114.584, o el 58 por ciento, eran mujeres. Hoy en día las mujeres entran en todas las profesiones: medicina, ingeniería, agronomía y arquitectura. De hecho, el porcentaje de mujeres en ciertas profesiones es más grande en Latinoamérica que en los Estados Unidos.

El aumento en el número de estudiantes ha creado ciertos problemas. La demanda por más educación universitaria comenzó en los años sesenta, cuando muchos países no estaban en una posición financiera para agrandar su sistema. Aún hoy día algunos países sufren de una escasez de aulas; por consiguiente, no hay espacio en las universidades para todos los jóvenes calificados que quieren continuar su educación.

El estudiante latinoamericano hace mucho más que estudiar. Por lo general, la asistencia a clase no es obligatoria, y los estudiantes no se ponen a repasar las materias hasta el final del año, antes de los exámenes. En vez de ir a clase, pasan horas en el *bar estudiantil*[5] conversando de política, deportes o actividades sociales. La política es un tema especialmente importante. El estudiante universitario está consciente de ser un futuro líder de su país, y suele apasionarse por todo lo que tenga que ver con la ideología. Muchos movimientos políticos se han originado en los bares y cafés estudiantiles. A menudo las pasiones conducen a la acción; no es poco común que se suspendan las clases por huelgas o protestas. Las constituciones de casi todos los países de Latinoamérica garantizan la autonomía de la universidad, lo cual ha permitido la radicalización del profesorado y del estudiantado.

En los Estados Unidos, el ingreso en la universidad usualmente marca el momento en que el estudiante deja el hogar paterno. En cambio, el latinoamericano suele asistir a una universidad en su misma ciudad y vivir en casa mientras estudia. El *colegio mayor* o *residencia estudiantil* existe en pocas universidades latinoamericanas. Si una persona se traslada a otro lugar para estudiar, suele vivir con un pariente o en una pensión estudiantil. Rara vez un muchacho —y menos una muchacha— toma su propio departamento. Sin embargo, a causa del influjo de estudiantes que llegan a las ciudades grandes de las provincias desde los años sesenta, algunas universidades están construyendo viviendas.

El deseo de las naciones hispanoamericanas de integrarse al mercado internacional y de crear una sociedad más justa y democrática ha impulsado cambios importantes en sus sistemas educativos a todos los niveles. El mundo hispánico ya se ha destacado por sus contribuciones a la literatura y al arte, pero

---

[5] *student restaurant*

para tomar su lugar en la familia de naciones, tendrá que producir también médicos, científicos, expertos en la computación e ingenieros. Unas pocas universidades latinoamericanas —notablemente la de Buenos Aires y la Autónoma de México— han hecho grandes adelantos en el campo de la investigación médica, pero por lo general, los centros de enseñanza de las repúblicas del sur no se han distinguido en las ciencias. A estos países les conviene buscar el talento y energía que su desarrollo requiere en todos los sectores de la sociedad. Por lo tanto, la democratización de Latinoamérica representa un desafío para las escuelas y universidades del futuro.

Repaso

I. Conteste las siguientes preguntas.

La religión en la época colonial

1. ¿Por qué creían los militares de la época de la Conquista que la propagación de la fe era un fin legítimo de la guerra?

2. ¿Por qué pensaban algunos teólogos que la conversión del indio no era un objetivo loable? ¿Cómo puso fin el Papa Paulo III al debate?

3. ¿Cómo apoyaba la Corona española a la Iglesia americana?

4. ¿Fue la Inquisición tan violenta en las Américas como en Europa? Explique.

5. ¿Cuál fue la función de las misiones? ¿Cómo influyó en la fundación de las misiones la *Utopía* de Tomás Moro?

6. ¿Cómo protegían las reducciones a los indios? ¿Qué pasó con las reducciones después de la partida de los sacerdotes? ¿Por qué?

7. ¿Cómo llegaron las primeras españolas a las colonias americanas? ¿Por qué preferían muchas mujeres ingresar en un convento en vez de casarse?

8. ¿En qué sentido tenían las mujeres más libertad en el convento que en casa? ¿Eran monjas todas las que vivían en conventos? ¿Qué privilegios tenían las mujeres nobles que ingresaban en el convento?

9. ¿Cómo cambió la Iglesia americana a fines del siglo dieciséis?

10. ¿Cómo debilitó la Independencia a la Iglesia?

La Iglesia de hoy

1. ¿Son católicos la mayoría de los habitantes de Latinoamérica hoy día? ¿Van todos a misa? Explique.

2. ¿Por qué fue la Iglesia el blanco de los movimientos proletarios de principios del siglo veinte?

3. ¿Qué cambios inició el Concilio Vaticano II? ¿Qué efectos tuvieron en Latinoamérica?

4. ¿Qué es la teología de la liberación? ¿A qué conflictos condujo en Nicaragua?

5. ¿Cómo ha afectado la democratización de Latinoamérica el papel de la Iglesia?

6. Además del catolicismo, ¿qué otras religiones se practican en Latinoamérica?

7. ¿En qué sentido es la relación entre el individuo y la religión más informal en Latinoamérica que en los Estados Unidos? Dada la desconfianza que tienen muchos latinoamericanos de las instituciones, ¿cómo se explica su devoción a la Iglesia?

8. ¿Cómo penetra la religión en la vida diaria? ¿Cómo se explica la contradicción entre las creencias y la conducta de la gente?

Las primeras escuelas

1. ¿Cuál fue el objetivo de las primeras escuelas coloniales?

2. Describa las actividades de algunos de los primeros educadores. ¿Quién fue fray Bernardino de Sahagún?

3. ¿Cómo fueron las primeras universidades?

La educación en Latinoamérica a fines del siglo veinte

1. ¿Sigue siendo el analfabetismo un problema en Latinoamérica? Explique. ¿Qué adelantos se han hecho?

2. ¿Por qué ha sido difícil combatir el analfabetismo?

3. ¿Cuál es la meta principal de la universidad latinoamericana? ¿Cómo está organizada? ¿Qué diferencias hay entre la universidad latinoamericana y la norteamericana?

4. ¿Qué cambios en el estudiantado universitario ha habido durante las últimas décadas del siglo veinte? ¿Asisten las mujeres a la universidad en Latinoamérica?

5. ¿Qué problema ha traído el aumento en el número de estudiantes?

6. Además de estudiar, ¿a qué otras actividades se dedica el estudiante?

7. Por lo general, ¿dónde viven los estudiantes?

8. ¿A qué desafíos tendrán que enfrentarse las escuelas y universidades del futuro?

II. Explique el significado de los siguientes términos.

1. Inquisición

2. misión

3. reducción

4. mameluco

5. clérigo secular

6. Vaticano II

7. teología de la liberación

8. sandinistas

9. partidos democristianos

10. *Historia general de las cosas de Nueva España*

11. analfabetismo

12. facultad

13. bachillerato

III. Temas para la conversación y la composición

1. La conversión forzada de los indios durante la Conquista: ¿es justificable o no?

2. La Iglesia como una fuerza del bien/del mal durante el período colonial

3. Las diferencias entre la colonización de la América del Norte y la América Latina con respecto a la religión

4. Las contribuciones de los misioneros

5. La función y papel de los conventos: ¿es preferible el matrimonio o la vida religiosa para una mujer colonial?

6. Las influencias indígenas y africanas en el catolicismo de Latinoamérica (véase el capítulo 3)

7. La Iglesia como instrumento de cambio social in Latinoamérica

OTRAS VOCES

Dios, que está en tantas partes

Jaime Collyer

Nacido en Santiago de Chile en 1955, Jaime Collyer se ha destacado como uno de los escritores más prometedores de su generación. En 1989 publicó su primera novela, *El infiltrado.* Su primera colección de cuentos, *Gente al acecho,* publicada en 1992, fue un éxito inmediato y le valió el Premio del Consejo Nacional del Libro. Su segunda novela, *Cien pájaros volando,* apareció en 1995 en Chile y en España, donde la revista *Clarín* la nombró la mejor novela del año.

«Dios, que está en tantas partes» es de la colección *La bestia en casa,* publicada en 1998. En este cuento Collyer crea una imagen de Dios que, a pesar del ambiente contemporáneo urbano, no se aleja tanto de la tradicional y católica. Se trata de un Dios que tiene una cara humana, que vive entre la gente y que siempre está allí cuando uno lo necesita. No interviene en la vida del individuo con soluciones mágicas a sus problemas, pero es una fuente inagotable de esperanza y de amor.

Hay un segundo, el que sigue a la muerte de alguien, en que su rostro parece más bello / cuando los párpados tenues, fatigados, acaban de cerrarse y el dolor

cede al fin... Recuerdo con desoladora precisión estos versos de Chandler,[6] incluidos en una biografía suya que leí —extrañamente— por los días en que
5 murió Sofía, durante esa primavera sangrante, tan irrefutable. Era un libro por lo demás espléndido, que hablaba de un Chandler distinto al que había deslumbrado, años antes, a sus lectores y la crítica especializada. La historia de un hombre resquebrajado por la pérdida de su joven esposa: un individuo vulnerable y vulnerado,[7] al que sólo le quedaba redactar esos versos recónditos[8] y dolerse
10 calladamente por las críticas desfavorables a sus últimos libros, o por la deserción tan prematura de su cónyuge. Por la desazón que lo cercaba,[9] sin darle tregua.[10]

Mi propia vida se asomaba, por aquellos días, a circunstancias parecidas a las del buen Chandler, luego de la hospitalización urgente de Sofía a raíz de[11]
15 una inflamación súbita del páncreas que la hizo derivar sin dilación a la unidad de tratamiento intensivo,[12] donde acabó replegándose[13] a una esfera de silencio y de quietud en la que nada consiguió ya turbarla, de la que nada pudo ya sustraerla. Yo me limité a sollozar con discreción junto a su lecho cuando nadie estaba mirándome, sabiendo que era el fin. En las tres semanas por venir, la vi
20 languidecer de hecho, progresivamente, en su inmovilidad desatenta, conmigo pendiente del parpadeo lastimoso en la maquinaria adyacente, donde estaban graficadas sus constantes[14] vitales, cada día más constantes, cada día menos vitales. Murió a fines de octubre sin haber recobrado la conciencia, corroborando las previsiones médicas que le habían concedido esas tres semanas
25 escasas. En ese punto, me abandoné por última vez a la desesperación, y a un afán repentino de aplastar la maquinaria anexa o el dispositivo que habían montado a su alrededor, sólo para dejarla allí agonizando, sin mover un dedo. Hasta creo que insulté —gratuitamente,[15] claro— al médico de turno[16] durante un minuto largo, pero nada de eso consiguió ya revivirla. Luego, algo[17] más cal-
30 mado y bajo el efecto de un sedante, la contemplé a solas, largo rato, y hubo de

---

[6] Raymond Thorton Chandler (1888–1959), autor norteamericano de novelas de detectives y de cuentos
[7] *wounded*
[8] profundos, oscuros
[9] **la...** *the unhappiness that surrounded him*
[10] *truce, break*
[11] **a...** por causa de
[12] **derivar...** *proceed right to the intensive care unit*
[13] huyendo
[14] *signs*
[15] arbitrariamente
[16] **de...** *on duty*
[17] un poco

veras un segundo espléndido en que su rostro fue más bello, el rostro más hermoso que había visto dibujarse nunca en sus facciones, pero el dolor seguía ahí, no había concluido, y era hora para mí de volver solo a mi casa, para rehacer un esquema de hábitos fijos en que ya no habría las visitas diarias al hospital,
35 ni siquiera eso. Únicamente el dolor emboscado[18] en cada rincón. El dolor que irrumpía con ensañamiento[19] en las horas ociosas.

Conocí a Jorquera por esos días, luego[20] del funeral, donde estuvieron los amigos y familiares para brindarme sus condolencias, con esa habitual de alivio y estudiado pesar que suelen provocar las tragedias ajenas. El auténtico pesar
40 queda, para todos nosotros, entre bastidores.[21] Para cuando estemos de nuevo a solas y únicamente nos quede Dios en el anfiteatro vacío, inmutable en la primera fila, sin resolverse a aplaudir o a reírse a costa nuestra.

Regresé del funeral a mi casa y dormí ininterrumpidamente los dos, los tres días posteriores al entierro. Cada tanto[22] volvía en mí, intentando determi-
45 nar la hora, el momento preciso de la jornada, y me dormía otra vez. Al cuarto día me levanté y fui al cuarto de baño a echarme una ojeada. Quedé ciertamente impresionado: era la imagen misma de la desolación, con la barba recién aflorada[23] y los ojos tumefactos,[24] como los de un boxeador arrasado por su rival en unos cuantos *rounds*. Estaba pálido y ojeroso, más demacrado incluso[25] que
50 el día del entierro. En ese instante llamaron a la puerta.

Lo conocí, pues, en el umbral.[26] Me dijo de entrada su nombre, y su apellido. Un apellido habitual, nada llamativo.

—¿Cómo está? —dijo ansiosamente y me estrechó la mano—. Yo soy Jorquera, Raúl Jorquera. Tanto gusto.
55 Sobrepasó el umbral sin esperar a que lo invitara.

—Usted es Montoya, el escritor, ¿no? —dijo, echando una ojeada desdeñosa al living[27] y el caos reinante.

Olía a algún perfume barato y empalagoso[28] que se difundió en seguida por todo el vestíbulo.

---

[18] *crouching, waiting*
[19] rabia, furia
[20] después
[21] **entre...** *hidden, offstage*
[22] **Cada...** *Every once in a while*
[23] *beginning to show*
[24] inflamados
[25] **más...** *in worse shape even*
[26] la entrada
[27] sala (chilenismo)
[28] repugnante

60   Me demoré unos segundos en responder. No porque tuviera alguna duda respecto a mi nombre; más bien, porque no me parecía aconsejable confirmárselo sin haber averiguado antes qué hacía allí y qué quería exactamente.

—¿Cómo entró aquí? —pregunté para ganar tiempo.

—¿Al edificio? Estaba abierto. ¿Es Montoya el escritor, sí o no?

65   —Sí, claro.

—Tiene mal aspecto, Montoya, está demacrado —acotó[29] con franqueza. Y luego, sin solución de continuidad—: Leí su último libro, por eso he venido. Es muy bueno, muy original. ¡Magnífico libro! Es usted muy versátil, maneja bien la ironía y se compadece a tiempo de sus personajes. Es irónico y piadoso,

70   todo a la vez. La fórmula adecuada, según el viejo Hemingway. . . *Ah, dales ironía y dales compasión. Sólo una pizca de ironía y otro poco de compasión. . .* ¿Lo recuerda? ¿Se acuerda de eso?

—Vagamente —dije, hurgando[30] con esfuerzo entre mis lecturas iniciáticas. —¿*Fiesta?*[31]

75   —¡Justo! Tiene buena memoria, además.

Me sentí a un tiempo halagado[32] y perplejo, buscando, igual, una buena razón para ponerlo de vuelta en las escaleras. Pero a la vez intrigado, deseoso de oír más.

—¿Quiere algo de beber? —pregunté—. ¿Un café? ¿Una cerveza?

80   —Una cerveza, por qué no. Es que vine caminando y a pleno sol. ¡Me estoy muriendo de sed!

Le indiqué con un gesto el sillón y fui a la cocina.

—¿Se vino caminando a pleno sol —indagué desde allí— únicamente para decirme que le gustó mi libro?

85   Destapé dos cervezas y volví junto a él, que estaba ahora abanicándose con una revista.

—No es que me quedara encandilado,[33] precisamente —explicó—, pero me pareció muy bien escrito, Montoya. Me gusta eso: un hombre en su situación, que ha sufrido y acaba de enviudar. Pero se dio maña,[34] antes, para concluir esas

90   páginas y publicarlas y hasta ha conseguido un par de buenas críticas por ahí, en los diarios. . . ¡No es poco decir! La gente es tan difícil de complacer, ya sabe. Usted lo sabrá mejor que nadie.

---

[29] notó

[30] *poking, rummaging*

[31] Una novela de Hemingway escrita en 1926

[32] *flattered*

[33] tan impresionado, maravillado

[34] **se…** *you forged ahead*

Bebió un trago largo directamente del gollete,[35] desdeñando el vaso que había puesto a su alcance. Yo me abandoné en el sillón más próximo. Era un
95   individuo muy mayor;[36] debía estar ya en los setenta, a juzgar por la pigmentación deslavada[37] de las manos y la frente poblada de arrugas. Alto y desgarbado,[38] de mirada penetrante, a ratos algo desquiciada.[39] Llevaba una camisa tornasolada,[40] o violeta, un pantalón de lino blanco y zapatos de charol. Había en su apariencia una cualidad circense[41] y desaforada, fuera de lugar. Segundos
100   después, viéndolo sudar copiosamente y medio enterrado en el sillón, comprobé lo más llamativo de todo: su cabello, firme y muy negro, no era en un sentido estricto su cabello. El sudor le resbalaba ahora por las sienes, proveniente de la región oculta bajo el cabello, evidenciando de pronto el bisoñé,[42] la cabellera artificiosa, tan parecida a la de un maniquí. Eso acabó de volverlo repentina-
105   mente grotesco: un individuo de camisa tornasolada, con zapatos de charol y peluquín, que ahora escrutaba de reojo y con desconfianza mis habitaciones, el entorno polvoriento, los libros que nadie consultaba desde hacía tiempo en el anaquel,[43] un cenicero desbordante de colillas y tazas olvidadas en cualquier rincón.
110   —Esto está muy descuidado, Montoya, no puede ser —dijo—. Tiene que levantar cabeza,[44] hombre. Un individuo lúcido como usted, capaz de sobreponerse[45] al dolor...

—¿Cómo lo sabe? —dije—. ¿Quién le ha dicho que soy capaz?

—Me basta con haber leído sus historias. Es un hombre muy capaz...
115   ¡Qué calor hace aquí! ¿No tiene aire acondicionado?

Negué con la cabeza y lo vi sorber nuevamente del gollete, un trago largo. Pensé, quién sabe por qué, en las cosas no resueltas y en las irrevocables; en alguna expresión triste de Sofía allí en la sala, al oír mis quejas, y en sus propias quejas desatendidas.[46] Pensé en los hijos que no tuvimos y en los que
120   hubiéramos tenido de no mediar[47] tantas vacilaciones, tantos desacuerdos, tantas

---

[35] boca de la botella

[36] viejo

[37] *washed out*

[38] grotesco, absurdo

[39] *confused, out of it*

[40] iridiscente

[41] *circuslike*

[42] peluca

[43] estante

[44] **levantar...** ser fuerte, seguir adelante

[45] *overcome*

[46] a las cuales nadie les prestó atención

[47] *get in the way*

aprensiones de más.[48] Pensé en lo que no tiene remedio y en las fórmulas ocultas del perdón, y en el perdón mismo, que nunca llega a tiempo.

—Seré breve, Montoya —dijo él, irguiéndose contra el respaldo—. Usted necesita ayuda, como cualquiera de su gremio.[49] Es un trance difícil para usted,
125 más de lo habitual. Es un artista, uno de esos tipos sensibles. Ser millonario no cuesta, ni es tan difícil: se compra usted una lechuga en cuatro pesos y la vende en seis. Y se guarda la diferencia, eso es todo. Usted es, en cambio, de los que ponen la música.[50] Alguien tiene que hacerlo, lo de poner la música, y le tocó a usted, mala pata.[51] Pero es también un honor, nunca se olvide de eso. La pobre
130 gente habitual, los demás infelices, cumplen todos su papel, el que sea, en la gran cadena de montaje: van a su trabajo todos los días, se quejan cuando es posible, sufren de estreñimiento,[52] cobran su sueldo, hacen la compra semanal, se endeudan y maldicen, se desgastan, envejecen y mueren. ¡Y nadie se acuerda nuevamente de ellos, Montoya! A veces son felices, unos pocos de entre ellos,
135 en algunos casos contados. Los más, se conforman con un simulacro[53] de felicidad —se paró a beber una vez más del gollete—. Pero su caso es distinto: usted es una de esas almas quebradizas que juegan a emular a Dios y se inventan una vida distinta, un propósito trascendente. Y les ponen la música a los demás. . . ¿Sí o no?
140 Asentí boquiabierto.

—Pero está en problemas —prosiguió—. Se ha quedado solo a una edad inconveniente y no tiene ganas de retomar su labor, ¿no es cierto?

Asentí nuevamente.

—Bien. Usted no me conoce, Montoya, ni tiene por qué escucharme, pero
145 he venido aquí a ayudarlo y tenderle una mano. Tiene que arreglar su situación, ordenar la casa y recobrar la confianza. Y viajar, salir de viaje, ¡recorrer mundo! Viajar le hará bien, créame. Yo puedo ayudarlo, hacer los contactos necesarios.

Empecé a temer lo peor: que irrumpiera con algún catálogo de líneas aéreas y pasajes rebajados por la temporada. Me costaba entender lo que estaba
150 ocurriendo, su referencia a Hemingway, sus elogiosas impresiones de mi libro y ahora esto: una propuesta de nuevos destinos geográficos, con miras a mi recuperación.

—¿A qué se refiere exactamente? ¿Viajar adónde?

---

[48] innecesarias

[49] profesión

[50] Es decir, la emoción, la sensibilidad. Esta expresión se refiere al artista, que enriquece la vida de los demás.

[51] **mala...** *tough luck*

[52] *constipation*

[53] ilusión

—Tengo buenos contactos en Roma y en la Universidad de Boloña. Puedo
155 conseguirle alguna invitación, algo oficial, para que pase allí una temporada y
escriba. ¡Y se alegre un poco, hombre, si es muy simple! Tengo amigos ban-
queros —añadió en tono de complicidad—. Tienen fondos disponibles para los
que ponen la música.

Hubo una pausa, que no supe cómo llenar.

160 Él se quedó viéndome con su expresión delirante y una sonrisa gélida.

—Ésa es la cosa —concluyó por su cuenta y se levantó, ajustándose con
un toquecito leve de los dedos el bisoñé—. Ahora me voy, pero volveré. Tendrá
noticias mías en breve, cuando le tenga algo concreto. Le dejo mi teléfono.

Del bolsillo trasero extrajo una tarjeta en la que venía impreso su nom-
165 bre, y en el borde inferior un número telefónico.

—Llámeme cuando lo crea necesario. Soy, desde ya, su amigo, Montoya,
un amigo desinteresado.[54] Digamos que soy su mecenas[55] —precisó, y se dirigió
a la puerta—. Tenía que pasarle alguna vez, ¡a todos les pasa! Ahora cierre la
boca y dése una ducha, ordene un poco la casa y trate de no pensar en su esposa.
170 ¡Piense en Roma y en la Universidad de Boloña, será lo mejor! Cerró la puerta
de golpe tras de sí y desapareció. En el vestíbulo persistió su estela[56] fragante,
ese aroma dulzón que lo envolvía y que demoró algunos segundos en disiparse.
En rigor, lo mismo que me demoré yo en salir de mi asombro y en cerrar finalmente la boca. Luego intenté poner un poco de orden en la sala.

175   * * *

La próxima visita no fue menos sorprendente que esa irrupción inicial. Dos días
después reapareció a eso del mediodía, cuando me disponía a almorzar.

—¿Cómo está, Montoya? —preguntó en el umbral y husmeó el interior
del departamento—. ¡Está cocinando de nuevo, buen indicio! Quiere decir que
180 las cosas mejoran.

Nuevamente entró sin que yo se lo propusiera, yendo a instalarse de nuevo
en el sillón. Todo en un solo movimiento, sorprendente y certero, cuando
menos[57] para un individuo de su edad. Yo cerré la puerta a sus espaldas,
sobrepasado de nuevo por sus ímpetus.

185 —Por mí no se preocupe, no tengo hambre —me tranquilizó—. Sírvase
usted sin culpa, yo lo miraré comer.

Al cabo de unos segundos, volví de la cocina con un plato humeante de
salchichas y una *omelette*. No pude menos que ofrecerle la mitad.

---

[54] altruista

[55] *sponsor* (for an artist)

[56] *trail*

[57] **cuando…** especialmente, por lo menos

—Si no es molestia… —dijo, sin perder de vista la oferta.

190   —Ninguna molestia —mentí, y fui a la cocina en busca de otro plato.

Comimos los dos en absoluto silencio, ensimismados. Por momentos, todo cuanto se oía en la penumbra del comedor era el accionar triste de nuestras respectivas mandíbulas. Cuando hubo concluido su parte, extrajo una pitillera[58] dorada.

195   —¿Le importa si fumo? —me preguntó.

—Para nada.

Encendió un cigarrillo y arrojó sin mucha consideración el humo a mi alrededor. Llevaba el bisoñé caído nuevamente hacia un costado.

—He hecho algunas averiguaciones —me explicó—. Y algunos contac-
200   tos, ¡buenos contactos!

—¿En la Universidad de Boloña?

—Eso es, y con mis amigos del banco. ¡Me parece que no habrá proble-
mas, Montoya! Esa gente no sabe qué hacer con la plata, créame. Les hablaré en detalle de su caso y ya verá como le consigo algo.

205   —¿Algo como qué?

—¡Lo que sea, hombre! Si es todo cuestión de mover los hilos ade-
cuados.

—¿Y usted sabe cuáles son?

—Yo sé cuáles son. O, mejor dicho, soy el que mueve algunos de esos
210   hilos… ¿No tiene un agua de hierbas[59]?

En esencia, fue más o menos lo mismo que en su visita precedente: tras beberse el agua de hierbas, se levantó de la silla, acomodándose en forma refleja el peluquín, me tendió la mano, me deseó buena suerte y se marchó. Y lo mismo en cada nueva ocasión en que apareció. El lunes próximo lo hizo al atardecer;
215   el jueves al mediodía, siempre hablándome de sus contactos («¡buenos contac-
tos!») en la Universidad de Boloña o donde fuera, y del abanico espléndido de posibilidades que se me abriría en breve,[60] con su ayuda. A veces traía caído el bisoñé hacia un costado; otras parecía incluso su cabello natural, cuando no llegaba sudando por efecto de las altas temperaturas. Decía no estar habituado a
220   subir «tantísimas escaleras».

No me sorprendían tanto sus promesas grandiosas como mi actitud devota. Me había sumido, desde un principio, en una suerte de idiotez deli-
berada, esforzándome por no interferir con su entusiasmo y encontrarle el lado provechoso, evitando defraudarlo. Ello a pesar de que sus ofertas no parecían

---

[58] cigarrera, estuche para cigarrillos

[59] **agua…** *herbal tea*

[60] **y…** *and the great spectrum of possibilities that would soon open up for me*

225 en vías de concretarse entre una visita y la siguiente. Tan sólo variaba el destino geográfico sugerido: unas veces era la Universidad de Boloña, otras Lovaina o un cursillo en Iowa. También variaba el monto de la ayuda financiera que iba a conseguirme, cada vez más abultado.

Un día lo supe, no sé bien cómo. Comprendí al fin de qué se trataba y
230 quién era.

No fue una revelación. Una revelación implica —ahora lo sé— un grado previo de convencimiento en quien la sufre: es como un velo tenue que un día se descorre al fondo de la mente, dejando en evidencia lo que ya estaba al trasluz; es una verdad en penumbras, irrefutable, que espera su hora para re-
235 velársenos. Lo mío fue incluso mejor: no hubo penumbra ni velos, tan sólo el último paso, la repentina certidumbre de algo insospechado en mi puerta. Algo que no tenía nombre —aunque sí lo tenía, un nombre habitual, como Jorquera—, cuya denominación auténtica era otra, más vasta y, de tan vasta, impronunciable. Era algo que persistía más allá de sus visitas ocasionales y su
240 comportamiento desconcertante; algo inabarcable, omnipresente y a un tiempo fugaz.

Ese hombre era Dios. Tocado con un peluquín barato y con zapatos de charol, el enormísimo Dios acababa de llamar a mi puerta, para brindarme Sus contactos. Tuve que sentarme un rato, a digerir la idea.
245   * * *

Difícilmente podría explicarlo. Ninguna entrevisión del éxtasis cabe en razones,[61] quizás porque la razón es fragmentaria, y Dios, en cambio, lo es todo: un macetero vacío o una cumbre inaccesible; la tabla del nueve[62] o la Relatividad; una mujer viendo ponerse el sol en El Cairo o el anhelo desespe-
250 rado de no ser más; otra que da a luz en Alabama y la esperanza recobrada de súbito. La convicción que acababa de hacer presa de mí fue la prueba necesaria y suficiente de su condición divina. ¿Por qué no podía ser que me hubiera elegido esta vez a mí, aunque fuera por unos días? ¿Y por qué había de ser un anciano de barba y expresión severa, siempre en mitad del cielo? ¿Por qué no mejor ese
255 Dios bastante más pedestre, más habitual, que ahora venía a instalarse cada tanto en mi sillón?

Para cuando me hube respondido —a medias— ésa y otras interrogantes, era de nuevo el lunes y Él reapareció al mediodía. Yo había cocinado un arroz a la valenciana, como anticipándome a su visita. Aceptó gustoso mi invitación
260 a almorzar, pero antes pasó al baño. Luego oí que tiraba la cadena.[63] Pensé en

---

[61] **Ninguna...** *No glimpse of ecstasy fits into words*
[62] **tabla...** *the "nines"* (multiplication tables)
[63] **tiraba...** *he was flushing the toilet.*

lo inhabitual del caso. Uno no se imagina, en la niñez, que Dios haya de tirar jamás la cadena en ningún baño.

Casi no hablé aquella vez, cuando menos al principio. Él elogió con inusitada[64] pasión mi almuerzo y se acabó el plato mucho antes que yo, en sólo unos
265 minutos. Yo lo miré comer de reojo, inhibido. Luego, a la hora del postre y el agua de hierbas, recobré algo de mi antigua prestancia[65] y le formulé el primer gran reproche:

—¿Era necesario llevársela tan pronto?

Quedó intrigado, con el cigarrillo que acababa de extraer a medio camino
270 de los labios.

—A mi esposa —precisé.

Permaneció en silencio unos instantes, con expresión contrita.

—No lo sé —concluyó—. Sería algún error en la contabilidad celestial, a veces pasa. A veces es incluso peor, cuando muere un niño —se paró un
275 segundo en busca de inspiración, encendió el cigarrillo y luego recitó en voz alta—: *Poteris in infiriora quae sunt bruta degenerare. Poteris in superiore quae sunt divina, ex tui animi sententia, regenerari.*

Quedé por completo desconcertado. Él me brindó, cortésmente, la traducción:
280 —«Podrás rebajarte a formas inferiores, al nivel de las bestias, y podrás al mismo tiempo resurgir de entre ellas, amparado en el juicio de tu alma, alzándote entre los seres divinos y los espíritus superiores».

—¿Y eso?

—*De hominis dignitate* —puntualizó—. Pico della Mirandola.[66]
285 —Ajá —concluí aún asombrado—. Es un políglota, usted.

—Se diría. He estado en muchos sitios y muchos países. Hay que estar en todo. La gente sufre lo mismo en todas partes. Usted no es el único que ha perdido algo, como bien supondrá.

—No, claro… Pero lo mío es más reciente, una herida abierta, digamos.
290 Me sentí patético. Era, en efecto, una herida abierta y el dolor no había cejado.[67] Pero desde hacía unas semanas ya no era *mi* dolor, íntimo y a resguardo,[68] sino algo que ahora ocurría enfrente suyo, revistiéndose de cierta cualidad teatral. Fiel a mi papel, guardé esta vez un acongojado[69] silencio y clavé la vista en el arroz. Un segundo después, se me llenaron los ojos de lágrimas.

---

[64] no acostumbrada

[65] estilo

[66] Giovanni Pico de la Mirandola (1463–94), humanista italiano conocido por su inmensa erudición

[67] disminuido

[68] a… protegido, secreto

[69] triste, dolorido

295 —Eso es —dijo Él en tono paternal—. Llore, Montoya, eso ayuda una barbaridad.[70] Hasta el hombre más fuerte tiene, en algún momento, un arrebato[71] de debilidad. Pero sólo un hombre vulnerable es capaz de escribir un buen libro, no se olvide de eso… ¡Qué buen arroz! ¿Cuántas tazas de agua le pone, a ver?

Precisé la cantidad de agua utilizada y él disertó unos minutos acerca de
300 las propiedades nutrientes del arroz y sus varios tipos aprovechables, de grano corto y largo, blanco o integral. Al menos aquella vez, no volvió a mencionar lo de la beca. Tampoco en sus dos visitas ulteriores. Se limitó a probar las opciones gastronómicas que fui ideando sobre la marcha y que provocaron, sin excepción, grandes elogios de su parte.

305 En la próxima visita se produjo el *impasse,* cuando me atreví a recordarle tímidamente lo de la beca.

—¿Cuál beca? —me preguntó con la boca llena de unos *ravioli* que había programado ese día en el menú.

—La beca a Europa.

310 —Ah, sí. ¡La beca a Europa…! ¿A Europa habíamos dicho?

—Lo dijo usted.

—¿A Boloña…? O quizás prefiera Lovaina.

No supe qué responder.

—Boloña —resolvió él—. Vamos a intentarlo primero con Boloña, ¿le
315 parece?

—Tenía entendido que ya estaba intentándolo —dije en tono de reproche.

—Y lo estoy, caramba —se impacientó—. Pero tengo que preocuparme también de otras cosas, ¿no? Comprenderá que tengo otros casos entre manos, ¿no?

—Sí, bueno —me arrepentí—. Está bien, no he dicho nada.

320 Quedó molesto. Se acabó los *ravioli* en completo silencio. Luego se levantó y acomodó el cabello falso con un gesto adicional de crispación,[72] me obsequió una mirada fulminante[73] y fue hasta la puerta.

—Ya le avisaré si hay novedades —acotó[74] desde allí y la cerró de golpe.

Aquella semana ya no volvió más. Para cuando llegó el fin de semana,
325 había tenido tiempo más que suficiente de reconsiderar mi actitud y recriminarme por ella. El lunes amanecí francamente preocupado. El martes, aún sin noticias de Él, me sumí en el descalabro,[75] bebiéndome lo que quedaba de

---

[70] **una…** muchísimo

[71] acceso, ataque

[72] irritación

[73] explosiva, furiosa

[74] señaló

[75] **me…** *I sank into melancholy*

whisky en la licorera y un Pacharán añejo, con sabor a jarabe para la tos.[76]
Comencé a entender, muy a mi pesar, el sentido último de sus visitas, su estrate-
330 gia curiosa: no había venido a redimirme o a brindarme consuelo. Ni era como
el genio en la botella, que podía transferirlo a uno al paraíso con sólo un gesto
de su mano. No hacía promesas para cumplirlas, tan sólo para pasar el rato, con
la esperanza vaga de que el azar las cumpliera por Él. Su sola presencia en mi
hogar era una promesa cumplida, para hacerme ver que ahí estaba Él, la gran
335 certeza que anhelaba[77] desde la infancia, aunque sólo tuviera para ofrendarme
un ramillete de nuevas interrogantes y dudas, de crispaciones ocultas y secre-
tas decepciones.

El fin de semana intenté escribir de nuevo, sin resultados. Frente a mí,
claveteada a la pared, había una frase de Kafka[78] que había leído tiempo antes
340 en su correspondencia: *Necesitamos aquellos libros que nos afectan de manera
certera, igual que una catástrofe; que nos duelen en lo más profundo, como la
muerte de alguien a quien queríamos con toda el alma...* En mi caso particular, tenía solamente el velatorio,[79] a Sofía muerta en la unidad de urgencias y
el dolor enquistado[80] en mi alma. El dolor que ahora dormía junto a mí, pero
345 no me servía de inspiración. Porque el auténtico dolor —lo supe ahora— nos
sobrepasa[81] a la hora de escribir; es algo que persiste agazapado[82] en nuestro
interior, tan sólo para hacernos sangrar diariamente. En un gesto impulsivo,
incontenible, arranqué con violencia la frase de Kafka de su sitio en la pared y
la arrojé al papelero. Por la noche, proseguí el saqueo de la despensa[83] y me
350 bebí un aguardiente implacable, que acabó reconduciéndome horas después, en
condiciones más bien indignas, al dormitorio. Me dormí abrumado, con la esperanza de que todo acabara allí, queriendo abandonarme al gran sueño final y
nunca más despertar, nunca más volver en mí.

Esa noche soñé con un gran murallón entre las nubes, como la Gran
355 Muralla China en versión celestial, y con un aspirante improvisado[84] al cielo:
era un garrochista[85] desconocido y flaco, que parecía recién llegado de algún

---

[76] **un...** *an aged Pacharán* (alcoholic drink) *that tasted like cough medicine*

[77] *I had yearned for*

[78] Franz Kafka (1833–1924), escritor checo que escribía en alemán. Sus novelas expresan la angustia del hombre frente a lo absurdo de la existencia.

[79] *wake* (viewing of the body of a person who has died)

[80] *wedged, stuck*

[81] *excede nuestras posibilidades*

[82] *crouching, hiding*

[83] **proseguí...** *I continued sacking the pantry*

[84] *unlikely*

[85] *pole vaulter*

torneo olímpico, con todo y sus prendas atléticas aún sudadas. Estaba parado a una decena de metros del muro, con la vista clavada en su base y la garrocha entre sus manos, acariciándola, tomándole el pulso. San Pedro —una representación clásica de san Pedro— lo observaba divertido desde un torreón cercano, a la espera de su proeza. Luego el tipo retrocedía unos pasos para darse impulso y corría hacia la muralla, veloz sobre la alfombra de nubes, afanándose[86] por sobrepasarla, pero acababa dándose de cabeza[87] contra ella. El proceso se repitió varias veces con no mejores resultados, y san Pedro riéndose a mandíbula batiente,[88] aplaudiéndolo y dándole ánimos, hasta verlo caer, por completo exhausto, al pie del murallón. En ese punto me despertó algún ruido proveniente de la calle.

Aquella vez al menos no me fue concedido, el «gran sueño final». El departamento me esperaba puntual[89] esa mañana de domingo, y el domingo es siempre una versión adicional del abismo. Al mediodía conseguí reptar[90] fuera de la cama y fui hasta la cocina a prepararme un café con leche. Una vieja foto de Sofía me sonrió al pasar, desde el estante con libros. En el anaquel más cercano había otra imagen de ambos en los primeros tiempos, abrazados, sonrientes, cuando aún me parecía la heroína insustituible de cada día, cuando incluso yo parecía su héroe más frecuente, con mis escritos en ciernes,[91] y solíamos acariciarnos secretamente bajo la mesa, como un anzuelo recíproco, a la búsqueda de nuestras regiones más íntimas. Como una muestra habitual de complicidad...

Por la tarde, ya no aguanté más tanto silencio y marqué el número telefónico impreso en la tarjeta que me había obsequiado[92] Jorquera. Del otro lado afloró una grabación y una voz desconocida:

—...En este momento no podemos atenderlo, pero déjenos sus datos y nosotros lo llamaremos en cuanto nos sea posible...

No supe qué decir, por dónde empezar. Al cabo de treinta segundos, resonó de nuevo la señal en mi oreja para indicarme que mi tiempo había concluido y la comunicación se cortó. En la calle y bajo mi ventana, comenzó a sonar, en ese preciso momento, un organillo, inútil consuelo para mi alma desconsolada. Luego me fui a dormir y ya no me desperté hasta el día siguiente.

---

[86] haciendo un gran esfuerzo
[87] **dándose...** *crashing headlong*
[88] **riéndose...** *shaking with laughter*
[89] *reliably*
[90] *stumble*
[91] **en...** comenzando
[92] dado, regalado

390   Jorquera volvió el martes como si nada, pero yo estaba ya sumido en el agnosticismo, sin vuelta posible. Al mediodía llamó a mi puerta y me lo encontré de nuevo en el umbral, aporreando[93] un cigarrillo contra la pitillera.

    —¿Tiene fuego?[94] —inquirió, llevándoselo a los labios.

    Dudé unos instantes. En seguida le indiqué que pasara y fui a la cocina
395 en busca de fuego.

    —No me diga lo que está cocinando, déjeme adivinar —propuso una vez dentro, husmeando en dirección a la cocina—. Arroz a la valenciana, ¿no?

    Esperó en la sala fumando, en inesperado silencio, hasta que hube servido el arroz. Cuando ya estábamos los dos a la mesa y comiendo, le manifesté mi
400 desazón:[95]

    —¡Era más divertido al inicio, cuando venía regularmente y me hablaba de Hemingway... de sus lecturas!

    —El arroz era mejor antes —contraatacó—. Se ve que ha perdido la confianza de nuevo, Montoya, se ha desanimado... ¿No tiene un poco de vino?
405   —¿Tinto?

    —No podría ser de otro modo, para el arroz.

    Como un autómata, me levanté a buscar en la cocina.

    —No debe esperar nada de los demás, mi amigo —pontificó desde la mesa—. La fuerza está en usted mismo, en su interior.
410   —¿Pero y la beca?

    —¿Cuál beca?

    —¡A Boloña! Me dijo que estaba por verse hace tiempo.

    —¿Eso dije?

    Se paró a escarbarse una muela[96] con el dedo índice, sin inhibiciones.
415   —No puedo seguir así —insistí—. Esto no sirve, Jorquera.

    —¿Cómo así?

    —Quiero decir, recociéndome en este horno,[97] bebiéndome lo poco y nada que me queda en la licorera, esperando... ¿Esperando qué, a ver? ¿A que usted haga algo?
420   —Ya le dije que estoy intentándolo, con mis contactos.

    —¡Sus contactos! —estallé.[98] —¡Estoy hasta la coronilla de sus dichosos contactos![99]

---

[93] pegando

[94] **Tiene...** *Got a light?*

[95] *displeasure*

[96] **escarbarse...** *to pick his teeth*

[97] **recociéndome...** *stewing in this oven*

[98] exploté

[99] **Estoy...** *I'm up to here with your damn contacts!*

Quedó repentinamente mudo, contemplando su arroz.

—Muy bien —resolvió—. Me acabo el arroz y desaparezco, no lo molesto
425 más. Si es lo que prefiere...

Se llevó una nueva porción a la boca y la deglutió en silencio, con un sorbo
de vino. Luego la penúltima. Y luego la última. La maniobra le requirió, en total,
unos cinco minutos.

—Es más simple de lo que parece, Montoya —concluyó levantándose—:
430 *Poteris in inferiora quae sunt bruta degenerare. Poteris...*

—Ya basta —lo corté—. Salga de aquí. Váyase y no vuelva más, se lo ruego.

No tuvo ocasión de reconsiderar la propuesta. Con una última reserva
de dignidad, se acomodó el bisoñé y se dirigió a la puerta. Desde allí me
sonrió amargamente y desapareció. Puede que estuviera dolido o furioso.
435 No dio muestras de lo uno ni lo otro. Fue, en estricto rigor, la última vez
que lo vi.

Con el tiempo extravié[100] su tarjeta, quizás deliberadamente. Mi vida
recobró, al cabo de los días, una pizca[101] de normalidad. El conserje se encargó
de asear el departamento y la añoranza de Sofía fue cediendo terreno, poco a
440 poco. Jorquera cumplió con desaparecer y yo con no echarlo demasiado en
falta.[102] Durante algún tiempo, unas semanas, fui de nuevo un ciudadano convencional, que sólo debía llenar y vaciar de nuevo su estómago con implacable regularidad, y podía sobrellevar sin dramatismo los primeros síntomas de
su nueva vida, como un ateo más, sin culpas, que no requería ya de ningún
445 dios. Tan sólo me ocurría ahora que el gran murallón celestial, el cual resurgía
cada tanto en mis sueños, estaba desierto. Ya no había nadie en los alrededores,
ningún individuo intentando saltarlo, ni san Pedro en su atalaya.[103] Tan sólo el
silencio en rededor, como un gran signo de interrogación en mitad del cielo.
Al despertar, sentía invariablemente una ínfima dosis de desesperación en algún
450 rincón del alma.

Entonces ocurrió lo del atraco.[104]

Volvía de estacionar mi automóvil en un callejón adyacente a Huertas, un
sector propicio al frenesí oculto de las parejas en los demás automóviles.
También a los individuos carentes, que aguardaban, puñal en mano, a la som-
455 bra de un portal, para exigirle a uno parte de su patrimonio. Ya en el callejón,

---

[100] perdí

[101] poco

[102] **no**... *not to miss him too much*

[103] *watchtower*

[104] *mugging*

vi venir, de hecho, a uno de ellos hacia mí. Un individuo rechoncho[105] y de paso remolón.[106] Transitábamos los dos por la vereda peor iluminada, él buscándome con el cuerpo, en curso de colisión. Antes de que pudiera evitarlo, estaba pegado a mí y su aliento alcohólico me dio en pleno rostro. De inmediato sentí la navaja

460 punzándome el estómago.

—¡Saltando con el billete, ya! —balbuceó—. ¡Y el reloj también!

Quedé paralizado contra la pared, sin atinar[107] a nada. Estiró una zarpa[108] veloz y me arrebató[109] por sí mismo el reloj, un modelo desechable[110] y de cuarzo.

465 De alguna región desconocida en mi interior conseguí extraer un hilo de voz:

—No me haga esto, por favor. Vengo saliendo de una mala,[111] no me lo haga más difícil.

Me miró sorprendido, buscando descifrarme en la noche. Era un tipo

470 joven, de expresión maltrecha[112] y desafiante, como cualquier animal acosado[113] por la vida.

—¿Cómo una mala?

—Enviudé hace poco —le expliqué, y sentí que algo cambiaba en su expresión, como atenuándose—. Eso me tiene jodido,[114] desde hace meses.

475 Dejé de sentir el puñal allí abajo, en las tripas. Él retrocedió unos pasos, liberándome de su tenaza.

—¿Se le murió la vieja[115]? —dijo, jugueteando con el puñal en una mano y mi reloj en la otra.

—De la noche a la mañana. Un fallo del páncreas.

480 —¿El qué?

—El páncreas —le indiqué la región cercana al estómago. Él siguió mi mano con sus ojos turbios—. Se le estropeó de un momento a otro.

—No me joda… ¿Y estiró la pata?[116]

---

[105] gordo, robusto

[106] apático, marginado

[107] poder hacer

[108] mano, garra

[109] quitó

[110] *disposable*

[111] **Vengo…** *I've been through a rough time*

[112] *beaten up*

[113] perseguido, acorralado

[114] *all screwed up*

[115] esposa

[116] **No…** *No kidding! And she dropped dead?*

—De la noche a la mañana. —Hubo una pausa larga, con los dos frente
485 a frente en el callejón a oscuras. Se puso a juguetear con el puñal, examinándolo, como intentando averiguar su utilidad inmediata. Despúes miró el reloj, que aún tenía en su otra mano.

—Igual es una cagada de reloj[117] —dijo—. Tome, guárdeselo... ¿Y no tiene un cigarrito que sea[118]?

490 —Claro que sí.

Extraje la cajetilla y le ofrecí un *Camel.* Aceptó cuatro o cinco, que me arrebató en un puñado, llevándose uno a los labios. Yo le acerqué el encendedor. Entonces lo supe de nuevo, al vislumbrar fugazmente[119] su rostro, a la luz de la llama. Un rostro surcado[120] a temprana edad de arrugas, y la mirada alco-
495 hólica, y una expresión compasiva. ¡Ese hombre era Dios! El mismísimo Dios ante mí, de nuevo allí, jugueteando con su daga. El Dios enorme, inabarcable, del catecismo, ¡que está siempre en tantas partes, en casi todas!

—Ya, listo —me dijo, expulsando el humo por la nariz—. Aquí no ha pasado nada, siga no más.

500 —¿Cómo?

—Aquí no ha pasado nada. Váyase pa'[121] la casa.

No tuvo que repetirme la propuesta. Me alejé a toda prisa del lugar con el corazón apretado. Al llegar a Huertas, iba sollozando, sin ningún pudor, llorando como un niño.

505 Esa noche soñé, por última vez, con el murallón entre las nubes. Ahora sí estaba el garrochista, intentando saltarlo con la pértiga,[122] y san Pedro muerto de la risa en el torreón. Ya ni siquiera tenía que alentarlo o darle ánimos.

Repaso

I. Conteste las siguientes preguntas.

1. ¿Por qué se acuerda el autor de Chandler al principio del cuento? Describa las circunstancias del narrador. ¿Qué tragedia acaba de sufrir?

---

[117] **una...** *a shitty watch*

[118] **un...** *even a cigarette?*

[119] rápidamente

[120] *furrowed*

[121] para

[122] palo

2. ¿Cómo conoce a Raúl Jorquera? ¿Cómo es Jorquera? ¿Qué indicios hay de que no es un hombre común y corriente?

3. ¿Por qué lo invita Montoya a comer? ¿Cómo trata Jorquera de levantarle el ánimo a Montoya durante la comida? ¿Qué cosas le promete?

4. ¿Cuándo aparece Jorquera por segunda vez? ¿Por qué cree Ud. que aparece siempre a la hora de la comida?

5. ¿De qué se da cuenta Montoya de repente? ¿Quién es Jorquera realmente?

6. ¿Cómo explica Jorquera la muerte de la esposa de Montoya? ¿Se trata de un Dios que controla cada detalle de la existencia humana o de un Dios que deja libres al hombre y a las fuerzas de la naturaleza?

7. ¿Qué pasa cuando Montoya le recuerda a Jorquera de sus promesas?

8. ¿Qué sueño tiene Montoya esa noche? ¿Qué cree Ud. que significa?

9. ¿Por qué cree Ud. que Jorquera desaparece por un tiempo? ¿Qué pasa cuando Montoya lo llama por teléfono?

10. ¿Cuándo vuelve a aparecer Jorquera? ¿Cómo ha cambiado la relación entre él y Montoya? ¿Por qué se impacienta Montoya con él?

11. ¿Por qué deja Montoya de pensar en Jorquera cuando empieza a vivir de nuevo como un «ciudadano convencional»?

12. ¿Cuándo vuelve a necesitarlo? ¿Aparece «Jorquera» de nuevo o no?

II. Temas para la conversación y la composición

1. ¿Qué concepto de Dios expresa el autor en este cuento?

2. ¿En qué manera coincide con el concepto tradicional y cristiano de Dios? ¿En qué forma se difiere?

3. ¿Cómo «reza» o llama Montoya a Dios cada vez que éste aparece? ¿Bajo qué circunstancias aparece siempre?

4. ¿Representan las promesas de Jorquera verdaderas soluciones al problema de Montoya, o son la expresión de las esperanzas fantásticas de éste? ¿Qué cree Ud. que el autor está diciendo acerca de la intervención de Dios en la vida humana?

5. ¿Bajo qué circunstancias parece Dios desaparecer?

6. ¿Por qué es tan importante la comida en este cuento? Explique el simbolismo de la «cena» o «mesa».

7. ¿En qué consiste el humor de este cuento?

8. ¿Cuál es la función de las referencias literarias (Chandler, Kafka, etc.)?

9. Describa el último sueño de Montoya. ¿Qué significan los sueños?

10. ¿En qué sentido refleja este cuento una nueva actitud hacia la religión?

Capítulo 7

Gobierno, política, economía

A principios de los años setenta se contaba esta historia en los salones, cafés y clubes de Latinoamérica:

Un francés llega a su casa, entra en su dormitorio y encuentra a su esposa en la cama con otro hombre. El francés dice, *«Oh, pardon!»* Entonces va a la cocina, abre una botella de champaña, hace un par de bocadillos y se los lleva a los amantes.

Un italiano llega a su casa, entra en su dormitorio y encuentra a su esposa en la cama con otro hombre. Comienza a sollozar, insulta a su mujer, se lamenta de haber nacido. Entonces corre a la iglesia y le prende una vela a la Virgen.

Un latinoamericano llega a su casa, entra en su dormitorio y encuentra a su esposa en la cama con otro hombre. Entonces se precipita a la Embajada de los Estados Unidos y le tira piedras.

A mediados del siglo veinte muchos países de Latinoamérica se encontraban en un estado de crisis. Los problemas eran económicos tanto como políticos. La industrialización que había comenzado durante la primera mitad del siglo no acababa de realizarse. Para producir bienes manufacturados, los países de Latinoamérica tenían que importar máquinas y herramientas de Europa o de los Estados Unidos, y éstas a veces eran muy caras. Como resultado, los productos manufacturados estaban fuera del alcance de la mayoría de los ciudadanos, que ganaban muy poco. En muchos casos la gente prefería comprar productos extranjeros, los cuales eran más baratos y de mejor calidad que los nacionales. A causa de la poca demanda doméstica, sufrieron las economías locales. Sin los ingresos necesarios para comprar maquinaria y producir a gran escala, estos países tampoco podían fabricar bienes para la exportación. Por consiguiente, se creó un déficit en la balanza comercial.

Esta situación contribuyó a una crecida tasa de desempleo. Esto, combinado con las serias iniquidades sociales y con los conflictos étnicos y clasistas, condujo a la inestabilidad política. Con su larga historia de gobiernos autoritarios, las naciones de Latinoamérica eran vulnerables a los golpes militares. Al aumentar las presiones económicas y sociales, las élites de varios países impusieron regímenes represivos mediante golpes militares a fin de estabilizar la situación. Esto ocurrió en Brasil en 1964, en Argentina en 1966 y en Chile, que había sido considerado uno de los países más estables y democráticos de Latinoamérica, en 1973. En 1976, en Argentina, otro golpe militar trajo al poder uno de los regímenes más brutales de la historia del continente.

Para estimular la economía, los nuevos gobiernos intentaron promover la inversión extranjera, y con este fin limitaron el poder del trabajador. Muchos economistas y políticos temían que una vez que los obreros se organizaran, las resultantes disputas laborales podrían espantar a los inversionistas. Por lo tanto, los líderes militares vieron como necesaria la formación de sindicatos que pudieran negociar mejores sueldos y condiciones de trabajo para sus miembros. En Argentina se lanzó una campaña violenta contra los «subversivos». La represión estimuló una reacción enérgica de parte de la Izquierda —compuesta por trabajadores, campesinos, intelectuales, artistas y estudiantes. En muchas partes surgieron guerrillas que combatían contra la violencia del estado con más violencia.

En este ambiente de caos, las deudas internacionales crecían, y la inflación llegaba a niveles astronómicos. ¿Quiénes tenían la culpa de esta situación desastrosa? Los intelectuales de la Izquierda —la mayoría de los intelectuales en aquella época— sabían la respuesta: los conquistadores españoles que habían explotado a la raza indígena, dejando un legado de ignorancia y clasismo; los burgueses avaros y desalmados que se aprovechaban sin piedad de los trabajadores; y sobre todo, los norteamericanos imperialistas que estrujaban a los países más pobres, sirviéndose de sus recursos sin tomar en cuenta sus necesidades y aspiraciones. Reinaba el *antiamericanismo*. Los pensadores y artistas latinoamericanos veían a Estados Unidos como el defensor de los elementos adinerados y abusivos de la sociedad. Las numerosas instancias de intervención norteamericana en los asuntos domésticos de los países de Latinoamérica, el apoyo del gobierno norteamericano de regímenes autoritarios para proteger sus propios intereses económicos, el expansionismo político y cultural, la supuesta arrogancia del yanqui y su desprecio de los pueblos del Tercer Mundo —éstos y otros factores contribuyeron a una actitud intensamente hostil hacia los Estados Unidos. Era la época de «*Yankee, go home!*». Los intelectuales latinoamericanos repetidamente salían a la calle a tirar piedras a las embajadas norteamericanas.

Pero a fines de los años ochenta era obvio que ni el militarismo ni el socialismo podían traer la estabilidad a los países del sur. Esfuerzos por lograr cambios radicales de parte de la Izquierda habían conducido, en vez de a una redistribución de bienes y a una sociedad más justa, a la instalación de regímenes dictatoriales. El fracaso del comunismo soviético terminó de desacreditar las soluciones marxistas. Los pueblos de Latinoamérica, cansados de la violencia, las fluctuaciones económicas, las injusticias y la calificación de «Tercer Mundo», empezaron a buscar nuevos remedios a sus problemas. Al ser elegido presidente de Argentina en 1989, Carlos Menem insistió en que los países de Latinoamérica, y en particular Argentina, ya no iban a formar parte del «Tercer Mundo».

Se pedían cambios en todos los sectores de la sociedad. La élite industrial se sentía amenazada por las compañías multinacionales, y la élite intelectual se oponía a los esfuerzos de los militares de aniquilar toda oposición. Diferentes grupos se unían para oponerse a la brutalidad de los regímenes despóticos, a menudo con la ayuda de activistas extranjeros que luchaban por los derechos humanos. Estos activistas se esforzaban por dirigir la atención de la comunidad internacional a los abusos de los militares. Así lograron que las democracias industrializadas pusieran presión sobre los regímenes autoritarios para que éstos se liberalizaran. Al mismo tiempo, nuevos grupos cívicos formados por ciudadanos comunes y corrientes empezaron a exigir sus derechos. La gente de todas las clases sociales exigía poder elegir a sus líderes.

A pesar de las numerosas dictaduras, la democracia siempre había sido un ideal en Latinoamérica. Desde la Independencia, las repúblicas del sur tenían su constitución y, en teoría, un gobierno representativo. Es interesante notar que aunque el ideal a menudo chocaba con la realidad, aun los gobiernos militares a menudo legitimaban sus regímenes invocando la democracia. Su intervención, decían, sólo pretendía asegurar un retorno al sistema democrático. Es decir, aun cuando se ha suprimido la democracia, nunca se ha dejado de ver como una meta legítima. Por fin, a mediados de los años ochenta, los ciudadanos de Latinoamérica estaban pidiendo una vuelta al modelo original.

En aquellos momentos estaban emergiendo líderes civiles de clase media en varios países —personas instruidas, preparadas e idealistas. Con la elección de Raúl Alfonsín en 1983 en Argentina y de Patricio Aylwin en 1990 en Chile, Latinoamérica emprendió un nuevo camino hacia la democracia.

En 1991, por primera vez en su historia, todos los jefes de estado de la región, con la excepción del de Cuba, habían sido elegidos. Aunque quedan problemas por resolver, los nuevos gobiernos han comenzado a combatir las desigualdades sociales y económicas que plagan a Latinoamérica desde la Conquista. Al mismo tiempo, por lo general han restringido la intervención estatal a fin de no sofocar la iniciativa privada, sin olvidar la responsabilidad del gobierno de proteger a los elementos más desamparados de la sociedad, de funcionar como intermediario en los conflictos clasistas y de defender la integridad nacional.

Es importante recordar, sin embargo, que la democracia latinoamericana no es sencillamente una importación europea o norteamericana, sino una auténtica expresión vital de los pueblos. Latinoamérica es una región culturalmente mestiza —es decir, es una mezcla de influencias indígenas, africanas y europeas. Depositario de diversas herencias, Latinoamérica se enfrenta ahora al desafío de la *consolidación democrática.* Esto quiere decir que además de ofrecer elecciones libres y abiertas, auténtica competencia entre los candidatos y amplia protección de las libertades civiles, las repúblicas del sur necesitan conseguir que todos los grupos que comprenden el pueblo participen en las instituciones políticas y que jueguen según las reglas establecidas.

A diferencia de lo que ha ocurrido en el pasado, los miembros de las clases privilegiadas están reconociendo el valor de la institución democrática y aceptando los códigos de conducta política. Al mismo tiempo, los miembros de las clases obrera y campesina se dan cuenta de que tienen que participar en las elecciones y en otros procedimientos fundamentales al sistema democrático. Ningún segmento de la población puede ser excluido; a ningún segmento de la población se le puede impedir que se organice para expresar sus ideas o para proteger sus intereses. Además, la práctica de distorsionar la participación de las masas —por ejemplo, la costumbre de regalarles dulces o cigarrillos a los indios si votan por cierto candidato— tiene que ser eliminada. La consolidación fortalece el sistema y, por lo tanto, conduce a la estabilidad.

Varios países de Latinoamérica, aunque permiten las elecciones, no son democracias consolidadas, lo cual quiere decir que su sistema está en un estado precario. En países con una alta tasa de analfabetismo, por ejemplo, un gran porcentaje de la población necesariamente queda excluida de los procedimientos democráticos —aunque hoy en día un número significativo de personas tienen acceso a la televisión y pueden conseguir información sobre los desarrollos políticos aun sin saber leer. Ésta no es una solución para todo el mundo, sin embargo. Todavía hay poblaciones pobres en el campo y en las barriadas urbanas que ni leen ni ven televisión. El desafío para los países de Latinoamérica será conseguir que todos los grupos que comprenden el pueblo participen y que respeten las normas.

Aun cuando grandes números de personas votan, las elecciones no son siempre del todo libres. En México el Partido Revolucionario Institucional (PRI), que representa una anomalía en Latinoamérica, fue la única opción política durante décadas. Cuando el presidente Miguel Alemán tomó las riendas del estado en 1946, cambió el nombre del partido de la Revolución. Al agregar la palabra *institucional,* designó este partido como el oficial, es decir, lo hizo una *institución* —un órgano fundamental de la sociedad. El PRI monopolizó la vida política de la nación, sin que ningún otro partido llegara a tener una verdadera influencia. Cada seis años los líderes del PRI seleccionaban al candidato oficial del partido, y la elección de ese candidato era asegurada. Esta situación duró hasta 1968, cuando la matanza de numerosos estudiantes por la policía en la plaza de las Tres Culturas abrió el proceso de revisión. Durante los años que siguieron, se vio una creciente presión del conservador Partido de Acción Nacional (PAN) y de la izquierda independiente. Aunque el PRI siguió controlando la presidencia, otros partidos comenzaron a ganar elecciones estatales y municipales.

En las elecciones de 1988, por primera vez en su historia el PRI tuvo que enfrentarse a la oposición. Cuauhtémoc Cárdenas, hijo del venerado ex-presidente Lázaro Cárdenas, encabezó el Partido Revolucionario Democrático (PRD), el cual había comenzado como una facción izquierdista del PRI y terminó por separarse. Los sindicatos laborales se opusieron abiertamente a los líderes del PRI y apoyaron a Cárdenas. Conscientes de que el partido estaba perdiendo credibilidad, los líderes del PRI hicieron un esfuerzo por abrir el proceso de escoger al nuevo candidato para la presidencia. Seleccionaron a Carlos Salinas de Gortari, un joven economista que había estudiado en Harvard. Salinas ganó con una mayoría de sólo el 50,3 por ciento, lo cual evidenció el estado precario del monopolio político del PRI.

Durante los años 1988 a 1994 el presidente Salinas de Gortari promovió cambios en el liderazgo del PRI, la aceleración de la reforma económica y la creación del *Tratado de Libre Comercio (TLC),* conocido como NAFTA en inglés. Este acuerdo, firmado en 1992 entre los Estados Unidos, Canadá y México, entró en vigor en 1994 y formó una zona de libre comercio entre estos tres países. Mientras tanto, candidatos del PAN habían ganado algunas elecciones locales, y Salinas obligó a los líderes del PRI a reconocer el triunfo del partido conservador en el estado de Baja California. A pesar de estos logros, persistieron las tensiones sociales y la oposición al PRI de partes de los seguidores de Cárdenas, que alegaron que la policía había abusado o asesinado a numerosos miembros de su partido. Además, varios escándalos irrumpieron, y el hermano del presidente fue apresado por narcotraficante. La rebelión campesina indígena de Chiapas en 1994 y el asesinato del candidato oficial del PRI, Luis Donaldo Colosio, en marzo de ese mismo año mancharon la imagen del partido aun más. Reemplazó a Colosio como candidato oficial del PRI Ernesto Zedillo, un tecnócrata con un doctorado en ciencias económicas de Yale. Fue elegido en agosto de 1994 con el 48,8 por ciento del voto. El PAN recibió el 26 por ciento y el PRD el 16,6 por ciento.

En 1997 el PRI perdió control del Congreso Mexicano, llevando a algunos observadores a concluir que su monopolio de la política mexicana había terminado. Sin embargo, en febrero de 1999 el partido triunfó en dos importantes elecciones para los gobernadores de los estados de Quintana Roo e Hidalgo —aunque ganó con márgenes muy reducidos. En Quintana Roo el PRI ganó con el 43 por ciento; los partidos de la oposición se dividieron el resto. En Hidalgo, el PRI ganó con sólo el 50 por ciento. En ambos casos, recibió un porcentaje del voto mucho más pequeño que en 1994, a pesar de lo cual sus partidarios interpretaron estas victorias como indicios de que el PRI estaba en una posición excelente para ganar las elecciones presidenciales del año 2000.

Cárdenas, que había sido elegido alcalde de México, D.F., también era considerado un candidato fuerte para las elecciones milenarias, pero en junio de 1999 masivas protestas contra el líder del PRD revelaron que, a pesar de su retórica pro-obrera, no había podido inspirar confianza entre la gente más necesitada de la capital. Entre 30.000 y 50.000 mexicanos pobres participaron en una manifestación contra la «campaña represiva» de Cárdenas y exigieron que el gobierno proveyera casas baratas y préstamos a bajo interés para mejorar la situación de la vivienda. El 2 de julio de 2000, Vicente Fox, candidato de PAN, triunfó en las elecciones presidenciales, poniendo fin a 71 años de dominio del PRI.

El caso de Chile nos servirá de ejemplo de un país que ha hecho la transición del militarismo a la democracia. La elección de Salvador Allende, con una pluralidad del 36,3 por ciento, trajo un régimen socialista al país en 1970. Durante los tres años que siguieron, la situación política y económica degeneró rápidamente. Huelgas, protestas por la escasez de comida y tensiones con los Estados Unidos crearon un ambiente de descontento y de inseguridad. En septiembre de 1973, tras un golpe de estado en el que murió Allende, se estableció un gobierno militar. Al principio muchos chilenos aplaudieron el golpe porque pensaron que la junta traería estabilidad y democracia. Contrario a estas expectativas, el gobierno militar disolvió el Congreso, suspendió la constitución y suprimió los partidos políticos. Impuso la censura y un toque de queda. En octubre, un mes después del golpe, se apoderó de las universidades. Consolidó su poder a través de una brutal campaña de represión que dejó a por lo menos 3.000 personas muertas.

Al mismo tiempo, un grupo de tecnócratas civiles estaba introduciendo cambios importantes en la economía chilena. Conocidos como los *Chicago Boys* porque muchos de ellos habían estudiado en la Universidad de Chicago con Milton Friedman y otros economistas norteamericanos, creían que la competición de un mercado libre y abierto podría estimular la economía nacional. Partidarios del *neoliberalismo,* filosofía económica que iba a ganar aceptación a través de Latinoamérica durante los años ochenta y noventa, los *Chicago Boys* hacían hincapié en el libre comercio y la inversión extranjera. Según ellos, la constante intervención del gobierno de Allende en asuntos económicos había estrangulado el mercado y conducido a la inflación. Los neoliberales exhortaron a sus compatriotas a dejar de culpar al «otro» —el español de la Conquista, el norteamericano, el burgués— por su situación de retraso y a imitar las políticas que habían traído el éxito a los países más desarrollados. Implementaron programas para integrar a Chile en el mercado internacional, redujeron el proteccionismo —tarifas altas, subsidios gubernamentales— y vendieron o devolvieron a sus dueños las empresas de las cuales el gobierno se había apoderado durante el socialismo. Entre 1973 y 1982 la inflación bajó del 500 al 10 por ciento, y la economía floreció, produciendo el llamado «milagro chileno». Sin embargo, la crisis financiera de 1982, causada en parte por la incapacidad de México de pagar su deuda externa, produjo una recesión seria en Chile. Pinochet impuso medidas económicas aun más radicales que antes. El nuevo grupo de tecnócratas logró aumentar la exportación y reducir el desempleo y la deuda externa, pero los sueldos seguían bajos, y a causa de la privatización de empresas públicas, muchos chilenos pobres no tenían acceso a servicios básicos. Además, la violencia continuaba, y todos los días aumentaba el número de «desaparecidos».

El gobierno norteamericano de Ronald Reagan en balde puso presiones para que Pinochet liberalizara su régimen. Finalmente, en 1988, el general se arriesgó con un plebiscito. En dos plebiscitos anteriores Pinochet había afirmado su posición. En 1978 y 1980 muchos chilenos se acordaban todavía de los años de caos del régimen socialista y apreciaban los beneficios de la liberalización económica. Pero ahora el pueblo, cansado de la represión y la violencia, rechazó a Pinochet rotundamente. Patricio Aylwin, líder del Partido Demócrata Cristiano (PDC), fue elegido en 1989 y asumió el poder en 1990.

Como Pinochet, Aylwin se rodeó de tecnócratas que mantuvieron al país económicamente estable. Chile siguió exportando sus productos, especialmente el cobre; bajó su deuda externa; y controló la inflación. En las próximas elecciones, que tuvieron lugar en 1993, los ciudadanos expresaron su apoyo del gobierno y de la democracia eligiendo a otro Demócrata Cristiano, Eduardo Frei, que asumió el poder en 1994. En el año 2000 el poder pasó a Ricardo Lagos, como Allende del Partido Socialista, pero considerado más moderado que éste.

La redemocratización de Chile parecía ser un éxito terminante. Sin embargo, el gobierno de Frei tuvo que enfrentarse a varios problemas serios. El primero fue la recesión económica, con su secuela de desempleo, que afectó a varios países a fines de los años noventa. Las prioridades para Frei en el campo económico fueron la recuperación de la confianza y la creación de trabajos. A pesar de la crisis, los expertos opinan que Chile mantiene una economía sólida y sana. De hecho, su participación en *Mercosur,* una coalición económica de Chile, Argentina, Paraguay, Uruguay y Brasil, ha sido un factor estabilizador en la organización.

Otra preocupación del gobierno chileno ha sido la integración de los indios mapuche, que se han hecho muy conscientes de su posición marginal en la sociedad. En estos momentos en que se habla de los beneficios de la diversidad y de la necesidad de darle una voz a cada segmento de la población, los mapuche se quejan de que su cultura no se aprecia y que se arriesga a ser obliterada.

Tal vez uno de los dilemas más preocupantes de Ricardo Lagos es qué posición tomar frente a Pinochet. Al nombrarse senador vitalicio, Pinochet aseguró que no sería llevado a juicio por los crímenes de su gobierno. Aunque muchos chilenos creen que Pinochet debe pagar por la brutalidad de su régimen, muchos otros dicen que es mejor que el país cierre ese capítulo de su historia. «Olvidar y seguir trabajando» es el lema de este grupo. Los partidarios de Pinochet subrayan que el general rescató al país del comunismo. Dicen que, aunque su régimen fue represivo, los 3.000 muertos o desaparecidos de su dictadura no se comparan con los 30.000 de la tiranía militar argentina. Además, un grupo significativo de chilenos —incluso algunos adversarios apasionados de Pinochet— creen que aunque el general es un hombre intransigente y vengativo, es, al mismo tiempo, un idealista que hizo lo que pensaba que tenía que hacer por su país. Insisten en que Pinochet, quien lleva una vida muy austera y disciplinada, es diferente de otros dictadores latinoamericanos en que nunca se entregó a la avaricia o a la corrupción. Sin embargo, los que sufrieron las torturas de los militares o que perdieron hijos, hermanos o padres durante la violencia no pueden olvidar.

Tal vez el tiempo habría resuelto el problema si en octubre de 1998 un jurista español, Baltasar Garzón, no hubiera demandado la extradición a España de Pinochet, que se encontraba en ese momento en Inglaterra, a fin de llevarlo a juicio por sus crímenes contra la humanidad. Pinochet, que había ido a Londres por razones médicas y acababa de ser operado, fue arrestado y encarcelado, pero las autoridades inglesas rehusaron entregarlo a las cortes españolas. El incidente polarizó al público chileno y abrió antiguas heridas. Aun muchos enemigos de Pinochet no estaban de acuerdo con trasladarlo a España porque creían que debía ser juzgado en su propio país. Frei, convencido de que lo importante era que Pinochet volviera, comenzó a explorar diversas vías políticas, pero tuvo que actuar con estricta reserva. A mediados de 1999 estaba haciendo gestiones privadas con el primer ministro inglés, Tony Blair, y con el jefe del gobierno español, José María Aznar, para conseguir la devolución del general, y el 3 de marzo de 2000, Pinochet regresó a Chile.

El Perú también ha hecho la transición del militarismo, pero con resultados diferentes. Después de un período de gran inestabilidad económica, conflictos clasistas y violencia política, un golpe militar llevó al poder al general Juan Velasco Alvarado en octubre de 1968. Los militares proclamaron que el país necesitaba un nuevo orden económico, ni capitalista ni comunista, para asegurar la justicia social y la dignidad personal de todos los peruanos. A este fin implementaron una reforma agraria, expropiando las grandes haciendas, dividiendo la propiedad y poniéndola bajo el control de comités compuestos por campesinos. A mediados de los años setenta, tres cuartos de la tierra cultivable estaban en manos colectivas, y la élite agraria parecía prácticamente haber desaparecido. Al mismo tiempo el gobierno dio pasos para reemplazar las barriadas que rodeaban Lima con *pueblos jóvenes,* que serían gobernados por sus habitantes, muchos de los cuales recibieron títulos de la propiedad que ocupaban. También se realizaron cambios en el sector industrial, donde el gobierno intentó crear una comunidad de jefes y trabajadores en la cual estos últimos tendrían representación y voz.

A pesar de sus esfuerzos por crear una sociedad más justa, mucha gente se opuso a los métodos dictatoriales de Velasco. El liderazgo militar tuvo que enfrentarse a la oposición de los sindicatos existentes, muchos de los cuales estaban dominados por el APRA, que temía perder control de las fuerzas laborales a causa de la intervención del gobierno. También hubo oposición de parte de los campesinos porque las nuevas instituciones estatales a menudo imponían reglamentos sin consultarles. Además, como era de esperar, la élite social y económica, que perdió propiedad y dinero al apoderarse el gobierno militar de los bienes privados, sintió horror ante el espectro de una dictadura izquierdista al estilo castrista. Grandes fluctuaciones económicas, una inflación incontrolable y una serie de huelgas crearon una crisis a mediados de los años setenta. Velasco cayó enfermo, y los militares lo reemplazaron con el general Francisco Morales Bermúdez, quien, al tomar las riendas del estado en 1975, deshizo muchos de los programas de su predecesor. Seguían los problemas económicos y sociales. Era evidente que los militares no tenían el apoyo de ningún sector de la sociedad, y en 1980 decidieron permitir elecciones populares.

El APRA, que se había vuelto mucho más moderada que en los días de Haya de la Torre, estaba afirmando su base entre la clase obrera, mientras que el nuevo *Partido Popular Cristiano (PPC)* ganaba el apoyo de los elementos más conservadores de la sociedad. Las elecciones llevaron al poder a Fernando Belaúnde Terry de la *Acción Popular,* quien había sido presidente en 1968 antes del golpe militar, y cuya experiencia, moderación e imagen de estadista experimentado inspiraban confianza en el público. Belaúnde ganó con una pluralidad del 42 por ciento. Los dos otros partidos, el APRA y el PPC, ganaron el 28 por ciento y el 11 por ciento del voto, respectivamente.

Belaúnde lanzó un programa de reformas, pero debido a fluctuaciones en la economía internacional, la tasa de crecimiento del Perú empezó a bajar. Otro problema fue la emergencia del *Sendero Luminoso,* organización terrorista de ideología maoísta, basada en las comunidades campesinas del altiplano de Ayacucho. La violencia senderista obligó a Belaúnde a autorizar una ofensiva militar, la cual produjo, a su turno, más violencia.

En 1985 Alan García, candidato del APRA, ganó la presidencia. Orador brillante y carismático, García —que tenía sólo 36 años— ganó el 46 por ciento del voto. Se centró primero en la economía, aumentando los sueldos, reduciendo intereses, congelando los precios y devaluando el sol (unidad monetaria del Perú). También inició programas para fomentar el desarrollo agrario en el altiplano. Pero el gobierno de García provocó el rencor de la comunidad internacional al no pagar su deuda externa, lo cual precipitó una crisis económica doméstica. La inflación subió al 3.000 por ciento, y el desempleo se extendió de un lado del país al otro. Agravó la situación el terrorismo senderista, el cual incitó una reacción violenta de parte de los militares. Las atrocidades de la policía en las calles de Lima, la masacre de numerosos presos durante una masiva manifestación carcelaria y varios escándalos personales terminaron de desacreditar la administración de García.

En las elecciones de 1990 se presentaron dos candidatos muy diferentes. El renombrado novelista Mario Vargas Llosa representaba la ideología neoliberal; Alberto Fujimori, economista agrario e hijo de inmigrantes japoneses, era un candidato casi desconocido. Los neoliberales predicaban un «retorno a la democracia» basado en la reforma de estructuras económicas. Esta renovación democrática debía hacerse sobre un fundamento de élites cuya participación era esencial para el desarrollo económico del país. Por lo tanto, como en Chile, el proyecto neoliberal apoyaba la reducción del ámbito de acción del Estado y la privatización de empresas públicas.

Posiblemente porque el público identificaba a Vargas Llosa con los elementos más poderosos de la sociedad, el escritor no logró captar su confianza. Su derrota, según ciertos comentaristas, representó el rechazo de las masas peruanas de los partidos de la «clase política», la que consideraban responsable por la inestabilidad, la violencia y la injusticia social.

Al ser elegido, Fujimori también adoptó el credo neoliberal. Sus tecnócratas, siguiendo el modelo chileno, redujeron las tarifas, estimularon la inversión extranjera y disminuyeron el poder de los grupos laborales. Con éstas y otras medidas lograron bajar la inflación y comenzar a pagar la deuda externa. Sin embargo, a pesar de sus éxitos en el campo económico, en el campo político Fujimori retrocedió. En abril de 1992 clausuró el Congreso y anunció una reestructuración del sector judicial. Estos pasos, que Fujimori llamó un «auto-golpe», fueron aplaudidos por muchos peruanos, que consideraban sumamente corruptos los cuerpos legislativo y judicial, puesto que desde hacía años circulaban rumores acerca de congresistas y jueces involucrados en el narcotráfico. Sólo se podía reformar el sistema al purgar las instituciones de estos elementos contaminados, decían los defensores del presidente.

Este tranco antidemocrático fue posible sólo porque Fujimori tenía el apoyo de las fuerzas militares. Así que el Perú, con un gobierno multipartido y un presidente elegido democráticamente, volvió al autoritarismo a principios de los años noventa. A pesar de las críticas de la comunidad internacional, los peruanos volvieron a elegir a Fujimori en 1995. El presidente impacientó a sus adversarios de nuevo ese mismo año al declarar la guerra a Ecuador. El conflicto fue resuelto en 1998 con la ayuda de Brasil, Chile, Argentina y los Estados Unidos. En el año 2000, Fujimori dio un paso sin precedente al presentarse como candidato por tercera vez. Aunque anunció que había ganado el 52 por ciento de los votos, su adversario, Alejandro Toledo, alegó que las elecciones habían sido fraudulentas.

En Colombia las fuerzas democráticas han tenido que luchar incesantemente contra insurrectos y delincuentes. Después de un largo período de conflicto entre los partidos liberal y conservador conocido como *la Violencia,* un golpe militar en 1953 llevó al poder al general Gustavo Rojas Pinilla. Al principio Rojas gozó de bastante apoyo popular porque logró poner fin a la Violencia, pero no restauró la democracia como había prometido y terminó por perder la confianza del público. En julio de 1957 el conservador Laureano Gómez y el liberal Alberto Lleras Camargo propusieron el *Frente Nacional,* por medio del cual los dos partidos gobernarían juntos, alternándose cada cuatro años. Este sistema duró hasta 1978, pero administraciones subsecuentes han hecho un esfuerzo por seguir con el espíritu del Frente Nacional al incluir a representantes de la oposición en sus gobiernos. Desde entonces el mayor problema de los líderes colombianos no es la oposición política sino el terrorismo propagado por insurgentes marxistas y narcotraficantes.

Los narcoterroristas asesinaron a tres candidatos para la presidencia antes de que César Gaviria Trujillo fuera elegido en 1990. Gaviria adoptó una posición de firmeza ante los carteles. Cuando en 1993 agentes del gobierno lograron matar a Pablo Escobar, jefe del grupo de Medellín, disminuyó durante un tiempo la violencia relacionada con la droga. Siguiendo modelos neoliberales, Gaviria suprimió ciertas restricciones económicas y fomentó la inversión extranjera. Gracias a su política monetaria prudente, Colombia entró en un período de expansión económica. El presidente Ernesto Samper, que asumió el poder en 1994, se comprometió a seguir con los programas de su antecesor, pero quedó desacreditado cuando fue acusado de aceptar dinero de los narcotraficantes para su campaña. Su sucesor, el conservador Andrés Pastrana, ha trabajado por distanciarse del régimen anterior. Al hacerse cargo del gobierno en 1998, prometió combatir contra el narcotráfico y la violencia política. Varios ataques serios por las *Fuerzas Armadas Revolucionarias Colombianas (FARC)* y los persistentes problemas de la droga y del desempleo amenazan con debilitar el gobierno de Pastrana.

El camino a la democracia ha sido particularmente rocoso en Brasil, donde la corrupción y los problemas económicos han representado un desafío continuo. En 1985 Tancredo Neves, un político astuto de Minas Gerais que inspiraba gran confianza en el público, fue elegido por el colegio electoral en Brasil. Trancredo murió antes de asumir la presidencia y fue reemplazado por un antiguo senador, José Sarney. Irónicamente, Sarney, el primer líder civil del Brasil en más de veinte años, había sido un pilar del antiguo régimen militar. Aunque el nuevo presidente logró controlar al ejército e impedir que influyera excesivamente en los asuntos del estado, la situación económica resultó tan inestable que al terminar el gobierno de Sarney, la inflación había alcanzado alturas extraordinarias. En 1990 Fernando Collor de Mello sucedió a Sarney, pero su estilo autocrático enajenó a muchos brasileños. Tal vez más importante, Collor no logró estabilizar la economía, y la inflación subió al 1.585 por ciento. Cuando algunos reporteros descubrieron evidencia de corrupción masiva en su administración, el Congreso lo destituyó de su puesto.

En algunos casos los ciudadanos han elegido a presidentes con plataformas vagas y credenciales problemáticas. Tal es el caso en Venezuela, donde en 1999 el izquierdista Hugo Chávez ganó las elecciones presidenciales contra una antigua Miss Universo. Siete años antes Chávez había sido arrestado y apresado por intentar un golpe de estado. Su acceso al poder ha inquietado a muchos venezolanos y extranjeros, que no saben qué esperar del antiguo activista alborotador. En su discurso de inauguración, Chávez prometió una «revolución política» para combatir contra la injusticia social. Meses después de asumir el poder, se negó a respetar una ley que prohíbe que un presidente participe en campañas electorales, diciendo que apoyaría abierta y enérgicamente a ciertos candidatos para la asamblea que reescribirá la constitución. Durante los años setenta Venezuela tuvo una de las economías más fuertes de Latinoamérica gracias al petróleo, pero durante los años ochenta la situación degeneró. Con la victoria de Chávez a fines de los años noventa, los sectores comerciales así como los partidos tradicionales se preocupan porque no saben adónde piensa llevar al país el nuevo presidente.

Durante los últimos años del siglo veinte, varios países —en particular, Brasil y Ecuador— se enfrentaron a serias crisis monetarias aunque ninguna duró mucho tiempo. Además, a mediados de 1999 la situación en esos países estaba estabilizándose, y se pronosticaba que la primera década del próximo milenio sería próspera y calmosa. Las naciones latinoamericanas están tomando diferentes medidas a fin de afianzar su sistema financiero. En Argentina, por ejemplo, ha habido un movimiento por adoptar el dólar norteamericano como unidad monetaria. En abril del año 2000 el gobierno ecuatoriano «dolarizó» su economía. Las fluctuaciones monetarias, tanto como la violencia política y criminal, la desigualdad social y la marginación de grupos indígenas constituyen desafíos para las democracias latinoamericanas del siglo veintiuno.

Hay razones para ser optimistas. Para empezar, las guerras civiles en Nicaragua, El Salvador y Guatemala han terminado, y ningún otro conflicto doméstico de este tipo amenaza el horizonte. Es cierto que ha habido tentativas contra el estado en varios países durante los años noventa —en Argentina, Guatemala, Haití, Panamá, Perú, Trinidad-Tobago y dos veces en Venezuela. Pero, con la excepción de los golpes en Haití y en el Perú, todos han fracasado. De hecho, como ya se ha visto, el caso peruano es ambiguo, puesto que se trata del «auto-golpe» de Fujimori.

Además, las contiendas interestatales —por ejemplo, entre el Perú y Ecuador o entre Venezuela y Colombia— se han resuelto con la cooperación de otros países americanos, lo cual sugiere que en el futuro las naciones de la región colaborarán unas con otras para resolver conflictos. Gracias a estos desarrollos, el militarismo ha disminuido en Latinoamérica. Durante los años noventa los países del sur gastaron menos en sus fuerzas armadas —sólo el 1,5 por ciento del producto nacional bruto— que ninguna otra región del mundo. Otra razón para el optimismo es el hecho de que la última recesión prolongada ocurrió a principios de los años ochenta —hace unos veinte años— y ahora, a principios del siglo veintiuno, la mayoría de las economías latinoamericanas parecen relativamente estables.

Durante los años ochenta y noventa, los Estados Unidos empezaron a tratar a los países de Latinoamérica con más respeto y atención. Los han visto como compañeros en la lucha por la estabilidad política y económica internacional. El resultado ha sido la disminución en la hostilidad hacia los Estados Unidos que caracterizaba los años sesenta y setenta. A pesar de ciertos problemas que persisten, los países de Latinoamérica, con la excepción de Cuba, han dado importantes pasos hacia la democracia, despertando nuevas esperanzas para el futuro.

Repaso

I. Conteste las siguientes preguntas.

1. ¿Por qué se encontraban muchos países latinoamericanos en un estado de crisis a mediados del siglo veinte?

2. ¿Cómo llevó esta situación a la represión política? ¿Qué reacción estimuló de parte de la Izquierda? ¿Por qué causó el antiamericanismo?

3. ¿Cómo cambió la perspectiva de los latinoamericanos a fines de los años ochenta? ¿Por qué? ¿Qué acontecimientos nacionales e internacionales contribuyeron a este nuevo punto de vista?

4. ¿Qué sectores de la sociedad pedían cambios? ¿Por qué?

5. ¿Siempre ha sido la democracia un ideal en Latinoamérica o no? Entonces, ¿cómo se explica la proliferación de dictaduras?

6. ¿Qué ocurrió en 1991 por primera vez en la historia de Latinoamérica?

7. ¿Es la democracia latinoamericana sencillamente una importación norteamericana o europea? Explique. ¿A qué desafío tienen que enfrentarse las democracias del sur?

8. ¿En qué sentido es el PRI mexicano una anomalía? ¿Cómo empezó a cambiar la situación después de 1968?

9. ¿Quién es Cuauhtémoc Cárdenas?

10. Describa el programa de Salinas de Gortari. ¿Quién es Ernesto Zedillo?

11. ¿Cómo ha cambiado el panorama político en México?

12. ¿Qué situación se produjo en Chile como resultado del golpe de 1973?

13. Describa el programa económico de los tecnócratas chilenos. ¿Tuvo éxito o no?

14. ¿Cómo se realizó la transición a la democracia en Chile? ¿A qué problemas tiene que enfrentarse el nuevo gobierno?

15. ¿Cómo llegó al poder en Perú Juan Velasco Alvarado? ¿Qué reformas introdujo? ¿Fueron bien recibidas o no?

16. ¿Qué problemas tuvo la administración de Belaúnde Terry? ¿Y la de Alan García?

17. Describa las elecciones de 1990 en el Perú.

18. ¿Qué credo económico adoptó Fujimori al ser elegido? ¿En qué sentido fue su gobierno antidemocrático? ¿Qué fue el «auto-golpe»? ¿Por qué fue posible?

19. Describa la situación en Colombia al momento del golpe militar de 1953.

20. ¿Qué solución novedosa encontraron Laureano Gómez y Alberto Lleras Camargo?

21. ¿Cuáles son los mayores problemas que tienen los líderes de Colombia hoy día?

22. ¿Por qué ha sido el camino a la democracia particularmente rocoso en Brasil?

23. ¿Por qué es problemática la elección de Hugo Chávez en Venezuela?

24. ¿Por qué hay razones para el optimismo?

25. ¿Qué ilustra el chiste al principio del capítulo? ¿Cómo y por qué ha cambiado la actitud hacia los Estados Unidos?

II. Explique el significado de los siguientes términos.

1. antiamericanismo
2. PRI
3. Tratado de Libre Comercio
4. neoliberalismo
5. *Chicago Boys*
6. Mercosur
7. Sendero Luminoso
8. la Violencia
9. pueblos jóvenes
10. consolidación democrática

III. Identifique a las siguientes personas.

1. Carlos Menem
2. Ernesto Zedillo
3. Salvador Allende
4. Augusto Pinochet
5. Eduardo Frei
6. Juan Velasco Alvarado
7. Alan García
8. Alberto Fujimori
9. César Gaviria
10. Andrés Pastrana
11. José Sarney
12. Hugo Chávez

IV. Temas para la conversación y la composición

1. Describa los diferentes partidos políticos de Latinoamérica. ¿En qué grupos o categorías se pueden dividir?

2. La democracia latinoamericana y la norteamericana: diferencias y semejanzas

3. El neoliberalismo: ¿Es una solución a los problemas económicos latinoamericanos o no?

4. La violencia en Latinoamérica: causas y soluciones

5. El antiamericanismo: ¿Se justifica o no?

6. Los desafíos del clasismo y de la pobreza

7. La consolidación democrática: ¿Es posible o no?

8. El futuro de Latinoamérica: razones para el optimismo

 Otras voces

Manual del perfecto idiota latinoamericano

Plinio Apuleyo Mendoza
Carlos Alberto Montaner
Álvaro Vargas Llosa

Durante los años sesenta y setenta la gran mayoría de los intelectuales latinoamericanos apoyaban la ideología izquierdista. Según esta perspectiva, los problemas de Latinoamérica son el resultado de la explotación del nativo por el blanco; de las masas por la burguesía; del Tercer Mundo por los países poderosos, en particular, los Estados Unidos. *Manual del perfecto idiota latinoamericano* (1996) representa otro punto de vista. Los tres autores, de tres diferentes países, despedazan los argumentos marxistas y exhortan al latinoamericano del futuro a dejar de echarle la culpa a otros por sus males, a aceptar responsabilidad por su propio desarrollo y a integrarse a la comunidad internacional.

Plinio Apuleyo Mendoza, colombiano, combate desde hace años el narcotráfico en su país mediante sus reportajes y artículos. Carlos Alberto Montaner, cubano, luchó primero contra la dictadura de Batista y entonces contra la de Castro. Álvaro Vargas Llosa, peruano, ha tenido continuos problemas con las autoridades por condenar la guerra que el gobierno de Fujimori mantuvo durante tres años contra Ecuador. Es hijo de Mario Vargas Llosa.

En esta selección de *Manual del perfecto idiota latinoamericano*, titulada «Retrato de familia», estos tres comentaristas retratan al «perfecto idiota» latinoamericano, mofándose de su posición marxista y de su temor a la privatización de empresas públicas.

En la formación política del perfecto idiota, además de cálculos y resentimientos, han intervenido los más variados y confusos ingredientes. En primer término, claro está, mucho de la vulgata[1] marxista de sus tiempos universitarios. En esa época, algunos folletos y cartillas de un marxismo elemental le sumi-
5 nistraron una explicación fácil y total del mundo y de la historia. Todo quedaba debidamente explicado por la lucha de clases. La historia avanzaba conforme a un libreto previo (esclavismo, feudalismo, capitalismo y socialismo, antesala de una sociedad realmente igualitaria). Los culpables de la pobreza y el atraso de nuestros países eran dos funestos aliados: la burguesía y el imperialismo.
10 Semejantes nociones del materialismo histórico le servirían de caldo para cocer allí, más tarde, una extraña mezcla de tesis tercermundistas, brotes de nacionalismo y de demagogia populista, y una que otra vehemente referencia al pensamiento, casi siempre caricaturalmente citado, de algún caudillo emblemático de su país, llámese José Martí, Augusto César Sandino, José Carlos
15 Mariátegui, Víctor Raúl Haya de la Torre, Jorge Eliécer Gaitán, Eloy Alfaro, Lázaro Cárdenas, Emiliano Zapata, Juan Domingo Perón, Salvador Allende,[2] cuando no el propio Simón Bolívar o el Che Guevara. Todo ello servido en bullentes[3] cazuelas retóricas. El pensamiento político de nuestro perfecto idiota se parece a esos opulentos pucheros[4] tropicales, donde uno encuentra lo que
20 quiera, desde garbanzos y rodajas de plátano frito hasta plumas de loro.

---

[1] *party line* (La Vulgata es la versión oficial de la Biblia en latín, traducida por san Jerónimo. Aquí el término se refiere a los clichés marxistas aceptados como si fueran «palabra sagrada» por los intelectuales de los años sesenta y setenta.)

[2] Nombres de líderes de diferentes países que los marxistas designan héroes nacionales y defensores del pueblo. Es de notar que no todos se identificaban con el marxismo. Sobre el Che Guevara, véase la nota 26.

[3] *bubbling, simmering*

[4] *stews*

Si a este personaje pudiéramos tenderlo en el diván de un psicoanalista, descubriríamos en los pliegues[5] más íntimos de su memoria las úlceras de algunos complejos y resentimientos sociales. Como la mayor parte del mundo político e intelectual latinoamericano, el perfecto idiota proviene de modestas
25 clases medias, muy frecuentemente de origen provinciano y de alguna manera venidas a menos.[6] Tal vez tuvo un abuelo próspero que se arruinó, una madre que enviudó temprano, un padre profesional, comerciante o funcionario estrujado[7] por las dificultades cotidianas y añorando[8] mejores tiempos de la familia. El medio de donde proviene está casi siempre marcado por fracturas sociales,
30 propias de un mundo rural desaparecido y mal asentado en las nuevas realidades urbanas.

Sea que hubiese crecido en la capital o en una ciudad de provincia, su casa pudo ser una de esas que los ricos desdeñan cuando ocupan barrios más elegantes y modernos: la modesta quinta[9] de un barrio medio o una de esas viejas
35 casas húmedas y oscuras, con patios y tiestos de flores, tejas y canales herrumbrosos,[10] algún Sagrado Corazón en el fondo de un zaguán[11] y bombillas[12] desnudas en cuartos y corredores, antes de que el tumultuoso desarrollo urbano lo confine en un estrecho apartamento de un edificio multifamiliar. Debieron ser compañeros de su infancia la Emulsión de Scott, el jarabe yodotánico,[13] las
40 novelas radiofónicas,[14] los mambos de Pérez Prado,[15] los tangos y rancheras[16] vengativos, los apuros[17] de fin de mes y parientes siempre temiendo perder su empleo con un cambio de gobierno.

Debajo de esa polvorienta franja[18] social, a la que probablemente hemos pertenecido todos nosotros, estaba el pueblo, esa gran masa anónima y paupé-
45 rrima[19] llenando calles y plazas de mercado y las iglesias en la Semana Santa.

---

[5] *folds*

[6] **venidas,,,** (who have) come down socially

[7] *wrung out*

[8] *nostalgic for*

[9] propiedad

[10] **canales...** *rusty pipes*

[11] vestíbulo

[12] *lightbulbs*

[13] **Emulsión...** Common household remedies that suggest a lower middle-class existence

[14] *radio soap operas* (common in Latin America before the advent of television)

[15] Cuban mambo king popular throughout Latin America

[16] Both the Argentine tango and the Mexican ranchera often tell stories of love, betrayal, and vengeance, which is why the authors call them «vengativos».

[17] problemas (para pagar las cuentas de fin de mes)

[18] banda, línea

[19] muy pobre

Y encima, siempre arrogantes, los ricos con sus clubes, sus grandes mansiones, sus muchachas de sociedad y sus fiestas exclusivas, viendo con desdén desde la altura de sus buenos apellidos a las gentes de clase media, llamados, según el país, «huachafos», «lobos», «siúticos», o cualquier otro término despectivo.[20]

50 Desde luego nuestro hombre (o mujer) no adquiere título de idiota por el hecho de ser en el establecimiento social algo así como el jamón del emparedado[21] y de buscar en el marxismo, cuando todavía padece de acné juvenil, una explicación y un desquite.[22] Casi todos los latinoamericanos hemos sufrido el marxismo como un sarampión,[23] de modo que lo alarmante no es

55 tanto haber pasado por esas tonterías como seguir repitiéndolas —o, lo que es peor, creyéndolas— sin haberlas confrontado con la realidad. En otras palabras, lo malo no es haber sido idiota, sino continuar siéndolo.

Con mucha ternura podemos compartir, pues, con nuestro amigo recuerdos y experiencias comunes. Tal vez el haber pertenecido a una célula comu-

60 nista o a algún grupúsculo de izquierda, haber cantado la *Internacional*[24] o la *Bella Ciao,* arrojado piedras a la policía, puesto letreros en los muros contra el gobierno, repartido hojas y volantes o haber gritado en coro, con otra multitud de idiotas en ciernes,[25] «el pueblo unido jamás será vencido». Los veinte años son nuestra edad de la inocencia.

65 Lo más probable es que en medio de este sarampión, común a tantos, a nuestro hombre lo haya sorprendido la revolución cubana con las imágenes legendarias de los barbudos entrando en una Habana en delirio. Y ahí tendremos que la idolatría por Castro o por el Che Guevara[26] en él no será efímera sino perenne. Tal idolatría, que a unos cuantos muchachos de su generación los pudo

70 llevar al monte y a la muerte, se volverá en nuestro perfecto idiota un tanto discreta cuando no sea ya un militante de izquierda radical sino el diputado, senador, ex-ministro o dirigente de un partido importante de su país. Pese a ello, no dejará de batir la cola alegremente, como un perrito a la vista de un hueso, si encuentra delante suyo, con ocasión de una visita a Cuba, la mano y la pre-

75 sencia barbuda, exuberante y monumental del líder máximo.[27] Y desde luego,

---

[20] insultante

[21] sándwich (es decir, en el medio)

[22] venganza

[23] *measles* (That is, it's a common childhood affliction.)

[24] *Communist anthem*

[25] formación

[26] Ernesto Guevara (llamado el Che) (1928–67), revolucionario argentino que peleó con Castro en la Revolución cubana. Fue comandante de la guerrilla en Sierra Maestra contra Batista (1956–59).

[27] Es decir, Castro. (Aunque el fanatismo marxista de estos adolescentes se suaviza cuando llegan a ser líderes políticos, todavía se llenan de alegría cuando se encuentran ante la figura de Castro.)

idiota perfecto al fin y al cabo, encontrará a los peores desastres provocados por Castro una explicación plausible. Si hay hambre en la isla, será por culpa del cruel bloqueo norteamericano; si hay exiliados, es porque son gusanos incapaces de entender un proceso revolucionario; si hay prostitutas, no es por la penuria que vive la isla, sino por el libre derecho que ahora tienen las cubanas de disponer de su cuerpo como a bien tengan. El idiota, bien es sabido, llega a extremos sublimes de interpretación de los hechos, con tal de no perder el bagaje ideológico que lo acompaña desde su juventud. No tiene otra muda de ropa.

Como nuestro perfecto idiota tampoco tiene un pelo[28] de apóstol, su militancia en los grupúsculos de izquierda no sobrevivirá a sus tiempos de estudiante. Al salir de la universidad e iniciar su carrera política, buscará el amparo confortable de un partido con alguna tradición y opciones de poder, transformando sus veleidades[29] marxistas en una honorable relación con la Internacional Socialista o, si es de estirpe[30] conservadora, con la llamada doctrina social de la Iglesia. Será, para decirlo en sus propios términos, un hombre con conciencia social. La palabra social, por cierto, le fascina. Hablará de política, cambio, plataforma, corriente, reivindicación o impulso social, convencido de que esta palabra santifica todo lo que hace.

Del sarampión ideológico de su juventud le quedarán algunas cosas muy firmes: ciertas impugnaciones[31] y críticas al imperialismo, la plutocracia, las multinacionales, el Fondo Monetario y otros pulpos (pues también del marxismo militante le quedan varias metáforas zoológicas). La burguesía probablemente dejará de ser llamada por él burguesía, para ser designada como oligarquía o identificada con «los ricos» o con el rótulo evangélico de «los poderosos» o «favorecidos por la fortuna». Y, obviamente, serán suyas todas las interpretaciones tercermundistas. Si hay guerrilla en su país, ésta será llamada comprensivamente «la insurgencia armada» y pedirá con ella diálogos patrióticos aunque mate, secuestre, robe, extorsione o torture. El perfecto idiota es también, conforme a la definición de Lenin, un idiota útil.

A los treinta años, nuestro personaje habrá sufrido una prodigiosa transformación. El pálido estudiante de la célula o del grupúsculo medio clandestino tendrá ahora el aspecto robusto y la personalidad frondosa[32] y desenvuelta de un político profesional. Habrá tragado polvo en las carreteras y sudado camisas bajo el sol ardiente de las plazas mientras abraza compadres, estrecha

---

[28] nada

[29] frivolidades

[30] casta

[31] argumentos

[32] exuberante

110 manos, bebe cerveza, pisco,[33] aguardiente, ron, tequila o cualquier otro licor
autóctono en las cantinas de los barrios y poblaciones. Sus seguidores lo lla-
marán jefe. Será un orador copioso y efectista que sufre estremecimientos[34] casi
eróticos a la vista de un micrófono. Su éxito residirá esencialmente en su capacidad de explotar demagógicamente los problemas sociales. ¿Acaso no hay
115 desempleo, pobreza, falta de escuelas y hospitales? ¿Acaso no suben los precios como globos mientras los salarios son exiguos[35] salarios de hambre? ¿Y
todo esto por qué?, preguntará de pronto contento de oír su voz, difundida por
altoparlantes, llenando el ámbito de una plaza. Ustedes lo saben, dirá. Lo sabemos todos. Porque —y aquí le brotarán agresivas las venas del cuello bajo un
120 puño amenazante— la riqueza está mal distribuida, porque los ricos lo tienen
todo y los pobres no tienen nada, porque a medida que crecen sus privilegios,
crece también el hambre del pueblo. De ahí que sea necesaria una auténtica
política social, de ahí que el Estado deba intervenir en defensa de los desheredados,[36] de ahí que todos deban votar por los candidatos que representan,
125 como él, las aspiraciones populares.

De esta manera el perfecto idiota, cuando resuelva hacer carrera política,
cosechará[37] votos para hacerse elegir diputado, representante a la Cámara o
senador, gobernador o alcalde. Y así, de discurso en discurso, de balcón en balcón, irá vendiendo sin mayor esfuerzo sus ideas populistas. Pues esas ideas gus-
130 tan, arrancan aplausos. Él hará responsable de la pobreza no sólo a los ricos
(que todo lo tienen y nada dan), sino también a los injustos términos de inter-
cambio, a las exigencias del Fondo Monetario Internacional, a las políticas ciegamente aperturistas[38] que nos exponen a competencias ruinosas en los mercados internacionales y a las ideas neoliberales.

135 Será, además, un verdadero nacionalista. Dirá defender la soberanía
nacional contra las conjuras del capital extranjero, de esa gran banca internacional que nos endeuda para luego estrangularnos, dejándonos sin inversión
social. Por tal motivo, en vez de entregarle nuestras riquezas naturales a las
multinacionales, él reclama el derecho soberano del país de administrar sus pro-
140 pios recursos. ¿Privatizar empresas del Estado? Jamás, gritará nuestro perfecto
idiota vibrante de cólera. No se le puede entregar a un puñado de capitalistas
privados lo que es patrimonio de todo el pueblo, de la nación entera. Eso jamás,

---

[33] Una bebida alcohólica típica del Perú

[34] espasmos

[35] minúsculos, insuficientes

[36] pobres

[37] *will harvest*

[38] *free market*

repetirá con la cara más roja que la cresta de un pavo. Y su auditorio entusiasmado dirá también jamás, y todos volverán algo ebrios, excitados y contentos
145 a casa, sin preguntarse cuántas veces han oído lo mismo sin que cambie para nada su condición. En este cuento el único que prospera es el idiota.

Prospera, en efecto. A los cuarenta años, nuestro perfecto idiota, metido en la política, tendrá algún protagonismo dentro de su partido y dispondrá ya, en Secretarías,[39] Gobernaciones, Ministerios o Institutos, de unas buenas parce-
150 las burocráticas. Será algo muy oportuno, pues quizá sus discursos de plaza y balcón hayan comenzado a erosionarse. Lo cierto es que los pobres no habrán dejado de ser pobres, los precios seguirán subiendo y los servicios públicos, educativos, de transporte o sanitarios, serán tan ineficientes como de costumbre. Devaluadas sus propuestas por su inútil reiteración, de ahora en adelante
155 su fuerza electoral deberá depender esencialmente de su capacidad para distribuir puestos públicos, becas, auxilios o subsidios. Nuestro perfecto idiota es necesariamente un clientelista político. Tiene una clientela electoral que ha perdido quizá sus ilusiones en el gran cambio social ofrecido, pero no en la influencia de su jefe y los pequeños beneficios que pueda retirar de ella. Algo es algo,
160 peor es nada.

Naturalmente nuestro hombre no está solo. En su partido (de alto contenido social), en el Congreso y en el gobierno, lo acompañan o disputan con él cuotas de poder otros políticos del mismo corte y con una trayectoria parecida a la suya. Y ya que ellos también se acercan a la administración pública
165 como abejas a un plato de miel, poniendo allí sus fichas políticas, muy pronto las entidades oficiales empezarán a padecer de obesidad burocrática, de ineficiencia y laberíntica «tramitología[40]». Dentro de las empresas públicas surgirán voraces burocracias sindicales. Nuestro perfecto idiota, que nunca deja de cazar votos, suele adular a estos sindicalistas concediéndoles cuanto piden a través de
170 ruinosas convenciones colectivas. Es otra expresión de su conciencia social. Finalmente aquélla no es plata suya, sino plata del Estado, y la plata del Estado es de todos; es decir, de nadie.

Con esta clase de manejos, no es de extrañar que las empresas públicas se vuelvan deficitarias y que para pagar sus costosos gastos de funcionamiento se
175 haga necesario aumentar tarifas e impuestos. Es la factura que el idiota hace pagar por sus desvelos[41] sociales. El incremento del gasto público, propio de su Estado

---

[39] *secretaryships* (position of secretary of an organization)

[40] Made-up word that refers to the excess of *trámites,* or bureaucratic transactions, that keep politicians in business. The idea is that even though the *idiota*'s social message is no longer inspiring, his constituents keep him in power because they hope to reap some favors from him.

[41] preocupaciones

benefactor, acarrea con frecuencia un severo déficit fiscal. Y si a algún desventurado se le ocurre pedir que se liquide un monopolio tan costoso y se privatice la
empresa de energía eléctrica, los teléfonos, los puertos o los fondos de pensiones,
180 nuestro amigo reaccionará como picado por un alacrán. Será un aliado de la burocracia sindical para denunciar semejante propuesta como una vía hacia el capitalismo salvaje, una maniobra de los neoliberales para desconocer la noble función social del servicio público. De esta manera tomará el partido de un sindicato
contra la inmensa, silenciosa y desamparada mayoría de los usuarios.

185   En apoyo de nuestro político y de sus posiciones estatistas, vendrán otros
perfectos idiotas a darle una mano: economistas, catedráticos, columnistas de
izquierda, sociólogos, antropólogos, artistas de vanguardia[42] y todos los miembros del variado abanico de grupúsculos de izquierda: marxistas, trostkistas,
senderistas,[43] maoístas que han pasado su vida embadurnando[44] paredes con
190 letreros o preparando la lucha armada. Todos se movilizan en favor de los
monopolios públicos.

En la batalla por lo alto la dan los economistas de esta vasta franja donde la
bobería ideológica es reina. Este personaje puede ser un hombre de cuarenta y
tantos años, catedrático en alguna universidad, autor de algunos ensayos de
195 teoría política o económica, tal vez con barbas y lentes, tal vez aficionado a
morder una pipa y con teorías inspiradas en Keynes[45] y otros mentores de la
social democracia, y en el padre Marx siempre presente en alguna parte de su
saber y de su corazón. El economista hablará de pronto de estructuralismo, término que dejará seguramente perplejo a nuestro amigo, el político populista,
200 hasta cuando comprenda que el economista de las barbas propone poner a funcionar sin reatos[46] la maquinita de emitir billetes para reactivar la demanda y
financiar la inversión social. Será el feliz encuentro de dos perfectos idiotas. En
mejor lenguaje, el economista impugnará las recomendaciones del Fondo
Monetario[47] presentándolas como una nueva forma repudiable de neocolonia-
205 lismo. Y sus críticas más feroces serán reservadas para los llamados neoliberales.

---

[42] *avant-garde*

[43] Partidarios del Sendero Luminoso, un grupo terrorista de la Izquierda en el Perú

[44] *smearing*

[45] John Maynard Keynes (1883–1946). Preconizó la intervención del estado para garantizar el pleno empleo.

[46] **sin...** *unharnessed* (In order to finance expensive social programs, the government will have to print worthless currency, which will lead to the kind of astronomical inflation that has plagued Latin America.)

[47] The International Monetary Fund (IMF) makes loans to countries to help them develop and stabilize their economies. When the IMF calls in these loans, debtor countries are sometimes unable to pay back even the interest. International debt has precipitated economic crises in a number of countries. The authors lambaste politicians who accept IMF loans and then criticize the organization for expecting them to pay their debts.

Dirá, para júbilo del populista, que el mercado inevitablemente desarrolla iniquidades, que corresponde al Estado corregir los desequilibrios en la distribución del ingreso y que la apertura económica sólo sirve para incrementar ciega y vertiginosamente las importaciones, dejando en abierta desventaja a las
210 industrias manufactureras locales o provocando su ruina con la inevitable secuela del desempleo y el incremento de los problemas sociales.

Claro, ya lo decía yo, diría el político populista, sumamente impresionado por el viso de erudición que da a sus tesis el economista y por los libros bien documentados, publicados por algún fondo editorial universitario, que le envía.
215 Hojeándolos, encontrará cifras, indicativos, citas memorables para demostrar que el mercado no puede anular el papel justiciero del Estado. Tiene razón Alan García[48] —leerá allí— cuando dice que «las leyes de la gravedad no implican que el hombre renuncie a volar». (Y naturalmente los dos perfectos idiotas, unidos en su admiración común ante tan brillante metáfora, olvidarán decirnos
220 cuál fue el resultado concreto obtenido, durante su catastrófico gobierno, por el señor García con tales elucubraciones.[49])

A los cincuenta años, después de haber sido senador y tal vez ministro, nuestro perfecto idiota empezará a pensar en sus opciones como candidato presidencial. El economista podría ser un magnífico ministro de Hacienda[50] suyo.
225 Tiene a su lado, además, nobles constitucionalistas de su mismo signo, profesores, tratadistas ilustres, perfectamente convencidos de que para resolver los problemas del país (inseguridad, pobreza, caos administrativo, violencia o narcotráfico), lo que se necesita es una profunda reforma constitucional. O una nueva Constitución que consagre al fin nuevos y nobles derechos: el derecho a
230 la vida, a la educación gratuita y obligatoria, a la vivienda digna, al trabajo bien remunerado, a la lactancia, a la intimidad, a la inocencia, a la vejez tranquila, a la dicha eterna. Cuatrocientos o quinientos artículos con un nuevo ordenamiento jurídico y territorial, y el país quedará como nuevo. Nuestro perfecto idiota es también un soñador.
235 Ciertamente no es un hombre de grandes disciplinas intelectuales, aunque en sus discursos haga frecuentes citas de Neruda, Vallejo o Rubén Darío[51] y use

---

[48] Presidente aprista del Perú entre 1985 y 1990. Caracterizaron su administración desastrosa el escándalo, la corrupción y los problemas económicos.

[49] invenciones

[50] *finance*

[51] The authors are making fun of the tendency of Latin American politicians to namedrop. Although the *idiota* is not well read, he will be sure to mention Pablo Neruda, the Chilean Nobel Prize winner; César Vallejo, the Peruvian poet; and Rubén Darío, the Nicaraguan poet who initiated the literary movement known as modernism. In the next part of the sentence they mock the politician's fondness for jargon and buzzwords.

palabras como telúrico, simbiosis, sinergia, pro-gramático y coyuntural. Sin
embargo, donde mejor resonancia encuentra para sus ideas es en el mundo cultural de la izquierda, compuesto por catedráticos, indigenistas, folkloristas,
240 sociólogos, artistas de vanguardia, autores de piezas y canciones de protesta y
películas con mensaje. Con todos ellos se entiende *muy* bien.

Comparte sus concepciones. ¿Cómo no podría estar de acuerdo con los
ensayistas y catedráticos que exaltan los llamados valores autóctonos o telúri-
cos de la cultura nacional y las manifestaciones populares del arte, por oposi-
245 ción a los importadores o cultivadores de un arte foráneo[52] y decadente? Nuestro
perfecto idiota considera con todos ellos que deben rescatarse las raíces indígenas de Latinoamérica siguiendo los pasos de un Mariátegui o de un Haya de
la Torre, cuyos libros cita. Apoya a quienes denuncian el neocolonialismo cultural y le anteponen creaciones de real contenido social (esta palabra es siem-
250 pre una cobija mágica) o introducen en el arte pictórico formas y reminiscen-
cias del arte precolombino.

Probablemente nuestro idiota, congresista al fin, ha propuesto (y a veces
impuesto) a través de alguna ley, decreto o resolución, la obligación de alternar
la música foránea (para él decadente, Beatles incluidos) con la música criolla.
255 De esta manera, habrá enloquecido o habrá estado a punto de enloquecer a sus
desventurados compatriotas con cataratas de joropos, bambucos, marineras,
huaynos, rancheras o cuecas.[53] También ha exigido cuotas de artistas locales en
los espectáculos y ha impugnado la presencia excesiva de técnicos o artistas
provenientes del exterior.

260 Por idéntico escrúpulo nacionalista, incrementará la creación de grupos
de artistas populares, dándoles toda suerte de subsidios, sin reparar en su calidad. Se trata de desterrar el funesto elitismo cultural, denominación que en su
espíritu puede incluir las óperas de Rossini, los conciertos de Bach, las exposiciones de Pollock o de Andy Warhol,[54] el teatro de Ionesco (o de Molière)[55] o
265 las películas de Bergman,[56] en provecho de representaciones llenas de diatribas

---

[52] extranjero

[53] El joropo es un baile venezolano; el bambuco es un baile colombiano; la marinera es popular
en Chile, Ecuador y Perú; el huayno es un baile peruano; la ranchera es mexicana; y la cueca es
chilena. Los autores se burlan de la tendencia de los izquierdistas de exaltar todo lo folklórico y
autóctono y de condenar todo lo extranjero, tachándolo de «decadente».

[54] Jackson Pollock (1914–56) y Andy Warhol (1927–87) fueron dos pintores norteamericanos
conocidos por sus obras innovadoras y experimentales.

[55] Eugène Ionesco (1912–94), dramaturgo francés de origen rumano, considerado el padre del
«teatro del absurdo»; Molière (1662–73), dramaturgo francés, autor de comedias y dramas psi-
cológicos

[56] Ingmar Bergman (1918–), director de cine y de teatro conocido por su estilo depurado y su
percepción penetrante

político-sociales, de truculento costumbrismo o de deplorables localismos folklóricos.

Paradojas: a nuestro perfecto idiota del mundo cultural no le parece impugnable[57] gestionar y recibir becas o subsidios de funcionarios o universi-
270 dades norteamericanas, puesto que gracias a ellas puede, desde las entrañas mismas del monstruo imperialista, denunciar en libros, ensayos y conferencias el papel neocolonialista que cumplen no sólo los Chicago Boys[58] o los economistas de Harvard, sino también personajes tales como el pato Donald, el teniente Colombo o Alexis Carrington.[59] En estos casos, el perfecto idiota lati-
275 noamericano se convierte en un astuto quintacolumnista[60] que erosiona desde adentro los valores políticos y culturales del imperio.

Nuestro amigo, pues, se mueve en un vasto universo a la vez político, económico y cultural, en el cual cada disciplina acude en apoyo de la otra y la idiotez se propaga prodigiosamente como expresión de una subcultura conti-
280 nental, cerrándonos el camino hacia la modernidad y el desarrollo. Teórico del tercermundismo, el perfecto idiota nos deja en ese Tercer Mundo de pobreza y de atraso con su vasto catálogo de dogmas entregados como verdades.

Repaso

I. Conteste las siguientes preguntas.

1. ¿A qué «cálculos y resentimientos» cree Ud. que se refieren los autores en la primera frase del ensayo?

2. ¿Qué teoría política influye en la manera de ver el mundo del «perfecto idiota»? ¿En qué sentido le provee de una «explicación fácil» de las cosas?

3. ¿Por qué dicen los autores que a la base del pensamiento político del «idiota» se encuentran los resentimientos sociales? ¿A quiénes les echa la culpa por su situación?

4. ¿Por qué comparan el marxismo del «perfecto idiota» con el sarampión o el acné? ¿Qué influencia tuvo en su desarrollo la Revolución cubana?

5. ¿Sigue «el idiota» admirando a Castro? Explique.

---

[57] objetable
[58] Un grupo de economistas norteamericanos que apoyan los principios de la privatización y del mercado libre. Han tenido mucha influencia en Latinoamérica.
[59] Colombo y Alexis Carrington son personajes de populares programas de televisión norteamericanos, *Colombo* y *Dynasty*.
[60] traidor

6. Al momento de lanzar su carrera política, ¿qué tipo de partido busca el «perfecto idiota»?

7. ¿Cómo incorpora la ideología de su juventud en su plataforma política? ¿Cómo va cambiando su vocabulario?

8. ¿Qué transformación ocurre en el «idiota» a los treinta años? ¿Cómo lo recibirá el público? ¿Por qué?

9. ¿Por qué se opone el «idiota» a la privatización? ¿Cómo usa este tema para ganar votos?

10. ¿Logra resolver los problemas nacionales el «idiota»? ¿Cómo logra mantenerse en el poder una vez que su retórica deja de interesarle al público? ¿Qué es la «tramitología»? ¿Cómo se explica la burocracia aplastante que existe en tantos países latinoamericanos?

11. ¿Por qué se vuelven deficitarias las empresas públicas? ¿Qué hacen los gobiernos para pagar sus gastos? ¿Cómo reacciona el «idiota» cuando se sugiere que se privaticen estas empresas?

12. ¿Cómo caracterizan los autores a los economistas que apoyan al «idiota»? ¿Por qué llaman al Fondo Monetario Internacional una institución neocolonialista?

13. Al presentarse el «idiota» como candidato para la presidencia, ¿qué solución propone a los problemas de su país?

14. ¿Cómo emplea el tema de lo autóctono? Según los autores, ¿cuál es el resultado de esta insistencia en lo autóctono?

15. ¿Qué paradoja se produce cuando le ofrecen al «idiota» una beca de una universidad norteamericana? ¿Cómo justifica su aceptación del dinero de una institución «imperialista»?

16. ¿Cuál es el resultado de la «idiotez» que describen los autores?

II. Temas para la conversación y la composición

1. Las características del «idiota» latinoamericano: ¿Es justificable llamar a este tipo de persona «idiota»? ¿Por qué? ¿Qué respuesta podría dar el «idiota» a las acusaciones de los autores?

2. Los movimientos izquierdistas en Latinoamérica y las razones de los autores por atacarlos

3. El uso de los autores de la exageración y la caricatura

4. Las posibles consecuencias positivas y negativas de la privatización

5. Lo autóctono y la identidad nacional: ¿Es importante que una nación mantenga viva su cultura autóctona? ¿Es importante que los países de Latinoamérica se mantengan abiertos a las culturas extranjeras? ¿Por qué?

6. El pato Donald, Colombo y Alexis Carrington: ¿Es la cultura norteamericana realmente «decadente»? ¿Exportamos lo mejor de nuestra cultura? ¿Contribuyen nuestras exportaciones al concepto distorsionado que muchos latinoamericanos tienen de los Estados Unidos? En el caso de que Ud. crea que sí, ¿cómo se puede remediar esta situación?

7. La paradoja del «idiota»: ¿Se justifica o no que un intelectual anticapitalista acepte una beca de una universidad norteamericana?

8. El «perfecto idiota» norteamericano: ¿Existe o no? Si existe, ¿cuáles son sus características?

Capítulo 8

Temas de actualidad

Al sentarse a la mesa por la mañana un argentino, un peruano o una mexicana a tomar su café y a leer el periódico, ¿qué noticias le llaman la atención? ¿Qué temas llenan los diarios de Latinoamérica? ¿Qué dilemas y conflictos le preocupan al lector de Puerto Rico o de Uruguay, y qué novedades captan su interés? Tal vez le sorprendería a Ud. descubrir que muchas de las noticias que llenan las gacetas y revistas latinoamericanas son las mismas que se encuentran en las norteamericanas. Además de asuntos internacionales, nacionales y locales, la tecnología, el medioambiente, las artes y la inmigración son materias de interés. Y, claro, no nos olvidemos de los deportes, las películas y la vida social.

 # LA TECNOLOGÍA

Un vistazo a los periódicos de Latinoamérica revelará una tremenda fascinación por la tecnología. Por ejemplo, abundan no sólo anuncios para teléfonos celulares sino también artículos sobre el tema. En Latinoamérica la telefonía celular expande mucho más rápidamente que en áreas más industrializadas. En Francia, por ejemplo, con una penetración de 12 celulares por cada 100 habitantes, este sector de la economía crece lentamente. El entusiasmo por el portátil no es sorprendente debido al hecho de que en varias partes de Latinoamérica la instalación de un teléfono todavía es un proceso lento y complicado. Para muchas personas es más eficaz comprar un celular y no tener que tratar con la engorrosa burocracia telefónica. En las calles de Buenos Aires y Caracas no es poco común ver a la gente caminando con su celular en la mano y hablando por teléfono. De hecho, en Río de Janeiro las autoridades municipales han intentado limitar el uso del celular en el auto a causa del gran número de accidentes que han resultado de la práctica de hablar por teléfono y manejar a la misma vez. La Tabla 8.1 refleja la actual penetración en algunos países.

Si el celular representa una amenaza para las grandes compañías telefónicas, Internet representa otra. Hoy en día éste ofrece la oportunidad de volear todo tipo de información y de buscarla, de hacer negocios internacionales y de relacionarse con gente de ciudades o países lejanos. Además, existen nuevos programas que permiten a la gente llamar por teléfono a otros países pagando tarifas locales. Hasta principios de los años noventa, el único requisito fue que las dos personas estuvieran conectadas a la Red. Sin embargo, a fines de la década se desarrolló un sistema que permitía que la gente hiciera llamadas de larga distancia a precios reducidos sin necesidad de que se estableciera la comunicación entre dos computadoras. Esto, a su turno, eliminó preocupaciones por las compatibilidades de equipos y del software. El nuevo sistema permite que una persona llame desde una máquina a un teléfono común, ya que hace la modificación de la señal para que pueda ser recibida por las computadoras telefónicas. El resultado es una comunicación de voz y en tiempo real.

Los numerosos artículos sobre la informática que llenan las páginas de periódicos y revistas latinoamericanos reflejan la importancia que se le da en los países del sur a su integración a la economía global. Otro indicio es el creciente interés en el inglés. La explosión tecnológica ha hecho del inglés el idioma del comercio internacional. Muchas publicaciones latinoamericanas llevan no sólo anuncios para cursos de inglés sino también artículos sobre nuevos programas para el aprendizaje de este idioma. Usualmente comprenden estos «paquetes» libros y CDs. Ofrecen instrucción para principiantes o para

Tabla 8.1   Penetración de
teléfonos celulares en varios
países de Latinoamérica

País	*Por 100 habitantes*
Argentina	6, 2
Venezuela	4, 0
Chile	3, 6
Brasil	2, 6
Perú	2, 1
México	1, 9
Paraguay	1, 3

personas que ya manejan bien el inglés en sus conversaciones cotidianas pero que necesitan adquirir las sutilezas del idioma para los negocios. Un diccionario interactivo creado a fines de 1998 suministra ayuda para los que deben realizar frecuentes traducciones del inglés al castellano o al portugués y viceversa. Este sistema está diseñado para enseñarles a las personas a escoger y deletrear las palabras correctamente. Los anuncios aseguran que mejorará la comunicación del usuario «en e-mails, cyberchats o cuando navega en Internet». Otros programas están diseñados para mejorar la pronunciación del usuario. El gran número de términos como *e-mail, cyberchat, on-line, Web, voice mail* y *zapping* que se encuentran en artículos sobre este tema sugiere que se está creando un nuevo idioma cibernético que contiene un número significativo de palabras inglesas.

Otros artículos subrayan el potencial de la Red para las empresas de Latinoamérica, un creciente número de las cuales hacen negocios por computadora. Al mismo tiempo están multiplicándose las compañías que están invirtiendo grandes sumas de dinero en el desarrollo de productos e infraestructuras virtuales. Las que se han lanzado en esta dirección han obtenido considerables ganancias, gracias en gran parte a la penetración de las computadoras en los hogares debido a la caída de precios.

Hoy en día en Latinoamérica, como en los Estados Unidos, mucha gente compra a través de la Red. ¿Qué necesita Ud.? ¿Un paraguas? ¿Un televisor? ¿Un juego de muebles para el patio? Prenda su computadora y ¡clic! Con Internet todo es fácil. O tal vez quiere transferir fondos de una cuenta a otra, pero no tiene tiempo para ir al banco. ¡Clic! En Latinoamérica, como en todas partes, Internet ha revolucionado la manera de comprar y de hacer transacciones monetarias. Sin embargo, mucha gente vacila al momento de escribir el número de su tarjeta de crédito en la pantalla.

En 1998 el Banco do Brasil se convirtió en la primera institución latinoamericana con un sitio seguro para la realización de operaciones comerciales electrónicas por medio de Internet. La tecnología es la misma que se emplea en los Estados Unidos para transacciones de este tipo. Se basa en un protocolo creado por la IBM que, según los expertos, es a prueba de piratas informáticos. El Banco do Brasil piensa ofrecer a tarjetahabientes la privacidad absoluta, la integridad de la información que viaja por la Red y un sistema de autoidentificación de todos los que participan en la transacción. Es de esperar que este sistema se adopte a través de Latinoamérica para permitir que todos los que quieran comprar, trasladar fondos o realizar otras transacciones a través de la Red lo puedan hacer sin cuidado.

 # LA TELEVISIÓN

Hoy en día la televisión es una realidad de la vida latinoamericana. Durante los años cincuenta el televisor era un símbolo de riqueza; sólo los adinerados podían darse el lujo de comprarlo. Veinte años más tarde el televisor ocupaba un lugar de honor en la sala o el comedor de la familia de clase media. Hoy en día, aun en las zonas más remotas no es poco común ver antenas de televisión en los techos de chozas de paja. Muchas personas que no poseen su propio aparato tienen acceso a la televisión a través de centros educativos, políticos o sociales u otras organizaciones. En 1990 Brasil había llegado a ser el séptimo mercado televisivo más grande del mundo.

En todos los países de Latinoamérica existen estudios de producción, aunque en algunos resulta más barato y eficaz comprar programas a los Estados Unidos que producirlos localmente. Además, los programas extranjeros son a menudo de mejor calidad técnica que los domésticos. Al prender su televisor en Caracas o Quito, el televidente puede ver un episodio de *Melrose Place* o de *Baywatch* en español o, si prefiere, algún programa de la Univisión, cadena en lengua castellana basada en Miami que transmite a muchas partes de Latinoamérica así como a ciudades norteamericanas con grandes poblaciones hispanas.

Numerosos sociólogos y políticos latinoamericanos se han opuesto a la práctica de importar programas de los Estados Unidos. Dicen que los valores que se representan en estos programas no son necesariamente los de su país y que el énfasis en el sexo y la violencia puede ser dañino para los niños. Además, la imagen en la pantalla de grandes lujos —casas magníficas, autos elegantes, ropa y joyas costosas— crea expectativas poco realistas con su secuela inevitable de frustraciones. Al ver estas imágenes, el televidente norteamericano las reconoce como fantasías, dicen algunos sociólogos, porque sabe cómo vive la gran mayoría de sus compatriotas. Pero el latinoamericano —en particular, el pobre— a veces las toma por representaciones auténticas de la vida estadounidense, y esto crea resentimientos. Además, estos programas no fomentan la cultura local. En los años setenta se consideraba el dominio de la televisión norteamericana una forma de imperialismo cultural. Ahora se ha suavizado la retórica, pero queda el deseo de parte de muchos latinoamericanos de desarrollar una programación más representativa de los valores y aspiraciones nacionales.

De hecho, la transición a la producción local se inició en los años setenta, cuando empezaron a aparecer programas que reflejaban las tradiciones culturales del televidente nacional. En Brasil, entre 1972 y 1983 el por ciento de programas producidos localmente se duplicó del 30 al 60. Allí, como en el resto de Latinoamérica, la telenovela dominaba la programación. Sin embargo, la telenovela latinoamericana no es sencillamente una imitación de la *soap opera* norteamericana sino una continuación de las radionovelas —melodramas escritos especialmente para la radio y muy populares en los países latinos a mediados del siglo veinte. En Brasil, algunos investigadores creen que la telenovela tiene raíces en la tradición oral — es decir, en los cuentos de narradores que ambulaban de un pueblo a otro en tiempos coloniales.

Los dos centros de producción televisiva más importantes de Hispanoamérica son México, D.F., y Buenos Aires, desde donde se transmiten programas a todas partes del mundo de habla española. Para el año 1991, Televisa, la cadena más importante de México, transmitía en español y portugués y ya estaba rivalizando a Rede Globo, el sistema dominante del Brasil, aunque hasta ahora el público brasileño sigue prefiriendo las telenovelas nacionales. De hecho, Televisa ha captado sólo un pequeño segmento del mercado en Brasil. Pero más importante que la rivalidad entre las dos redes de televisión es la emergencia de una cultura latinoamericana que trasciende las fronteras. La popularidad de las telenovelas mexicanas en Venezuela o en el Perú es comparable a la de revistas, discos y libros argentinos, por ejemplo, en Bolivia o Costa Rica.

Hoy en día muchos padres, pediatras y educadores se preocupan por los efectos dañinos que puede tener la televisión en los niños. A pesar de que los comentaristas han insistido repetidamente en la importancia de la supervisión paterna, según las encuestas, la mayoría de los niños terminan viendo el programa que quieren tras una «negociación» con los padres. En Latinoamérica, como en Estados Unidos, los niños pasan horas y horas delante de la pantalla asimilando todo tipo de mensaje sin que ningún adulto responsable imponga criterios claros que les enseñen cómo interpretar lo que ven.

Antes del advenimiento de la televisión, los miembros de una familia almorzaban juntos al mediodía. La sobremesa —período después de la comida en que todos se quedaban a la mesa conversando— les permitía a padres e hijos compartir ideas y averiguar qué había hecho cada uno durante el día. Al llegar la televisión a Latinoamérica, muchas familias empezaron a almorzar con el aparato prendido, pero por lo menos todos pasaban algún tiempo juntos en un mismo cuarto, y a veces comentaban lo que veían en la pantalla. Ahora ya no se trata como antes de que la familia se reúna delante del televisor. Hoy día en muchas casas cada miembro de la familia tiene su propio aparato. En los centros urbanos donde va eliminándose la siesta, la gente ni siquiera vuelve a casa a almorzar. Cuando los niños llegan del colegio, mamá y papá están en la oficina, y la empleada está ocupada limpiando la sala mientras ve la telenovela de la tarde. Entonces Juanito y Teresita van directamente a su dormitorio y ¡clic! prenden el aparato —y nadie los ve hasta que regresan los padres del trabajo.

Uno de los aspectos que influyen más en lo que se ha llamado el descontrol televisivo es el aumento del número de televisores por hogar. El padre tiene el suyo, la madre el suyo, los niños el suyo (o, a veces, cada niño tiene su propio aparato) y la empleada el suyo. Entonces el padre ve el partido de fútbol; la mamá, el último episodio de la telenovela; y los niños, una película. Según el psicólogo español Luis Fernando Vilches, «los pequeños ven lo que quieren, solos, sin una mediación paterna que los controle u oriente». El resultado es que los niños pasan horas y horas delante de la pantalla, lo cual causa una lastimosa pérdida de tiempo que influye negativamente en su educación.

A pesar de esto, la gente busca maneras de aumentar el número de programas disponibles, lo cual explica el creciente interés en la televisión «paga» —la que requiere que el televidente se abone a un servicio de cablevisión o que pague por ver ciertos programas. Aunque ésta todavía no está muy extendida en Latinoamérica, un grupo internacional de empresarios está empeñado en ampliar este mercado a través de la televisión satelital. México, Brasil y Colombia fueron los primeros países en entrar en esta arena, seguidos por Argentina, Chile y Venezuela. Los expertos calculan que entre siete millones y diez millones de hogares estaban abonados a la televisión satelital en el año 2000.

LA MÚSICA

La música es una pasión en todos los sectores de la sociedad latinoamericana. Por lo tanto, no es sorprendente que muchos periódicos y revistas dediquen por lo menos una página a los artistas de moda. Uno de los desarrollos más interesantes en la música contemporánea es la síntesis de numerosos géneros americanos en formas vibrantes y nuevas. Aunque los argentinos siguen cultivando su tango; los brasileños, su samba; los mexicanos, su corrido; y los caribeños, su salsa y su merengue, hoy existe la tendencia de combinar elementos de todos estos ritmos para crear una música realmente panamericana.

Una de las estrellas de la armonía híbrida es el compositor y guitarrista limeño Richie Zellon, que incorpora en sus creaciones los ritmos del Perú, de Colombia, de Brasil y del Caribe, además de diversos estilos populares y clásicos. Durante sus años formativos Zellon fue muy influido por los iconos del rock experimental norteamericano tales como Jimi Hendrix. A los nuevos ritmos de los años sesenta y setenta fue agregando los de diversas tradiciones latinas. Su madre es brasileña, y Zellon experimentó en forma directa el bossa nova y las baladas populares de artistas como Antônio Carlos Jobim, Edu Lobo y

Elis Regina. Después de grabar su primer volumen de jazz latino, viajó a los Estados Unidos, donde conoció a leyendas como el pionero del rock latino Carlos Santana y el guitarrista de jazz Pat Martino.

En 1994 Zellon dirigió un álbum titulado *Café con leche,* el cual lo convirtió en un campeón de compases peruanos prácticamente desconocidos como el lando, ritmo en 6/8 que posiblemente provenga de la cultura bantú; el festejo, ritmo africano en 12/8 que se originó en los barrios negros de Lima; y la marinara, un estilo clásico peruano que se deriva de la música marcial que se tocaba cuando los marineros llegaban al puerto. En *Planeta banana,* Zellon celebra el bossa nova brasileño, y en *Metal Caribe* no sólo abarca estilos de todas las Américas sino que también incluye elementos de Prokofiev y de Tel Aviv. Como señala el comentarista Mark Holston, este programa «obviamente no constituye el habitual arroz con pollo del jazz latino».[1]

Al mismo tiempo que se cultivan formas nuevas, se manifiesta un intenso interés en preservar la música tradicional. Con este fin se han recuperado y reproducido muchas grabaciones difíciles de con-

---

[1] *Américas* 51, no. 1 (Febrero 1999): 58.

seguir. La fascinación por el tango ha estimulado un concertado esfuerzo por encontrar curiosidades casi perdidas que tienen una verdadera significación histórica. Pero a menudo aun los artistas que exploran formas tradicionales adoptan un enfoque nuevo. Tal es el caso de *Women of Tango,* una colección de quince piezas que se concentran en un aspecto poco conocido del género: la voz femenina. El álbum contiene grabaciones de vocalistas como Elsa Rivas y Patricia Lasala, que comenzaron a darse por conocer después de la muerte de Carlos Gardel (1895–1935), el intérprete más famoso del tango.

Otra manifestación de este interés en lo autóctono son las grabaciones de Illapu, conjunto chileno que intenta preservar las tradiciones musicales de la cultura mapuche de su país y de las comunidades quechuas de Bolivia y del Perú. Para el sexteto chileno la conservación de esta música se ha convertido en una verdadera defensa de la identidad indígena. El grupo combina instrumentos occidentales como el saxofón, el bajo eléctrico y la percusión con otros indígenas como el tiple, que se parece a la guitarra, y la trutruca, especie de flauta.

La música norteamericana es popular en Latinoamérica desde hace décadas, pero ahora está más de moda que nunca. En Buenos Aires, los *blues clubs* han reemplazado algunos de los locales cerca del puerto donde nació el tango. Los jazzistas y cantantes de *blues* norteamericanos —aun los que son prácticamente desconocidos en los Estados Unidos— informan que han encontrado un público entusiasta y generoso en Buenos Aires. Los artistas más famosos —B. B. King y James Brown (conocido en la capital argentina como el Padrino del Soul)— llenan los auditorios y salas de concierto noche tras noche. Aunque se conoce el *blues* en Argentina desde los años setenta, cuando algunos conjuntos comenzaron a cantar este tipo de música en español, no fue sino hasta los años noventa que empezaron a atraer a un público grande. De hecho, varios festivales de jazz y de *blues* han sido organizados en Uruguay y Argentina.

EL MEDIO AMBIENTE

La contaminación del medio ambiente es un problema en todos los centros urbanos de Latinoamérica. Santiago de Chile, con una población de 5,7 millones de personas, es una de las ciudades más contaminadas del mundo, aunque México, D.F., y São Paulo, Brasil, también están en la carrera. Gracias a la pujanza económica de Chile registrada en los años ochenta, más personas pudieron adquirir autos, una de las fuentes principales de la contaminación. En 1980 había unos 746.000 vehículos en Santiago; había 1,5 millones en 1994 y 2 millones en el año 2000. Empeora la situación la infraestructura deficiente de la ciudad y ciertas condiciones climáticas, notablemente el hecho de que en el invierno, cuando los vientos soplan de oeste a este, la contaminación ambiental se encajona contra la Cordillera de los Andes. No hay que olvidar, además, que Santiago es un centro industrial con muchas fábricas, las cuales son también una fuente de contaminación.

Como en otras capitales latinoamericanas, en Santiago se están haciendo esfuerzos por mejorar la infraestructura y el transporte público. Con más metros, autobuses y colectivos, habría menos necesidad de autos particulares. También se han impuesto restricciones vehiculares: ciertos autos pueden circular un día de la semana, otros autos pueden circular otro. Sin embargo, por el momento el *smog* sigue quemándoles los ojos a los santiaguinos.

Con la proliferación de autos —y de fábricas— a través de Latinoamérica, el petróleo es una preocupación constante. Se ha pronosticado que las reservas petrolíferas serán insuficientes para la América Latina industrializada del siglo veintiuno. A principios de la década de los años setenta estaba comenzando el *boom* petrolero. El Ecuador, uno de los productores de petróleo más importantes del continente, ingresó en la Organización de Países Exportadores de Petróleo (OPEP). Allí como en Venezuela, otro país que produce petróleo, se esperaban grandes ganancias del «oro negro». Sin embargo, los efectos económicos que dejó este precioso recurso natural no fueron los que los expertos habían prometido.

En 1972 el precio por barril era 2,5 dólares, y el petróleo llenaba los cofres del tesoro público del Ecuador. Desde entonces la cantidad de petróleo que se saca de la tierra aumenta constantemente. Sin embargo, algunos expertos piensan que durante los primeros años del nuevo siglo, la producción declinará ostensiblemente. Un estudio del Banco Central hecho en 1994 sostenía que la producción declinaría en el 2002 hasta la caída total en el 2013. En ese momento se estabilizaría la producción a un nivel que impediría el crecimiento económico del país. Otro problema es que el petróleo que se está extrayendo ahora es de menor calidad que el de antes. Al mezclar diferentes tipos de crudos, el país perjudica la calidad del producto en el mercado internacional.

Los expertos pronostican que el petróleo será nuestra principal fuente de energía durante años. Más del 90 por ciento de las reservas de crudo y gas mundial están en países en vías de desarrollo, principalmente árabes. En la América del Sur se encuentra el 13 por ciento del total. También hay mucho gas en Rusia y en el Medio Oriente. En el futuro el Ecuador tendrá que encontrar nuevas maneras de competir con estos países por su parte del mercado.

Con este fin se ha propuesto la construcción de nuevos oleoductos para transportar el petróleo. También habrá que renovar los equipos obsoletos de la Amazonía, los cuales tienen un promedio de veinte años de operación, y explorar nuevos campos petrolíferos. Para realizar estas metas, será necesario atraer la inversión extranjera y delinear estrategias de largo plazo.

Si por un lado los países de Latinoamérica están deseosos de explotar sus recursos naturales, también están conscientes de la necesidad de preservar sus magníficos bosques y ríos. En años recientes la conservación de la selva amazónica se ha convertido en una causa internacional. En la ribera que se extiende desde Manaus a lo largo del río Amazonas se encuentran numerosas fábricas —refinerías, aserraderos— que contaminan las aguas y matan peces y plantas. Los brasileños que trabajan en las fábricas se enfrentan a un dilema: Necesitan sus empleos, pero al mismo tiempo se dan cuenta de que el río y la flora y fauna que sostiene son un recurso irreemplazable.

Donde antes la selva formaba una inmensa alfombra verde, hoy día se encuentran pueblos y caminos. Cuando, al principio de los años ochenta, el gobierno de Brasil ofreció tierra a los campesinos que estuvieran dispuestos a colonizar el área, más de medio millón de personas se trasladaron a Rodônia, en el sector sur de la selva amazónica. Les siguieron mineros, aserraderos y hacendados listos para explotar la tierra. Miles de árboles fueron cortados por su madera; otros fueron destruidos para crear fincas. Todos los años se quema un segmento del bosque del tamaño de Massachusetts. Al mismo tiempo, las compañías mineras llenan el río de mercurio, un veneno potente. La explotación de la selva no se limita al Brasil sino que se extiende al Ecuador y al Perú.

Aunque muchos grupos indígenas han perdido sus tierras a causa del «progreso», otros han prosperado, adquiriendo ganado y utilizando el terreno que el gobierno les ha regalado para enriquecerse. Los shuar del Ecuador, por ejemplo, fueron un pueblo bélico y feroz antes de que el desarrollo de la región amazónica les diera el incentivo para formar federaciones y comprar animales. Ahora se han convertido en un pueblo exportador de vacas. También han establecido escuelas donde sus niños aprenden su propio

idioma y el español; muchos jóvenes shuar han seguido sus estudios en la escuela secundaria, y algunos aun han ingresado en la universidad. Los shuar, aguijoneados por la necesidad de organizarse y trabajar juntos, también han desarrollado un sistema eficaz de autogobernación.

El desafío para el futuro será seguir con la expansión fabril, minera y agrícola de la zona amazónica y al mismo tiempo proteger a sus habitantes humanos y animales, además de su vegetación. En el pasado campesinos e indios tanto como magnates han explotado o destruido los recursos naturales sin pensar en las consecuencias. Hoy día la gente está empezando a aceptar que hay que proceder con más cautela.

PUERTO RICO: LA CUESTIÓN DE LA ESTADIDAD[2]

Un tema de gran interés a través de Latinoamérica es la situación política de Puerto Rico. Actualmente, Puerto Rico es un Estado Libre Asociado, o *Commonwealth,* lo cual quiere decir que los puertorriqueños son ciudadanos de los Estados Unidos y pueden moverse libremente dentro del territorio estadounidense, pero los que viven en la Isla no pueden votar en las elecciones presidenciales. Tampoco pagan impuestos federales. Puerto Rico recibe ayuda y protección de los Estados Unidos, pero el gobierno de la Isla tiene autoridad en los asuntos locales. Técnicamente, el Congreso es responsable por Puerto Rico, y por lo general, las leyes federales se aplican a sus residentes. Los puertorriqueños eligen a un representante ante el Congreso que puede votar en los comités de la Cámara de Representantes y defender los intereses de la Isla ante el cuerpo legislativo, pero su voto no puede romper un empate.

Hace décadas que se debate la situación de Puerto Rico con relación a los Estados Unidos, la que «no es ni chicha ni limonada», según algunos observadores. Es decir, Puerto Rico está en una posición ambigua. Es parte de los Estados Unidos, pero no tiene plena representación ante el Congreso; por otra parte, los puertorriqueños no contribuyen a los cofres federales con sus impuestos. En diciembre de 1998 se realizó un plebiscito en la Isla a fin de determinar los deseos de los puertorriqueños con respecto a su relación con los Estados Unidos. En esta elección los borinqueños[3] rechazaron la estadidad por segunda vez en seis años. El voto tuvo el efecto de mantener el *status quo* del Estado Libre Asociado. Las cinco opciones fueron: la estadidad, la independencia, la libre asociación (es decir, el sistema actual), el estado libre asociado «territorial» y «ninguna de las anteriores». Esta última ganó un 50,2 por ciento de los votos, comparado con el 46,5 para la estadidad. La independencia recibió sólo el 2,5 por ciento, y el estado libre asociado y la libre asociación recibieron menos del 1 por ciento cada una. Los resultados del plebiscito revelan que el pueblo puertorriqueño está profundamente dividido sobre si debe buscar una asociación más cercana con los Estados Unidos o no.

Los expertos todavía están debatiendo el significado del plebiscito. El gobernador de Puerto Rico, Pedro Roselló, que hizo campaña a favor de la estadidad, considera las elecciones una victoria porque de las opciones concretas, ésta ganó el mayor número de votos. Otros comentaristas señalan que los puertorriqueños tuvieron la opción de apoyar la estadidad y no lo hicieron.

---

[2] Esta palabra se emplea en Puerto Rico para significar *statehood.*

[3] puertorriqueños. Boriquen (o Borinquén) es el nombre original de la isla de Puerto Rico.

Los que apoyan la estadidad dicen que están orgullosos de su asociación con los Estados Unidos y que los puertorriqueños, que han peleado en las guerras norteamericanas y contribuido a la economía del país, deben tener representantes en el Congreso y votar por el presidente. Dicen que no están dispuestos a seguir siendo «ciudadanos de segunda clase» y que deben poder determinar su propio futuro.

La oposición afirma que entrar como estado en la unión norteamericana significaría que Puerto Rico tendría que entregar su soberanía. Según este grupo, aceptar la estadidad sería rechazar la lengua, la cultura y la bandera puertorriqueñas y negar los vínculos que existen entre la Isla y el resto de Latinoamérica. El mantener su *status* actual, dicen, ofrece lo mejor de los dos mundos. El gobierno de los Estados Unidos ofrece abundante asistencia a Puerto Rico. Durante la década de los años noventa los fondos destinados a la Isla crecieron todos los años, y en 1997 habían llegado a $10,7 billones. El arreglo actual permite a los habitantes de la Isla preservar su identidad y recibir ayuda del Tío Sam sin tener que contribuir dinero a los cofres federales. Los partidarios del *status quo* también señalan que menos del 25 por ciento de los puertorriqueños hablan inglés y que el inglés es un elemento unificador en los Estados Unidos —un país formado de diversos pueblos— como el español lo es en Latinoamérica. Por lo tanto, Puerto Rico realmente nunca sería «un estado más», como Tennessee u Oregón.

Los partidarios de la independencia son pocos pero forman una minoría vociferante. De hecho, organizaron varias manifestaciones antes de las elecciones. Este grupo alega que el plebiscito fue una farsa diseñada para darle la victoria a Roselló. Mantiene que Puerto Rico es un país culturalmente muy distinto a los Estados Unidos y que el obrero puertorriqueño debe declarar su solidaridad con el proletariado del resto de Latinoamérica, con el cual tiene más en común que con los norteamericanos.

En el plebiscito de 1993 la estadidad perdió ante el Estado Libre Asociado por un margen del 46,2 por ciento al 48,4 por ciento. Sólo el 4,4 por ciento apoyó la independencia.

LA INMIGRACIÓN

Otro tema de gran interés en Latinoamérica es la presencia latina en los Estados Unidos. Según las proyecciones del Censo Estadounidense, hay unos 31 millones de hispanos en este país. En el año 2005 los hispanos comprenderán aproximadamente el 13 por ciento de la población, y en 2050 comprenderán el 25 por ciento de la población. Aunque la gran mayoría de los hispanos no son recién llegados, el influjo de inmigrantes ha contribuido enormemente al rápido crecimiento de la población hispana. Entre 1980 y 2000 más inmigrantes llegaron a los Estados Unidos que en ningún otro período de su historia. A diferencia de olas de inmigrantes anteriores, ésta está comprendida principalmente de personas de Latinoamérica y del Asia. Sólo un porcentaje muy pequeño es de Europa. De hecho, debido a su alta tasa de natalidad y a la inmigración, los hispanos son uno de los grupos que crecen más rápidamente. Entre 1980 y 1990 la población hispana aumentó a cinco veces la velocidad de la población en general.

Muchos expertos creen que durante la segunda década del siglo veintiuno los hispanos llegarán a ser la minoría más grande de los Estados Unidos. Los niños hispanos ya superan en número a los demás grupos minoritarios al ingresar al primer grado en las escuelas públicas. Además, el número de graduados universitarios de origen hispano se triplicó durante las dos últimas décadas del siglo veinte. El Departamento de Comercio de los Estados Unidos informa que los hispanos están creando empresas al triple del ritmo del resto de la población. Además, la participación de los hispanos en el proceso electoral aumentó de 500.000 a 700.000 votantes en cada elección presidencial entre 1980 y 1992, y se proyecta que seguirá creciendo.

El grupo más grande de inmigrantes latinos —aproximadamente el 63 por ciento— proviene de México. Hoy en día los mexicano-americanos constituyen más de un tercio de la población de Los Ángeles. Los puertorriqueños constituyen el 12 por ciento de la población hispana, y los cubano-americanos, el 5 por ciento.

Aunque al principio del siglo la gran mayoría de los hispanos —casi todos mexicanos— vivían en el campo, hoy en día el 90 por ciento habita en los centros urbanos, principalmente en Los Ángeles, Nueva York, Chicago, Miami y las grandes ciudades del sudoeste, donde se radican muchos mexicanos y mexicano-americanos. En Nueva York se encuentran concentraciones de puertorriqueños pero también personas de otros países —la República Dominicana, Colombia, Cuba, Ecuador. En Chicago hay comunidades de mexicanos, puertorriqueños y cubanos. Miami tiene la población cubano-americana más grande del país; también muchos inmigrantes nicaragüenses viven allí. Washington, D.C., vio un influjo de salvadoreños y guatemaltecos durante los años ochenta, y ahora estos grupos forman un segmento significativo de la población. Hoy en día se encuentran hispanos en ciudades medianas del medio oeste tanto como en las grandes metrópolis.

A mediados de los años sesenta los hispanos empezaron a organizarse políticamente y a hacer sentir su influencia. Líderes como César Chávez, que organizó a los labradores que trabajaban en las viñas de California, y Reies López Tijerina, fundador de la Alianza Federal de Mercedes, llamaron la atención del público a las injusticias que sufrían muchos mexicanos que trabajaban en el sector agrícola. Durante los años ochenta un mayor número de hispanos comenzaron a participar en el proceso electoral. Gracias a campañas para inscribirse realizadas en los barrios de Los Angeles, Nueva York y otras ciudades con grandes poblaciones hispanas, muchas personas que nunca habían ejercido este derecho empezaron a expresar su opinión mediante el voto. En la campaña del año 2000 todos los candidatos hicieron un esfuerzo por ganar el voto hispano.

Aunque más hispanos que nunca están graduándose de la escuela secundaria, entre el 30 y el 48 por ciento de los estudiantes de este grupo étnico abandonan el colegio sin terminar su carrera. Hace décadas que los educadores proponen diferentes soluciones al problema. La *educación bilingüe* es un término que se refiere a una variedad de programas. A menudo éstos no son realmente estrictamente bilingües porque el niño recibe casi toda su instrucción en español; en muchas escuelas sólo se dedican 45 minutos o una hora diariamente al aprendizaje del inglés. Los partidarios del sistema alegan que el niño necesita estudiar materias como matemáticas y geografía en su propio idioma para no atrasarse; más tarde, dicen, cuando haya dominado el inglés, puede hacer la transición a clases normales. Sin embargo, un estudio extenso realizado en Nueva York a principios de los años noventa mostró que la mayoría de los niños en cursos de educación bilingüe nunca hacían esta transición, mientras que los que estaban en cursos de ESL *(English as a Second Language),* en que el profesor hablaba inglés —siempre a un nivel que el estudiante pudiera entender— obtenían resultados muy superiores. El tema sigue siendo muy controvertido. Los datos a menudo se contradicen, y los partidarios de los diferentes sistemas no han podido llegar a un acuerdo.

Se debe tener en cuenta, sin embargo, que la gran mayoría de los hispanos que viven en los Estados Unidos sí hablan inglés, aunque muchos de ellos también hablan español. El 53 por ciento de los hispanos de los Estados Unidos son monolingües en inglés, y más del 85 por ciento habla el idioma. Investigaciones realizadas a fines de los años noventa muestran que, después de veinte años de residencia en este país, los inmigrantes hispanohablantes que aprenden inglés ganan lo mismo que sus vecinos que nacieron aquí, mientras que los que no aprenden el idioma nunca logran alcanzar al resto de la población. Más trágico aún es el hecho de que sus hijos tampoco ganan tanto como sus vecinos anglófonos.

Los hispanos han enriquecido muchos aspectos de la cultura de los Estados Unidos. En el campo culinario han contribuido varios platos que ahora son comunes en todas partes del país —desde California hasta Connecticut. Algunas contribuciones mexicanas a la cocina norteamericana son la tortilla, el taco, el tamal y la enchilada. La tortilla es una especie de crepa o panqueque hecho de maíz o de harina; el taco es una tortilla doblada con un relleno de carne o pollo, chile y otros condimentos; el tamal consiste en masa de maíz con manteca cocida y envuelta en una hoja de plátano o maíz, con relleno de carne, pollo, chile u otros ingredientes; la enchilada es una tortilla de maíz con relleno de carne, pollo u otro ingrediente y una salsa roja o verde. La cocina caribeña también ha influido en la norteamericana. Los centros urbanos del nordeste —Nueva York, Jersey City— están repletos de restaurantes chino-cubanos donde se sirven platos sabrosos como lechón asado, frijoles negros con arroz y plátanos fritos.

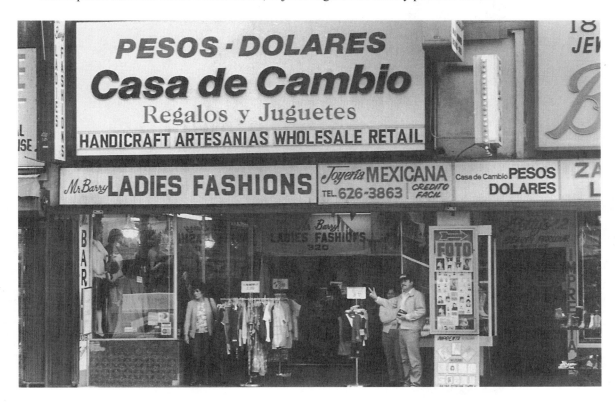

Si la música norteamericana se ha hecho popular en Latinoamérica, la influencia ha sido mutua. Canciones y bailes cubanos son comunes en las fiestas norteamericanas desde principios del siglo diecinueve. El cha-cha-chá, la conga, el mambo, la rumba y la salsa, que tienen su origen en los ritmos africanos, han encontrado nuevos intérpretes. Hoy en día cantantes como Carlos Santana, Gloria Estefan y el conjunto Los Lobos incorporan el estilo afrocubano a la música popular norteamericana. Artistas como Celia Cruz, conocida como la Reina de la Salsa, y Ricky Martín, que combina ritmos norteamericanos y latinos, son apreciados tanto en los Estados Unidos como en Latinoamérica.

Varios pintores y escritores hispanos se han destacado durante la segunda mitad del siglo veinte. Entre los pintores habría que mencionar a John Valadez, Martín Ramírez, Frank Romero y Arnaldo Roche. Entre los escritores más conocidos se cuentan Tomás Rivera, Piri Thomas, Rodolfo Anaya, Julia Álvarez y Cristina García. En la arquitectura se ha distinguido Bernardo Fort-Brescia y en la costura, Adolfo y Oscar de la Renta.

Muchos hispanos se han distinguido en los deportes, como, por ejemplo, las estrellas del béisbol Roberto Clemente, José Canseco y Fernando Valenzuela. Más recientemente, el dominicano Sammy Sosa, jardinero derecho de los Chicago Cubs, asombró al mundo al hacer 66 jonrones durante la temporada de 1998, hazaña que lo catapultó a la fama internacional. Es cierto que Mark McGwire lo superó cuando logró cinco jonrones en los últimos partidos de la temporada, alcanzando un total de 71. Sin embargo, Sosa rompió el récord anterior establecido por Roger Maris en 1961. Perseguido constantemente por reporteros y aficionados, Sosa convirtió su fama en un vehículo para poner de relieve la triste situación de la República Dominicana y de otros países caribeños. La oficina de relaciones públicas de los Cubs recibió $450.000 en fondos para la Fundación Sosa, dinero que se está usando para suministrar ayuda a la gente pobre. En 1999 McGwire y Sosa casi repitieron su hazaña. McGwire hizo 65 jonrones y Sosa hizo 63.

 # ESTADOS UNIDOS

Si durante los años sesenta y setenta los jóvenes latinoamericanos llevaban letreros que decían *Yankee, go home,* ahora todo lo norteamericano está de moda. Las cosas han cambiado radicalmente, según James Moore, el agregado cultural de la Embajada de los Estados Unidos en Buenos Aires. No sólo el rap y las hamburguesas están en boga, sino también las obras de Terrence McNally y Tony Kushner, las novelas de Stephen King y Judith Krantz, las pinturas de Basquiat y las composiciones del American Ballet Theater. El renombrado novelista argentino Tomás Eloy Martínez comenta que cuando era joven, el francés era el idioma del intelectual; ahora es el inglés. La influencia del inglés se ve no sólo en la informática sino en el lenguaje cotidiano. Las argentinas hacen el *shopping.* Los chilenos se reúnen en el *living.* Los salvadoreños comen *corn flakes* por la mañana, término que se emplea para referirse a cualquier cereal frío. Desde México hasta Uruguay las películas de Kevin Costner y de Tom Cruise atraen a incontables espectadores. Un bluyín importado puede costar una cantidad astronómica.

Todos estos desarrollos indican que el mundo está achicándose. Las fronteras entre los países latinoamericanos tanto como la que separa a los Estados Unidos de sus vecinos del sur están poniéndose cada vez más borrosas. La globalización afecta cada aspecto de la vida y a todos los sectores de la sociedad. ¿Qué significa esto para el futuro? Sólo Uds., los jóvenes de hoy, podrán dar respuesta a esta pregunta.

Repaso

I. Conteste las siguientes preguntas.

1. ¿Por qué crece tan rápido en Latinoamérica el uso del teléfono celular?

2. ¿En qué sentido representa Internet una amenaza a las compañías telefónicas? ¿Cómo ayuda la nueva tecnología a bajar el precio de una llamada a larga distancia?

3. ¿Qué papel juega el inglés en el comercio internacional? ¿Por qué tienen muchos hombres y mujeres de negocios interés en aprender inglés? ¿Qué programas existen para ayudarles?

4. ¿Por qué vacila mucha gente ante la posibilidad de hacer compras a través de la Red? ¿Qué nueva solución existe?

5. ¿Es la televisión un fenómeno común en Latinoamérica? Explique.

6. ¿Por qué prefieren algunas cadenas comprar programas a los Estados Unidos? ¿Qué problemas presenta la importación de programas extranjeros?

7. ¿Qué tipo de programa domina la televisión latinoamericana? ¿Se trata sencillamente de una imitación de la *soap opera* norteamericana? Explique.

8. ¿En qué sentido transciende la cultura popular las fronteras?

9. ¿Qué efectos dañinos de la televisión les preocupan a los pediatras y sociólogos?

10. ¿Cuál es uno de los desarrollos más interesantes en la música contemporánea? ¿Quién es Richie Zellon? ¿Qué contribución ha hecho?

11. ¿Qué esfuerzos se han hecho por preservar formas y estilos tradicionales?

12. ¿Qué influencia ha tenido la música norteamericana?

13. ¿En qué ciudades hay contaminación del medio ambiente? Describa la situación en Santiago de Chile.

14. ¿Qué preocupación existe en el Ecuador con relación al petróleo?

15. ¿Por qué está en peligro la zona amazónica? ¿Cuáles son algunos de los resultados negativos y positivos del desarrollo de esta región?

16. ¿Qué es un Estado Libre Asociado? Describa la situación política de Puerto Rico.

17. ¿Qué opinión expresaron los puertorriqueños en el plebiscito de diciembre de 1998? ¿Cuáles fueron las opciones? ¿Cuál ganó?

18. ¿Cuál es el argumento de los partidarios de la estadidad? ¿y de los que prefieren mantener el *status quo*? ¿y de los independentistas?

19. ¿Cuántos hispanos viven en los Estados Unidos? ¿Son todos inmigrantes?

20. ¿Qué factores han contribuido al rápido crecimiento de la población hispana?

21. ¿Cuál es el grupo de hispanos más grande? ¿Dónde viven principalmente? ¿Qué otros grupos constituyen un segmento significativo de la población?

22. ¿Cuándo empezaron los hispanos a organizarse políticamente? Describa su desarrollo político.

23. ¿Por qué es un problema la educación?

24. ¿Qué contribuciones han hecho los hispanos a la cultura norteamericana?

25. ¿Cómo ha cambiado la actitud hacia los Estados Unidos en Latinoamérica?

II. Explique el significado y la importancia de los siguientes términos.

1. teléfono celular
2. Red
3. tarjetahabiente
4. cadena de televisión
5. sobremesa
6. telenovela
7. tango
8. medio ambiente
9. Amazonas
10. infraestructura
11. estadidad
12. partidario
13. mexicano-americano
14. taco
15. bluyín

III. Temas para la conversación y la composición

1. La tecnología en Latinoamérica: beneficios y peligros
2. Las ventajas y desventajas del teléfono celular
3. La televisión: beneficios y desventajas de importar programas de los Estados Unidos
4. La televisión: ¿es dañina para los niños o no?
5. La globalización de la cultura pop
6. La música panamericana
7. La contaminación del medio ambiente: posibles soluciones

8. Fuentes de energía para el futuro

9. La preservación de recursos naturales: ¿se ha exagerado el peligro o no?

10. Ventajas y desventajas de la estadidad de Puerto Rico

11. Ventajas y desventajas de mantener el *status quo* puertorriqueño

12. La población hispana: desafíos para el futuro

13. Contribuciones de los hispanos a la cultura norteamericana

14. Actitudes hacia los Estados Unidos: ¿Qué cambios ha habido? ¿Qué significan para el futuro?

15. La desaparición de las fronteras: ¿Es un desarrollo negativo o positivo?

 OTRAS VOCES

La frontera de cristal

Carlos Fuentes

Carlos Fuentes (1928–), uno de los escritores más respetados de México, ha ganado incontables premios y ha sido candidato repetidas veces para el Premio Nóbel de Literatura. Hijo de diplomáticos, Fuentes pasó su juventud en varios países, entre ellos los Estados Unidos. Conoce bien Washington, D.C., y habla un inglés fluido y elegante.

En 1956 fundó la *Revista Mexicana de Literatura* con Emmanuel Carballo. Durante los años cincuenta empezó a contribuir a varias revistas de la Izquierda, notablemente *¡Siempre!* y *Política,* pero a principios de los sesenta rompió con la rígida posición ideológica de estos grupos. Con la publicación de su primera novela, *La región más transparente* (1958), Fuentes se estableció como una voz importante en la ficción mexicana. Inspirada en las obras de modernistas americanos y europeos de principios del siglo además de en las de realistas como Dickens y Balzac, esta novela presenta un vasto compendio de escenas de la vida contemporánea mexicana. Su segunda novela, *Las buenas conciencias* (1959), trata de la adolescencia atormentada de un joven mexicano de provincias. *La muerte de*

Artemio Cruz (1962) es considerada la novela más importante de Fuentes. Lo estableció como uno de los escritores más brillantes de la literatura occidental contemporánea y una de las voces más influyentes del *boom* —término que se refiere al florecimiento de la ficción latinoamericana durante los años sesenta y setenta. Usando técnicas innovadoras y complejas, Fuentes narra la historia de un industrialista ambicioso y brutal que llega a su auge en el período caótico después de la Revolución. Al evocar la vida de Cruz a través de los recuerdos de éste durante las horas que preceden a su muerte, el autor rompe con la cronología convencional y destruye las pretensiones a la objetividad de la novela realista. En los años que siguieron la aparición de *La muerte de Artemio Cruz,* Fuentes publicó numerosas otras novelas además de cuentos, obras de teatro, guiones para el cine y artículos.

«La frontera de cristal» es de una novela del mismo nombre publicada en 1996. Consiste en nueve cuentos entrelazados que narran la historia de Leonardo Barroso, magnate oportunista, que se aprovecha de la apertura económica que trae el Tratado de Libre Comercio. Invierte en las maquilas de la frontera —fábricas en las cuales operarias mexicanas trabajan día y noche por un sueldo mínimo—, en otros negocios que le permiten explotar a sus compatriotas más desafortunados y, finalmente, en la droga. A través de la novela se exploran las complicadas relaciones entre los Estados Unidos y México, dos países divididos por una frontera de cristal —es decir, por una ventana transparente a través de la cual el mexicano ve las oportunidades que ofrece el otro lado, pero que es, sin embargo, una barrera que lo mantiene afuera.

1

En la primera clase del vuelo sin escalas de Delta de la ciudad de México a Nueva York, viajaba don Leonardo Barroso.[4] Lo acompañaba una bellísima mujer de melena negra,[5] larga y lustrosa. La cabellera parecía el marco de una llamativa barba partida, la estrella de este rostro. Don Leonardo, a los cincuenta y tantos años, se sentía orgulloso de su compañía femenina. Ella iba sentada junto a la ventana y se adivinaba a sí misma en el accidente,[6] la variedad, la belleza y la lejanía del paisaje y el cielo. Sus enamorados siempre le habían

---

[4] Barroso es un poderoso magnate mexicano que ha aparecido en otros cuentos de esta colección.

[5] Barroso se ha arrancado con la esposa de su hijo.

[6] *features, contours*

dicho que tenía párpados de nube y una ligera borrasca[7] en las ojeras. Los novios mexicanos hablan como serenata.

10   Lo mismo miraba Michelina desde el cielo, recordando las épocas de la adolescencia cuando sus novios le llevaban gallo[8] y le escribían cartas almibaradas.[9] Párpados de nube, ligera borrasca en las ojeras. Suspiró. No se podía tener quince años toda la vida. ¿Por qué, entonces, le regresaba súbitamente la nostalgia indeseada de su juventud, cuando iba a bailes y la corteja-
15 ban los niños bien[10] de la sociedad capitalina?

      Don Leonardo prefería sentarse junto al pasillo. A pesar de la costumbre, le seguía poniendo nervioso la idea de ir metido en un lápiz de aluminio a treinta mil pies de altura y sin visible sostén. En cambio, le satisfacía enormemente que este viaje fuese el producto de su iniciativa.

20   Apenas aprobado el Tratado de Libre Comercio, don Leonardo inició un intenso cabildeo[11] para que la migración obrera de México a los Estados Unidos fuese clasificada como «servicios», incluso como «comercio exterior».

      En Washington y en México, el dinámico promotor y hombre de negocios explicó que la principal exportación de México no eran productos agríco-
25 las o industriales, ni maquilas,[12] ni siquiera capital para pagar la deuda externa (la deuda eterna), sino trabajo. Exportábamos trabajo más que cemento o jitomates.[13] Él tenía un plan para evitar que el trabajo se convirtiera en un conflicto. Muy sencillo: evitar el paso por la frontera. Evitar la ilegalidad.

      —Van a seguir viniendo —le explicó al secretario del Trabajo Robert
30 Reich—. Y van a venir porque ustedes los necesitan. Aunque en México sobre empleo, ustedes necesitarán trabajadores mexicanos.

      —Legales —dijo el secretario—. Legales sí, ilegales no.

      —No se puede creer en el libre mercado y en seguida cerrarle las puertas al flujo laboral. Es como si se lo cerraran a las inversiones. ¿Qué pasó con
35 la magia del mercado?

      —Tenemos el deber de proteger nuestras fronteras —continuó Reich—. Es un problema político. Los republicanos están explotando el creciente ánimo contra los inmigrantes.

---

[7] tempestad

[8] serenata

[9] dulces

[10] **los...** *the nice, upper-class boys*

[11] *lobbying*

[12] Assembly-line factories located on the border where companies employ Mexicans, chiefly women, to produce different products at low wages

[13] tomates

—No se puede militarizar la frontera —don Leonardo se rascó con dis-
40 plicencia la barbilla, buscando allí la misma hendidura de la belleza de su
nuera—. Es demasiado larga, desértica, porosa. No pueden ustedes ser laxos
cuando necesitan a los trabajadores y duros cuando no los necesitan.

—Yo estoy a favor de todo lo que añada valor a la economía norteamericana —dijo el secretario Reich—. Sólo así vamos a añadir valor a la economía
45 del mundo —o viceversa—. ¿Qué propone usted?

Lo que propuso don Leonardo era ya una realidad y viajaba en clase
económica. Se llamaba Lisandro Chávez y trataba de mirar por la ventanilla
pero se lo impedía su compañero de la derecha que miraba intensamente a las
nubes como si recobrara una patria olvidada y cubría la ventanilla con las alas
50 de su sombrero de paja laqueada. A la izquierda de Lisandro, otro trabajador
dormía con el sombrero empujado hasta el caballete[14] de la nariz. Sólo Lisandro
viajaba sin sombrero y se pasaba la mano por la cabellera negra, suave, rizada,
se acariciaba el bigote espeso y recortado, se restregaba[15] de vez en cuando los
párpados gruesos, aceitosos.

55 Cuando subió al avión vio en seguida al famoso empresario Leonardo
Barroso sentado en la primera clase. El corazón le dio un pequeño salto a
Lisandro. Reconoció sentada junto a Barroso a una muchacha que él trató[16] de
joven, cuando iba a fiestas y bailes en las Lomas, el Pedregal y Polanco.[17] Era
Michelina Laborde y todos los muchachos querían sacarla a bailar. Querían, en
60 realidad, abusar un poco de ella.

—Es de la rancia pero no tiene un clavo[18] —decían los demás muchachos—. Abusado.[19] No te vayas a casar con ella. No hay dote.

Lisandro la sacó a bailar una vez y ya no se acuerda si se lo dijo o sólo lo
pensó, que los dos eran pobres, tenían eso en común, eran invitados a estas fies-
65 tas porque ella era de una familia popoff[20] y él porque iba a la misma escuela
que los chicos ricos, pero era más lo que los asemejaba que lo que los diferen-
ciaba, ¿no le parecía a ella?

Él no recuerda qué cosa le contestó Michelina, no recuerda siquiera si él
le dijo esto en voz alta o sólo lo pensó. Luego otros la sacaron a bailar y él nunca
70 la volvió a ver. Hasta hoy.

---

[14] *base*

[15] *rubbed*

[16] conoció

[17] Barrios elegantes de la capital de México

[18] **Es...** *She's from a good family, but she doesn't have a cent.*

[19] *Don't take advantage of her.*

[20] antigua; es decir, de buen linaje

No se atrevió a saludarla. ¿Cómo lo iba a recordar? ¿Qué le iba a decir? ¿Recuerdas que hace once años nos conocimos en una fiesta del Cachetón Casillas y te saqué a bailar? Ella ni lo miró. Don Leonardo sí, levantó los ojos de su lectura de la revista *Fortune,* donde se llevaba la cuenta minuciosa de los

75 hombres más ricos de México y, por fortuna, una vez más, se le omitía a él. Ni él ni los políticos ricos aparecían nunca. Los políticos porque ningún negocio suyo llevaba su nombre, se escondían detrás de las capas de cebolla de múltiples asociados, prestanombres, fundaciones… Don Leonardo los había imitado. Era difícil atribuirle directamente la riqueza que realmente era suya.

80 Levantó la mirada porque vio o sintió a alguien distinto. Desde que empezaron a subir los trabajadores contratados como servicios, don Leonardo primero se congratuló a sí mismo del éxito de sus gestiones,[21] luego admitió que le molestaba ver el paso por la primera clase de tanto prieto[22] con sombrero de paja laqueada, y por eso dejó de mirarlos. Otros aviones tenían dos entradas,

85 una por delante, otra por atrás. Era un poco irritante pagar primera clase y tener que soportar el paso de gente mal vestida, mal lavada…

Algo le obligó a mirar y fue el paso de Lisandro Chávez, que no llevaba sombrero, que parecía de otra clase, que tenía un perfil diferente y que venía preparado para el frío de diciembre en Nueva York. Los demás iban con ropa

90 de mezclilla.[23] No les habían avisado que en Nueva York hacía frío. Lisandro tenía puesta una chamarra[24] de cuadros negros y colorados, de lana, con zipper hasta la garganta. Don Leonardo siguió leyendo *Fortune*. Michelina Laborde de Barroso bebió lentamente su copa de Mimosa.

Lisandro Chávez decidió cerrar los ojos el resto del viaje. Pidió que no le

95 sirvieran la comida, que lo dejaran dormir. La azafata lo miró perpleja. Eso sólo se lo piden en primera clase. Quiso ser amable: —Nuestro pilaf de arroz es excelente. En realidad, una pregunta insistente como un mosquito de acero le taladraba[25] la frente a Lisandro: ¿Qué hago yo aquí? Yo no debía estar haciendo esto. Éste no soy yo.

100 Yo —el que no estaba allí— había tenido otras ambiciones y hasta la secundaria[26] su familia se las pudo fomentar.[27] La fábrica de gaseosas[28] de su padre prosperaba y siendo México un país caliente, siempre se consumirían

---

[21] trámites, negocios

[22] tantas caras oscuras

[23] Light cloth woven from different sorts of thread

[24] suéter

[25] *was drilling, boring*

[26] *high school*

[27] *encourage*

[28] *soft drinks*

refrescos. Mientras más refrescos, más oportunidades para mandar a Lisandro
a escuelas privadas, engancharse con una hipoteca[29] para la casa en la colonia
105 Cuauhtémoc, pagar las mensualidades del Chevrolet y mantener la flotilla de
camiones repartidores.[30] Ir a Houston una vez al año, aunque fuera un par de
días, pasearse por los shopping malls, decir que se habían internado para su
chequeo médico anual… Lisandro caía bien, iba a fiestas, leía a García Márquez,
con suerte el año entrante dejaría de viajar en camión[31] a la escuela, tendría su
110 propio Volkswagen…

No quiso mirar hacia abajo porque temía descubrir algo horrible que
quizás sólo desde el cielo podía verse; ya no había país, ya no había México, el
país era una ficción o, más bien, un sueño mantenido por un puñado de locos
que alguna vez creyeron en la existencia de México… Una familia como la suya
115 no iba a aguantar veinte años de crisis, deuda, quiebra,[32] esperanzas renovadas
sólo para caer de nueva cuenta en la crisis, cada seis años,[33] cada vez más, la
pobreza, el desempleo… Su padre ya no pudo pagar sus deudas en dólares para
renovar la fábrica, la venta de refrescos se concentró y consolidó en un par de
monopolios, los fabricantes independientes, los industriales pequeños, tuvieron
120 que malbaratar[34] y salirse del mercado, ahora qué trabajo voy a hacer, se decía
su padre caminando como espectro por el apartamento de la Narvarte cuando
ya no fue posible pagar la hipoteca de la Cuauhtémoc, cuando ya no fue posible pagar la mensualidad del Chevrolet, cuando su madre tuvo que anunciar en
la ventana SE HACE COSTURA, cuando los ahorritos se evaporaron primero
125 por la inflación del 85 y luego por la devaluación del 95 y siempre por las deudas acumuladas, impagables, fin de escuelas privadas, ni ilusiones de tener coche
propio, tu tío Roberto tiene buena voz, se gana unos pesos cantando y tocando
la guitarra en una esquina, pero todavía no caemos tan bajo, Lisandro, todavía
no tenemos que ir a ofrecernos como destajo[35] frente a la Catedral con las he-
130 rramientas en la mano y el anuncio de nuestra profesión en un cartelito PLO-
MERO CARPINTERO MECÁNICO ELECTRICISTA ALBAÑIL,[36] todavía
no caemos tan bajo como los hijos de nuestros antiguos criados, que han tenido
que irse a las calles, interrumpir la escuela, vestirse de payasos y pintarse la cara

---

[29] **engancharse…** *take on a mortgage*

[30] **flotilla…** *fleet of delivery trucks*

[31] autobús

[32] *bankruptcy*

[33] Presidential elections in Mexico are held every six years. Leandro fears that with every admin-
istration, things will get worse.

[34] *juggle things*

[35] *piecework* (doing little odd jobs)

[36] *stonemason*

de blanco y tirar pelotitas al aire en el crucero[37] de Insurgentes y Reforma,
135 ¿recuerdas el hijo de la Rosita, que jugabas con él cuando nació aquí en la casa?,
bueno, digo en la casa que teníamos antes en Río Nazas, pues ya se murió, creo
que se llamaba Lisandro como tú, claro, se lo pusieron para que fuéramos los
padrinos, tuvo que salirse de su casa a los diecisiete años y se volvió tragafue-
gos en los cruceros, se pintó dos lágrimas negras en la cara y tragó fuego durante
140 un año, haciendo buches[38] de gasolina, metiéndose una estopa ardiente en la
garganta, hasta que se le desbarató el cerebro, Lisandro, el cerebro se le deshizo,
se volvió como una masa de harina, y eso que era el más grande de la familia,
la esperanza, ahora los más chiquitos venden kleenex, chicles, me contó desesperada Rosita nuestra criada, te acuerdas de ella, que la lucha con los más
145 pequeños es que no empiecen a inhalar goma[39] para atarantarse[40] de trabajar en
las calles, con bandas de niños sin techo que compiten con los perros callejeros
en número, en hambre, en olvido: Lisandro, ¿qué le[41] va a decir una madre a
unos niños que salen a la calle para mantenerla a ella, para traer algo a la casa?,
Lisandro, mira tu ciudad hundiéndose en el olvido de lo que fue pero sobre todo
150 en el olvido de lo que quiso ser: no tengo derecho a nada, se dijo un día Lisandro
Chávez, tengo que unirme al sacrificio de todos, al país sacrificado, mal gober-
nado, corrupto, insensible, tengo que olvidar mis ilusiones, ganar lana,[42] socorrer a mis jefes, hacer lo que menos me humille, un trabajo honesto, un trabajo
que me salve del desprecio hacia mis padres, del rencor hacia mi país, de la
155 vergüenza de mí mismo pero también de la burla de mis amigos; llevaba años
tratando de juntar cabos,[43] tratando de olvidar las ilusiones del pasado, despo-
jándose[44] de las ambiciones del futuro, contagiándose de la fatalidad, defendién-
dose del resentimiento, orgullosamente humillado en su tesón[45] de salir adelante a pesar de todo: Lisandro Chávez, veintiséis años, ilusiones perdidas, y
160 ahora nueva oportunidad, ir a Nueva York como trabajador de servicios, sin saber
que don Leonardo Barroso había dicho:
—¿Por qué todos tan prietos, tan de a tiro nacos[46]?

---

[37] *intersection* (Insurgentes and Reforma are two large streets in Mexico City.)

[38] *filling up his mouth*

[39] **inhalar...** *to sniff glue* (to get high)

[40] distraerse

[41] Although *les* is the correct form here, in conversation the singular *le* is often used even when the direct-object noun is plural.

[42] *dough* (money)

[43] **juntar...** *to make ends meet*

[44] *ridding himself*

[45] perseverancia

[46] **tan...** *so tobacco colored*

—Son la mayoría, don Leonardo. El país no da para más.[47]

—Pues a ver si me buscan uno por lo menos con más cara de gente
165 decente, más criollito, pues, me lleva. Es el primer viaje a Nueva York. ¿Qué
clase de impresión vamos a hacer, compañero?

Y ahora, cuando Lisandro pasó por la primera clase, don Leonardo lo miró
y no se imaginó que era uno de los trabajadores contratados y deseó que todos
fueran como este muchacho obrero pero con cara de gente decente, con fac-
170 ciones finas pero un mostachón como de mariachi[48] bien dotado y, caray, menos
moreno que el propio Leonardo Barroso. Distinto, se fijó el millonario, un
muchacho distinto, ¿no se te hace,[49] Miche? Pero su nuera y amante ya se había
dormido.

2

Cuando aterrizaron en JFK en medio de una tormenta de nieve, Barroso quiso
175 bajar cuanto antes, pero Michelina estaba acurrucada junto a la ventanilla,
cubierta por una colcha y con la cabeza acomodada en una almohada. Se hizo
la remolona.[50] Deja que bajen todos, le pidió a don Leonardo.

Él quería salir antes para saludar a los encargados de reunir a los trabajadores mexicanos contratados para limpiar varios edificios de Manhattan
180 durante el fin de semana, cuando las oficinas estaban vacías. El contrato de servicios lo hacía explícito: vendrán de México a Nueva York los viernes en la
noche para trabajar los sábados y domingos, regresando a la ciudad de México
los domingos por la noche.

—Con todo y los pasajes de avión, sale más barato que contratar traba-
185 jadores aquí en Manhattan. Nos ahorramos entre el 25 y el 30 por ciento —le
explicaron sus socios gringos.

Pero se les había olvidado decirles a los mexicanos que hacía frío y por
eso don Leonardo, admirado de su propio humanismo, quería bajar primero para
advertir que estos muchachos requerían chamarras, mantas, alguna cosa.
190 Empezaron a pasar y la verdad es que había de todo. Don Leonardo
duplicó su orgullo humanitario y, ahora, nacionalista. El país estaba tan amolado,[51] después de haber creído que ya la había hecho; soñamos que éramos del
primer mundo y amanecimos otra vez en el tercer mundo. Hora de trabajar más

---

[47] **El...** *There's nothing else in the country.* (We can't get anything else out of this country.)
[48] A kind of folk singer who performs in a traditional Mexican cowboy costume with a group
[49] **¿no...** ¿no te parece?
[50] perezosa
[51] molesto, fastidiado

por México, no desanimarse, encontrar nuevas soluciones. Como ésta. Había
195 de todo, no sólo el muchacho bigotón con la chamarra a cuadros, otros también
en los que el empresario no se había fijado porque el estereotipo del espalda
mojada,[52] campesino con sombrero laqueado y bigote ralo se lo devoraba todo.
Ahora empezó a distinguirlos, a individualizarlos, a devolverles su personalidad, dueño como lo era de cuarenta años de tratar con obreros, gerentes, pro-
200 fesionistas, burócratas, todos a su servicio, siempre a su servicio, nunca nadie
por encima de él, ése era el lema de su independencia, nadie, ni el presidente
de la república, por encima de Leonardo Barroso, o como les decía a sus socios
norteamericanos,

—I am my own man. I'm just like you, a self-made man. I don't owe
205 nobody nothing.

No le negaba esa distinción a nadie. Además del chico bigotón y guapo,
Barroso quiso a los jóvenes de provincia, vestidos de una cierta manera, más
retrasados, pero también más llamativos y veces más grises,[53] que los chilan-
gos[54] de la ciudad de México, y entre éstos, comenzó a separar de la manada[55]
210 a muchachos que hace unos dos o tres años, cuando la euforia salinista,[56] eran
vistos comiendo en un Denny's, o de vacaciones en Puerto Vallarta,[57] o en los
multicines de Ciudad Satélite. Los distinguía porque eran los más tristes, aunque
también los menos resignados, los que se preguntaban igualito que Lisandro
Chávez ¿qué hago aquí?, yo no pertenezco aquí. Sí, sí perteneces, les habría
215 contestado Barroso, tan perteneces que en México aunque te arrastres de rodi-
llas a la Villa de Guadalupe[58] ni por milagro te vas a ganar cien dólares por dos
días de trabajo, cuatrocientos al mes, tres mil pesos mensuales, eso ni la vir-
gencita te los da.

Los miró como cosa propia, su orgullo, sus hijos, su idea.

220 Michelina seguía con los ojos cerrados. No quería ver el paso de los trabajadores. Eran jóvenes. Estaban jodidos. Pero ella se cansaba de viajar con
Leonardo, al principio le gustó, le dio cachet, le costó el ostracismo de algunos,
la resignación de otros, la comprensión de su propia familia, nada disgustada,
al cabo, con las comodidades que don Leonardo les ofrecía, sobre todo en estas
225 épocas de crisis, ¿qué sería de ellos sin Michelina?, ¿qué sería de la abuela doña
Zarina que ya pasaba de los noventa y seguía juntando curiosidades en sus cajas

---

[52] **espalda...** *wetback* (illegal worker)

[53] lánguidos

[54] originarios de la ciudad de México

[55] *flock*

[56] del presidente Salinas

[57] a posh resort area

[58] Where people go to pray to the Virgin of Guadalupe, patron saint of Mexico

de cartón, convencida de que Porfirio Díaz era el presidente de la república?; ¿qué sería de su padre el diplomático de carrera que conocía todas las genealogías de los vinos de Borgoña y de los castillos del Loira[59]?; ¿qué sería
230 de su madre que necesitaba comodidades y dinero para hacer lo único que de verdad le apetecía: no abrir nunca la boca, ni siquiera para comer porque le daba vergüenza hacerlo en público?; ¿qué sería de sus hermanos atenidos[60] a la generosidad de Leonardo Barroso, a la chambita[61] por aquí, la concesión por allá, el contratito este, la agencia aquella…? Pero ahora estaba cansada. No quería
235 abrir los ojos. No quería encontrar los de ningún hombre joven. Su deber estaba con Leonardo. No quería, sobre todo, pensar en su marido el hijo de Leonardo que no la extrañaba, que estaba feliz, aislado en el rancho, que no la culpaba de nada, de que anduviera con su papá…

Michelina empezó a temer la mirada de otro hombre.
240 Les dieron sus mantas que ellos usaron atávicamente[62] como sarapes y los subieron en autobuses. Bastó sentir el frío entre la salida de la terminal y la subida al camión para agradecer la chamarra previsora, la ocasional bufanda, el calor de los demás cuerpos. Se buscaban e identificaban socialmente, era perceptible una pesquisa[63] para ubicar al compañero que pudiera parecerse a uno
245 mismo, pensar igual, tener un territorio común. Con los campesinos, con los lugareños, siempre había un puente verbal, pero su condición era una especie de formalidad antiquísima, formas de cortesía que no lograban ocultar el patronazgo, aunque nunca faltaran los majaderos que trataban como inferiores a los más humildes, tuteándolos, dándoles órdenes, regañándolos. Eso era imposible
250 aquí, ahora. Todos estaban amolados y la joda[64] iguala.

Entre ellos, los que no tenían cara ni atuendo pueblerinos, se imponía también, por ahora, una reserva angustiosa, una voluntad de no admitir que estaban allí, que las cosas andaban tan mal en México, en sus casas, que no les quedaba más remedio que rendirse ante tres mil pesos mensuales por dos días de
255 trabajo en Nueva York, una ciudad ajena, totalmente extraña, donde no era necesario intimar, correr el riesgo de la confesión, la burla, la incomprensión en el trato con los paisanos de uno.

Por eso un silencio tan frío como el del aire corría de fila en fila dentro del autobús donde se acomodaban noventa y tres trabajadores mexicanos y

---

[59] Bourgogne (Burgundy) is a region of France known for its wines; the Loire valley is known for its chateaux.

[60] adheridos bajo la protección de

[61] trabajito

[62] siguiendo su costumbre

[63] búsqueda, exploración

[64] aquí, mala suerte

260 Lisandro Chávez imaginó que todos, en realidad, aunque tuvieran cosas que
contarse, estaban enmudecidos por la nieve, por el silencio que la nieve impone,
por esa lluvia silenciosa de estrellas blancas que caen sin hacer ruido, di-
solviéndose en lo que tocan, regresando al agua que no tiene color. ¿Cómo era
la ciudad detrás de su largo velo de nieve? Lisandro apenas pudo distinguir
265 algunos perfiles urbanos, conocidos gracias al cine, fantasmas de la ciudad, rostros brumosos y nevados de rascacielos y puentes, de almacenes y muelles…

Entraron cansados, rápidos, al gimnasio lleno de catres,[65] echaron sus bul-
tos encima de los camastros del ejército americano comprados por Barroso en
un almacén de la Army & Navy Supply Store, pasaron al buffet preparado en
270 una esquina, los baños estaban allá atrás, algunos empezaron a intimar, a picarse
los ombligos,[66] a llamarse mano y cuate,[67] incluso dos o tres cantaron muy
desentonados[68] *La barca de oro,* los demás los callaron, querían dormir, el día
empezaba a las cinco de la mañana, yo ya me voy al puerto donde se halla la
barca de oro que ha de conducirme.

275 El sábado a las seis de la mañana, ahora sí era posible sentir, oler, tocar
la ciudad, verla aún no, la bruma cargada de hielo la hacía invisible, pero el olor
de Manhattan le entraba como un puñal de fierro por las narices y la boca a
Lisandro Chávez, era humo, humo agrio y ácido de alcantarillas[69] y trenes sub-
terráneos, de enormes camiones de carga con doce ruedas, de escapes de gas y
280 parrillas a ras[70] de pavimentos duros y brillantes como un piso de charol, en
cada calle las bocas de metal se abrían para comerse las cajas y más cajas de
frutas, verduras, latas, cervezas, gaseosas que le recordaron a su papá, súbitamente extranjero en su propia ciudad de México, como su hijo lo era en la ciudad de Nueva York, los dos preguntándose qué hacemos aquí, acaso nacimos
285 para hacer esto, no era otro nuestro destino, ¿qué pasó…?

—Gente decente, Lisandro. Que nadie te diga lo contrario. Siempre hemos
sido gente decente. Todo lo hicimos correctamente. No violamos ninguna regla.
¿Por eso nos fue tan mal? ¿Por ser gente decente? ¿Por vivir como clase media
honorable? ¿Por qué siempre nos va mal? ¿Por qué nunca acaba bien esta his-
290 toria, hijito?

Evocaba desde Nueva York a su padre perdido en un apartamento de la
Narvarte como si anduviera caminando por un desierto, sin refugio, sin agua,
sin signos, convirtiendo el apartamento en el desierto de su perplejidad, aga-

---

[65] *cots*

[66] a… a hacerse preguntas

[67] *Mano* and *cuate* are friendly forms of address in Mexico, something like *buddy* or *pal.*

[68] *out of tune*

[69] *sewers*

[70] a… al nivel

rrado en un vértigo de sucesos imprevistos, inexplicables, como si el país entero
295 se hubiese desbocado, saltado las trancas, fugitivo de sí mismo, escapando a
gritos y balazos de la cárcel del orden, la previsión, la institucionalidad, como
decían los periódicos, la institucionalidad. ¿Dónde estaba ahora, qué era, para
qué servía? Lisandro veía cadáveres, hombres asesinados, funcionarios desho-
nestos, intrigas sin fin, incomprensibles, luchas a muerte por el poder, el dinero,
300 las hembras, los jotos[71]… Muerte, miseria, tragedia. En este vértigo inexplica-
ble había caído su padre, rindiéndose ante el caos, incapacitado para salir a
luchar, trabajar. Dependiente de su hijo como él lo estuvo de niño de su padre.
¿Cuánto le pagaban a su madre por coser ropa rota, por tejer eternamente un
chal o un suéter?

305 Ojalá que sobre la ciudad de México cayera también una cortina de nieve,
cubriéndolo todo, escondiendo los rencores, las preguntas sin respuesta, el sentimiento de engaño colectivo. No era lo mismo mirar el polvo ardiente de
México, máscara de un sol infatigable, resignándose a la pérdida de la ciudad,
que admirar la corona de nieve que engalanaba[72] los muros grises y las calles
310 negras de Nueva York, y sentir un pulso vital: Nueva York construyéndose a sí
misma a partir de su desintegración, su inevitable destino como ciudad de todos,
enérgica, incansable, brutal, asesina ciudad del mundo entero, donde todos
podemos reconocernos y ver lo peor y lo mejor de nosotros mismos…

Éste era el edificio. Lisandro Chávez se negó a mirar como payo[73] hasta
315 las alturas de los cuarenta pisos; sólo se preguntó cómo iban a limpiar las ventanas en medio de una tormenta de nieve que a veces lograba disolver el perfil
mismo de la construcción, como si el rascacielos también estuviera fabricado
de hielo. Era una ilusión. Al clarear tantito el día, podía verse un edificio todo
de cristal, sin un solo material que no fuese transparente: una inmensa caja de
320 música hecha de espejos, unida por su propio vidrio cromado, niquelado; un
palacio de barajas de cristal, un juguete de laberintos azogados.[74]

Venían a limpiarlo por dentro, les explicaron reuniéndolos en el centro
del atrio interior que era como un patio de luz gris de cuyos seis costados se
levantaban, como acantilados[75] ciegos, seis muros de vidrio puro. Hasta los dos
325 elevadores eran de cristal. Cuarenta por seis, doscientos sesenta rostros interiores del edificio de oficinas que vivía su vida a la vez secreta y transparente
alrededor de un atrio civil, un cubo excavado en el corazón del palacio de

---

[71] maricas, amantes homosexuales

[72] adornaba

[73] campesino

[74] temblorosos

[75] *slopes, declines*

juguete, el sueño de un niño en la playa construyendo un castillo, sólo que en vez de arena, le dieron cristales...

330   Los andamios[76] los esperaban para subirlos a los distintos pisos, de acuerdo con la superficie de cada piso en una construcción que se iba angostando, piramidal, al llegar a la cima. Como en un Teotihuacán[77] de vidrio, los trabajadores empezaron a subir hasta el piso diez, el veinte, el treinta, para desde allí limpiar los vidrios y descender de diez en diez, armados de limpiadores
335 manuales y con tubos de ácido nomónico en la espalda, como los tanques de oxígeno de un explorador submarino: Lisandro ascendía al cielo de cristal, pero se sentía sumergido, descendiendo a un extraño mar de vidrio en un mundo desconocido, patas arriba...

    —¿Es seguro el producto? —inquirió Leonardo Barroso.
340   —Segurísimo. Es biodegradable. Una vez usado, se descompone en elementos inocuos —le contestaron los socios yanquis.

    —Más les vale. Metí una cláusula en el contrato haciéndolos responsables a ustedes por enfermedades de trabajo. Aquí uno se muere de cáncer nomás de respirar.
345   —Ah, qué don Leonardo —rieron los yanquis—. Es usted más duro que nosotros.

    —Welcome a tough Mexican —concluía el hombre de negocios.

    —You're one tough hombre! —celebraron los gringos.

3

    Ella había caminado con un sentimiento de gratitud desde su apartamento en la
350 calle 67 Este al edificio situado en Park Avenue. El viernes en la noche lo pasó encerrada, dejó órdenes con el portero de no dejar pasar a nadie, menos que nadie a su ex marido, cuya voz escuchó toda la noche insistiendo en el teléfono, hablándole al contestador automático, pidiéndole que lo recibiera, mi amor, escucha, déjame hablar, fuimos muy apresurados, debimos pensarlo mejor,
355 esperar a que se cerraran las heridas, tú sabes que yo no quiero dañarte, pero la vida a veces se complica, y yo lo que siempre sabía, hasta en los peores momentos, es que te tenía a ti, podía regresar a ti, tú entenderías, tú perdonarías, porque si el caso fuera al revés, yo te habría perdonado a...

    —¡No! —le gritó la mujer desesperada al teléfono, a la voz de su ex
360 marido invisible para ella—. ¡No! Te lo habrías cobrado cruel, egoístamente, me habrías esclavizado con tu perdón...

---

[76] *scaffolding*
[77] Famoso centro arqueológico conocido por sus pirámides precolombinas

Pasó una noche temerosa, yendo y viniendo por el apartamento pequeño pero bien arreglado, hasta lujoso en muchos detalles, yendo y viniendo entre el ventanal con las cortinas de paño abiertas para entregarse al lujoso escenario de

365 la nieve, y el ojo deformado del cíclope[78] que protege a la gente de la acechanza[79] eterna, la amenaza desvelada de la ciudad, el hoyo de cristal en la puerta que permite ver el pasillo, ver sin ser visto, pero ver a un mundo deformado, submarino, el ojo ciego de un tiburón fatigado pero que no puede darse el lujo de descansar. Se ahogaría, se iría al fondo del mar. Los tiburones tienen

370 que moverse eternamente para sobrevivir.

No sintió temor a la mañana siguiente. La tormenta había cesado y la ciudad estaba polveada de blanco, como para una fiesta. Faltaban tres semanas para la Navidad y todo se engalanaba, se llenaba de luces, brillaba como un gran espejo. Su marido jamás se levantaba antes de las nueve. Eran las siete cuando ella salió

375 para caminar a la oficina. Dio gracias de que este fin de semana le brindara la ocasión de encerrarse a trabajar, poner los papeles al día, dictar instrucciones, todo sin telefonazos, sin faxes, sin bromas de los compañeros, sin el ritual de la oficina neoyorquina, la obligación de ser a la vez indiferente y gracioso, tener el wise-crack, la broma, a flor de labios,[80] saber cortar las conversaciones y los tele-

380 fonazos con rudeza, nunca tocarse, sobre todo nunca tocarse físicamente, jamás un abrazo, ni siquiera un beso social en las mejillas, los cuerpos apartados, las miradas evitables… Qué bueno. Aquí no la encontraría su marido. Él no tenía idea… Se volvería loco llamándola, tratando de colarse al apartamento…

Una mujer que se sentía libre esa mañana. Había resistido al mundo

385 externo. A su marido, ahora exterior a ella, expulsado de la interioridad, física y emocional, de ella. Resistía a la multitud que la absorbía todas las mañanas al caminar al trabajo, haciéndola sentirse parte de un rebaño, insignificante individualmente, despojada de importancia: ¿no hacían los centenares de personas que en cualquier momento de la mañana transitaban la cuadra de Park entre la

390 67 y la 66 algo tan importante o más que lo que ella hacía, o quizás tan poco importante, o menos…?

No había caras felices.

No había caras orgullosas de lo que hacían.

No había caras satisfechas de su ocupación.

395 Porque la cara trabajaba también, guiñaba, gesticulaba, ponía los ojos en blanco, hacía muecas[81] de horror fingido, de asombro real, de escepticismo, de

---

[78] one-eyed monster from Greek mythology
[79] espionaje; persecución cuidadosa
[80] a… *on the lips*
[81] *grimaces*

falsa atención, de burla, de ironía, de autoridad: rara vez, se dijo caminando rápidamente, gozando la soledad de la ciudad nevada, rara vez daba ella o le daban
el rostro verdadero, espontáneo, sin la panoplia de gestos aprendidos para
400   agradar, convencer, atemorizar, imponer respeto, compartir intrigas...

Sola, inviolable, dueña de sí misma, posesionada de todas las partes de
su cuerpo y de su alma, adentro y afuera, unida, entera. La mañana fría, la
soledad, el paso firme, elegante, propio, le dieron todo eso en el camino entre
su apartamento y su oficina.

405   Ésta estaba llena de trabajadores. Se olvidó. Se rió de sí misma. Había
escogido para estar sola el día en que iban a limpiar los cristales interiores del
edificio. Lo habían anunciado a tiempo. Se olvidó. Ascendió sonriendo al último
piso, sin mirar a nadie, como un pájaro que confunde su jaula con su libertad.
Caminó por el pasillo del piso cuarenta —muros de cristal, puertas de vidrio,
410   vivían suspendidos en el aire, hasta los pisos eran de un cristal opaco, el arquitecto era un tirano y había prohibido tapetes en su obra maestra de cristal—.
Entró a su despacho, situado entre el pasillo de cristal y el atrio interior. No tenía
vista a la calle. No circulaba el aire contaminado de la calle. Puro aire acondicionado. El edificio estaba sellado, aislado, como ella quería sentirse hoy. La
415   puerta daba al corredor. Pero todo el muro de cristal daba al atrio y a veces a
ella le gustaba que su mirada se desplomase cuarenta pisos convirtiéndose, en
el trayecto, en copo de nieve, en pluma, en mariposa.

Cristal sobre el corredor. Cristales a los costados, de manera que las dos
oficinas junto a la suya también eran transparentes, obligando a sus colegas a
420   guardar una cierta circunspección en sus hábitos físicos, pero manteniendo una
buena naturalidad de costumbres a pesar de todo. Quitarse los zapatos, poner
los pies sobre la mesa, les era permitido a todos, pero los hombres podían ras-
carse las axilas y entre las piernas, las mujeres no. Pero las mujeres podían
mirarse en el espejo y retocarse el maquillaje. Los hombres —salvo algunas
425   excepciones— no.

Miró frente a ella, al atrio, y lo vio a él.

4

A Lisandro Chávez lo subieron solo en el tablón hasta el piso más alto. A todos
les habían preguntado si sufrían de vértigo y él recordó que a veces sí, una vez
en una rueda de la fortuna en una feria le dieron ganas de tirarse al vacío, pero
430   se calló.

Al principio, ocupado en acomodar sus trapos e instrumentos de limpieza,
pero sobre todo preocupado por ponerse cómodo él mismo, no la vio a ella, no

miró hacia adentro. Su objetivo era el cristal. Se suponía que en sábado nadie iba a trabajar en la oficina.

435   Ella lo vio primero y no se fijó en él. Lo vio sin verlo. Lo vio con la misma actitud con que se ve o deja de ver a los pasajeros que la suerte nos deparó al tomar un elevador, abordar un autobús u ocupar una butaca en un cine. Ella sonrió. Su trabajo de ejecutiva de publicidad la obligaba a tomar aviones para hablar con clientes en un país del tamaño del universo, los USA. Nada temía tanto

440   como un compañero de fila hablantín, de esos que te cuentan sus cuitas,[82] su profesión, el dinero que ganan, y acaban, después de tres Bloody Marys, poniéndote la mano sobre la rodilla. Volvió a sonreír. Había dormido muchas veces con varios desconocidos al lado, envueltos cada uno en su frazada de avión, como amantes virginales…

445   Cuando los ojos de Lisandro y los de Audrey se encontraron, ella hizo un saludo inclinando la cabeza, como se saluda, por cortesía, a un mesero de restorán, con menos efusividad que al portero de una casa de apartamentos… Lisandro había limpiado bien la primera ventana, la de la oficina de Audrey, y a medida que le arrancaba una leve película de polvo y ceniza, ella fue apare-

450   ciendo, lejana y brumosa primero, después acercándose poco a poco, aproximándose sin moverse, gracias a la claridad creciente del cristal. Era como afocar una cámara. Era como irla haciendo suya.

La transparencia del cristal fue develando el rostro de ella. La iluminación de la oficina iluminaba la cabeza de la mujer desde atrás, dándole a su cabellera

455   castaña la suavidad y el movimiento de un campo de cereales cuyas espigas[83] se enredaban en la bonita trenza rubia que le caía como un cordón por la nuca. Allí en la nuca se concentraba más luz que en el resto de la cabeza. La luz de la nuca mientras ella apartaba la trenza blanca y tierna, destacando la rubia ondulación de cada vello que ascendía desde la espalda, como un manojo de semi-

460   llas que van a encontrar su tierra, su fertilidad gruesa y sensual en la masa de cabellera trenzada.

Trabajaba con la cabeza agachada sobre los papeles, indiferente a él, indiferente al trabajo de los otros, servil, manual, tan distinto del de ella, empeñada en encontrar una buena frase, llamativa, catchy, para un anuncio tele-

465   visivo de la Pepsi Cola. Él sintió incomodidad, miedo de distraerla con el movimiento de sus brazos sobre el cristal. Si ella levantaba la cara, ¿lo haría con enojo, molesta por la intrusión del trabajador?

¿Cómo lo miraría, cuando lo volviese a mirar?

---

[82] problemas, preocupaciones
[83] *spikes of wheat*

—Cristo —se dijo ella en voz baja—. Me advirtieron que vendrían tra-
470 bajadores. Espero que este hombre no me esté observando. Me siento obser-
vada. Me estoy enojando. Me estoy distrayendo.

Levantó la mirada y encontró la de Lisandro. Quería molestarse pero no
pudo. Había en ese rostro algo que la asombró. No observó, al principio, los
detalles físicos. Lo que estremeció su atención fue otra cosa. Algo que casi nunca
475 encontraba en un hombre. Luchó desesperadamente con su propio vocabulario,
ella que era una profesional de las palabras, de los lemas, una palabra que descri-
biera la actitud, el rostro, del trabajador que limpiaba las ventanas de la oficina.

La encontró con un relampagazo mental. Cortesía. Lo que había en este
hombre, en su actitud, en su distancia, en su manera de inclinar la cabeza, en la
480 extraña mezcla de tristeza y alegría de su mirada, era cortesía, una ausencia
increíble de vulgaridad.

Este hombre —se dijo— nunca me llamaría desesperado por teléfono a
las dos de la madrugada pidiéndome excusas. Se aguantaría. Respetaría mi
soledad y yo la suya.

485 ¿Qué haría por ti este hombre?, se preguntó en seguida.

—Me invitaría a cenar y luego me acompañaría hasta la puerta de mi casa.
No me dejaría irme sola en un taxi de noche.

Él vio fugazmente los ojos castaños, grandes y profundos, cuando ella
levantó la mirada y se turbó, bajó la suya, siguió con su trabajo, pero recordó
490 en el mismo instante que ella había sonreído. ¿Lo imaginaba él, o era cierto?
Se atrevió a mirarla. La mujer le sonreía, muy brevemente, muy cortésmente,
antes de bajar la cabeza y regresar a su trabajo.

La mirada bastó. No esperaba encontrar melancolía en los ojos de una gringa.
Le decían que todas eran muy fuertes, muy seguras de sí mismas, muy profesio-
495 nales, muy puntuales, no que todas las mexicanas fueran débiles, inseguras, impro-
visadas y tardonas, no, para nada. Lo que pasaba era que una mujer que venía a
trabajar los sábados tenía que serlo todo menos melancólica, quizás tierna, quizás
amorosa. Eso lo vio claramente Lisandro en la mirada de la mujer. Tenía una pena,
tenía un anhelo. Anhelaba. Eso le decía la mirada: —Quiero algo que me falta.
500 Audrey bajó la cabeza más de lo necesario, para perderse en sus papeles.
Esto era ridículo. ¿Iba a enamorarse del primer hombre que pasara por la calle,
sólo para romper definitivamente con su marido, hacerlo escarmentar,[84] por puro
efecto de rebote[85]? El trabajador era guapo, era lo malo del asunto, tenía esa
actitud de caballerosidad insólita[86] y casi insultante, fuera de lugar, como si

---

[84] castigar, disciplinar

[85] *rebound*

[86] *unusual*

505 abusara de su inferioridad, pero también tenía ojos brillantes en los que los momentos de tristeza y alegría se proyectaban con igual intensidad, tenía una piel mate, oliva, sensual, una nariz corta y afilada, con aletas temblorosas, pelo negro, rizado, joven, un bigote espeso. Era todo lo contrario de su marido. Era —volvió a sonreír— un espejismo.[87]

510 Él le devolvió la sonrisa. Tenía dientes fuertes, blancos. Lisandro pensó que había evitado todos los trabajos que lo rebajaran frente a quienes había conocido cuando era un chico con ambiciones. Aceptó una chamba de mesero en Focolare y la situación fue muy penosa cuando tuvo que servir a una mesa de antiguos compañeros de la secundaria. Todos habían prosperado, salvo él. Los

515 apenó, lo apenaron. No sabían cómo llamarlo, qué cosa decirle. ¿Te acuerdas del gol que metiste contra el Simón Bolívar[88]? Fue lo más amable que oyó, seguido de un embarazoso silencio.

No servía de oficinista, había dejado la escuela después del tercero de secundaria, no sabía taquigrafía ni escribir a máquina. Ser taxista era peor.

520 Envidiaba a los clientes más ricos, despreciaba a los más pobres, la ciudad de México y su tráfico enmarañado[89] lo sacaban de quicio,[90] lo ponían encabronado, bravucón, mentador de madres,[91] todo lo que no quería ser. Dependiente de almacén, empleado de gasolinera, lo que fuera, claro. Lo malo es que ni esas chambas había. Todos estaban desempleados, hasta los mendigos eran consi-

525 derados como desempleados. Dio gracias de haber aceptado este trabajo en los Estados Unidos. Dio gracias por los ojos de la mujer que ahora lo miraba directamente.

No sabía que ella no sólo lo miraba. Lo imaginaba. Iba un paso por delante de él. Lo imaginaba en toda clase de situaciones. Ella se llevó el lápiz a los

530 dientes. ¿Qué deportes le gustarían? Se veía muy fuerte, muy atlético. ¿Películas, actores, le gustaba el cine, la ópera, las series de televisión, qué? ¿Era de los que contaban cómo acababan las películas? Claro que no. Eso se notaba en seguida. Le sonrió directamente, ¿era de los que soportaban que una mujer como ella no resistiera la tentación de contarle al compañero cómo terminaba la

535 película, la novela policíaca, todo menos la historia personal, eso nunca se sabía cómo iba a terminar?

Quizás él adivinó algo de lo que pasaba por la cabeza de ella. Hubiera querido decirle con franqueza, soy distinto, no te fíes de las apariencias, yo no

---

[87] *mirage*
[88] nombre de un colegio rival
[89] enredado
[90] **lo...** lo volvían loco
[91] **lo...** *made him nasty, angry, insulting*

debía estar haciendo esto, esto no soy yo, no soy lo que te imaginas pero no
540 podía hablarle al cristal, sólo podía enamorarse de la luz de los cristales que,
ellos, sí podían penetrarla, tocarla a ella; la luz les era común.

Deseó intensamente tenerla, tocarla aunque fuese a través del cristal.

Ella se levantó, turbada, y salió de la oficina. ¿Algo la había ofendido?
¿Algún gesto, alguna seña suya habían sido indebidas? ¿Se había propasado por
545 desconocer las formas de cortesía gringas? Se enojó con él mismo por sentir
tanto miedo, tanta desilusión, tanta inseguridad. Quizás ella se había ido para
siempre. ¿Cómo se llamaba? ¿Ella se preguntaría lo mismo? ¿Cómo se llamaba
él? ¿Qué tenían en común?

Ella regresó con el lápiz labial en la mano.
550 Lo detuvo destapado, erguido, mirando fijamente a Lisandro.

Pasaron varios minutos mirándose así, en silencio, separados por la frontera de cristal.

Entre los dos se estaba creando una comunidad irónica, la comunidad en
el aislamiento. Cada uno estaba recordando su propia vida, imaginando la del
555 otro, las calles que transitaban, las cuevas donde iban a guarecerse, las selvas
de cada ciudad, Nueva York y México, los peligros, la pobreza, la amenaza de
sus ciudades, los asaltantes, los policías, los mendigos, los pepenadores,[92] el
horror de dos grandes ciudades llenas de gente como ellos, personas demasiado
pequeñas para defenderse de tantas amenazas.
560 —Éste no soy yo —se dijo él estúpidamente, sin darse cuenta que ella
quería que él fuese él, así, como lo descubrió esa mañana, cuando ella despertó
y se dijo: —Dios mío, ¿con quién he estado casada?, ¿cómo es posible?, ¿con
quién he estado viviendo?, y luego lo encontró a él y le atribuyó todo lo contrario de lo que odiaba en su marido, la cortesía, la melancolía, no importarle
565 que ella le revelara cómo acababan las películas…

Él y ella, solitarios.

Él y ella, inviolables en su soledad.

Separados de los demás, ella y él frente a frente una mañana de sábado
insólita, imaginándose.
570 Él y ella, separados por la frontera de cristal. ¿Cómo se llamaban? Los
dos pensaron lo mismo. Puedo ponerle a este hombre el nombre que más me
guste. Y él: algunos tienen que imaginar a la amada como una desconocida; él
iba a tener que imaginar a la desconocida como una amada.

No era necesario decir «sí».
575 Ella escribió su nombre en el cristal con su lápiz de labios. Lo escribió al
revés, como en un espejo:

---

[92] *homeless, street dwellers*

YERDUA. Parecía un nombre exótico, de diosa india. Él dudó en escribir el suyo, tan largo, tan poco usual en inglés. Ciegamente, sin reflexionar, estúpidamente quizás, acomplejadamente, no lo sabe hasta el día de hoy, escribió
580 solamente su nacionalidad, **NACIXEM.**

Ella hizo un gesto como pidiendo algo más, dos manos separadas, abiertas; —¿algo más?

No, negó él con la cabeza, nada más.

De abajo comenzaron a gritarle, qué haces tanto tiempo allá arriba, no
585 has terminado, no seas güevón,[93] rápido, ya dieron las nueve, tenemos que jalarnos[94] al siguiente edificio.

¿Algo más?, pedía el gesto, pedía la voz silenciosa de Audrey.

Él acercó los labios al cristal. Ella no dudó en hacer lo mismo. Los labios se unieron a través del vidrio. Los dos cerraron los ojos. Ella no los volvió a abrir durante varios minutos. Cuando recuperó la mirada, él ya no estaba allí.

Repaso

I. Conteste las siguientes preguntas.

Parte 1

1. ¿Quién es Leonardo Barroso? ¿Quién es Michelina? ¿Adónde van? ¿Por qué? ¿Qué negocio tiene don Leonardo?

2. ¿Quién es Lisandro Chávez? ¿Por qué viaja a Nueva York? ¿Viaja en primera clase como don Leonardo y Michelina? ¿Por qué no?

3. ¿Por qué a Lisandro le da un salto el corazón al ver a Michelina en el avión? ¿Dónde la ha visto antes? ¿Qué tenían en común en aquella época?

4. ¿En qué sentido es Lisandro diferente a los demás trabajadores? ¿De qué medio social es? ¿Por qué decidió aceptar el trabajo en Nueva York? ¿En qué consiste el trabajo?

5. ¿Por qué tenía don Leonardo un interés especial en emplear a Lisandro? ¿Por qué cree que el joven puede crear una mejor impresión que los otros trabajadores?

---

[93] estúpido
[94] tirarnos, lanzarnos, precipitarnos

Parte 2

1. ¿En qué se ve la falta de consideración de don Leonardo hacia sus trabajadores? ¿Cómo muestra su «orgullo humanitario y nacionalista»? ¿Es sincero o no? ¿Qué motiva a don Leonardo?

2. ¿Cómo se siente Lisandro al bajarse del avión?

3. ¿Qué siente Michelina por don Leonardo? ¿Por qué se queda con él?

4. ¿Cómo empiezan los trabajadores a relacionarse unos a otros? ¿Por qué se siente Lisandro fuera de lugar? ¿Cómo reacciona a la nieve?

5. ¿Cómo es el edificio cuyas ventanas tiene que limpiar? ¿Precisamente en qué consiste el trabajo de Lisandro? ¿Qué relación existe entre don Leonardo y sus socios norteamericanos? Contraste la actitud de Lisandro con la de don Leonardo.

Parte 3

1. Describa la situación de Audrey.

2. ¿Qué puesto tiene? ¿Dónde trabaja?

3. ¿Por qué decide ir a la oficina un sábado por la mañana?

4. ¿Qué sorpresa se lleva al llegar al edificio?

5. ¿A quién ve en el atrio?

Parte 4

1. ¿Ve Lisandro a Audrey inmediatamente? ¿Cómo reacciona ella al ver al joven mexicano por primera vez? ¿Y después de fijarse en él?

2. ¿Qué siente Lisandro al verla trabajando en su oficina?

3. ¿Por qué piensa Audrey que debe molestarse por la mirada de Lisandro? ¿Por qué no puede?

4. ¿Por qué lo encuentra atractivo? ¿Qué cualidad tiene que la joven no encuentra en la gente que conoce?

5. ¿Qué pasa cuando ella le sonríe? ¿En qué sentido lo «imagina»?

6. ¿Por qué se queda mirándolo al volver a la oficina con un lápiz de labios? ¿Por qué lo desconcierta su mirada?

7. ¿Cómo tratan se comunicarse a través del cristal? ¿Qué escribe Lisandro en el cristal después de que Audrey escribe su nombre? ¿Por qué cree Ud. que escribe su nacionalidad en vez de su nombre?

8. ¿Cómo expresan su deseo?

9. ¿Qué descubre Audrey cuando abre los ojos? ¿Por qué cree Ud. que Lisandro desaparece?

II. Temas para la conversación y la composición

1. La personalidad de don Leonardo: ¿En qué escenas vemos su arrogancia, y en cuáles vemos su inseguridad? ¿Qué siente por los hombres que emplea? ¿En qué sentido es hipócrita?

2. La inestabilidad económica: ¿Cómo personaliza y humaniza Fuentes la crisis monetaria a través de su retrato de Lisandro?

3. La relación entre don Leonardo y Michelina: ¿Qué revela acerca de cada uno de ellos? ¿Qué revela acerca de las circunstancias económicas y sociales que existen en México a mediados de los años noventa?

4. La sociedad mexicana, según Carlos Fuentes: clase, raza, sexo

5. La inmigración legal e ilegal: ¿qué simboliza la frontera de cristal?

Glosario*

A

a causa de—because of
a espaldas—behind one's back
a fin de—with the end of, in order to
a fines de—at the end of
a igual a—like
a la ligera—lightly, quickly
a la plancha—grilled
a mediados de—in the middle of
a menudo—often
a pesar de—in spite of
a prueba de + noun—(noun)proof
a su torno—in turn
a toda prisa—quickly
a través de—throughout, through
a veces—at times
abajo—downward, down
abandono—abandonment
abanicar—to fan
abanico—fan
abarcar—to embrace
abastecerse—to stock up
abdicar—to abdicate, to give up
abeja—bee
abierto—opened, open
abismo—abyss
abnegación—self-denial
abogado—lawyer
abogar—to plead, to argue
abolir—to abolish
abonarse—to subscribe
abordar—to board, to approach
aborto—abortion
abrasador—burning
abrasar—to burn, to scorch

abrazar—to embrace, to hug
abrazo—hug
abrumar—to overwhelm, to overcome
absorto—absorbed
abuelo—grandfather; abuela—grandmother
abuelos—grandparents
abultado—bulky, thick
aburrirse—to become bored
A.C. (antes de Cristo)—Before Christ (B.C.)
acabar—to end
acabar con—to finish, to do away with
acabar de + verb—to have just + verb
acalorado—heated
acantilado—slope
acantonar—to garrison
acariciar—to caress
acarrear—to carry, to give rise to
acceder—to agree, to consent
aceite m—oil
aceitoso—oily
acelerarse—to accelerate, to hurry up
acerca de—about
acercarse—to approach
aclarar—to clarify
acompañar—to accompany
acongojado—sad
aconsejable—advisable
acontecimiento—event
acordar—to agree
acordarse—to remember, to recall
acosar—to harass
acostumbrar—to be in the habit of
acotar—to make note of
acreedor/a—creditor

---

* This glossary omits exact cognates and cognates that end in –ción (-tion).

actitud *f*—attitude
actividad *f*—activity
actuación *f*—conduct, behavior
actual—present day, current
actuar—to act, to undertake
acudir—to turn to
acuerdo—agreement
acurrucarse—to cower, to crouch down
acusar—to accuse
achicarse—to become smaller
adelantado—advanced; *m* scout
adelantar—to further
adelantarse—to be early
adelanto—advance
además—besides
adentro—within
adhesivo—adhesive, glue
adinerado—wealthy, monied
adivinar—to guess
adjudicar—to award
admirar—to admire, to surprise
adoctrinamiento—indoctrination, religious instruction
adorar—to worship
adormecer—to lull to sleep
adquirir—to acquire
adueñarse de—to take control of
adular—to flatter
adulterino—adulterous
adúltero—adulterer; adulterous
advenimiento—advent
adyacente—adjacent
afán *m*—urge
afanarse—to put all of one's effort (into doing something)
afectivo—emotional
aficionado—fan
afilado—sharpened, sharp
afilar—to sharpen
afín—similar
aflorar—to surface, to show
afuera *adv*—outside
afueras—outskirts
agarrar—to grab
agazapado—crouching

aglomerar—to bring together
agradar—to please
agradecer—to be thankful, to be grateful
agrario—agrarian
agravar—to aggravate
agregado cultural—cultural attaché
agregar—to add
agrícola—agricultural
agricultor/a—farmer
agrio—sour
agua *f (el)*—water
agua de hierbas—herbal tea
aguantar—to hold, to bear
aguardar—to await, to wait for
aguardiente *m*—fortified spirit, liquor
aguijonear—to goad, to stimulate
águila *f (el)*—eagle
ahogar—to drown, to suffocate
ahora—now
ahorrar—to save
ahorros—savings
aislado—isolated
aislamiento—isolation
ajedrez *m*—chess
ajusticiar—to adjudge, to try (in court)
al fin y al cabo—in the end
al inicio—in the beginning
al lado—at the side
al mismo tiempo—at the same time
al parecer—apparently
al principio—at the beginning
al revés—on the wrong side, backwards, upside down
ala *f (el)*—brim (of a hat); wing
alacrán *m*—scorpion
albañil *m*—bricklayer, stonemason
albergar—to accommodate
alcalde *m*—mayor
alcadesa *f*—woman mayor
alcance *m*—range
alcantarilla—sewer
alcanzar—to achieve
aldea—village
alegar—to allege
alegría—happiness

alejado—remote
alejamiento—remoteness
alejarse—to get away from
alemán/ana—German
alentar—to encourage
aleta—fin
alfabetizar—to teach to read and to write
alfarería—pottery
alfombra—carpet
alga *f (el)*—seaweed
algodón *m*—cotton
alguno—some
aliado—ally
alianza—alliance
aliar a—to ally with
alimentación *f*—food, feeding
alimentar—to feed, to nourish
alimento—food
alinearse—to align (oneself)
aliñar—to dress (food), to season
aliviar—to alleviate, to relieve
alma *f (el)*—soul
almacén *m*—grocery store
almibarado—sweet, preserved in syrup
almorzar—to lunch
almuerzo—lunch
alojarse—to lodge, to stay
alrededor de—around
alrededores *m (pl)*—surrounding areas
alterar—to alter, to change
alto—high
altoparlante *m*—loudspeaker
altura—height
alumbrador—shiny
alumbrar—to illuminate
alumno—student
allá—over there
allí—there
ama de casa *f (el)*—housewife
amado—beloved
amanecer *m*—dawn
amante *m y f*—lover
amar—to love
amargo—bitter

amarrar—to moor, to tie (up)
amasar—to knead, to mix
ambiente *m*—surroundings, environment
ambulante—traveling, wandering
amenazador—menacing, threatening
amenazar—to menace, to threaten
amigdalitis *f*—tonsilitis
amistad *f*—friendship
amo—master
amolado—bothered
amor *m*—love
amorfo—shapeless, amorphous
amparar—to protect
amparo—protection, help
ampliar—to expand, to broaden
amplio—wide, broad
amuleto—amulet
analfabetismo—illiteracy
analfabeto—illiterate
anaquel *m*—shelf
anarquía—anarchy
anciano—elderly, old
anclar—to anchor, to tether
andamios—scaffolding
andanza—adventure
andar—to walk
andino—Andean
anécdota—anecdote
anexar—to attach
anglófono—English-speaking
anglosajón/ona—Anglo-Saxon
angosto—narrow
angustia—anguish, distress
anhelar—to long for
anhelo—longing
anidar—to nest
animado—exciting
animar—to encourage, to stimulate
ánimo—courage
aniquilar—to annihilate
anotar—to account, to note, to write down
ansiedad *f*—anxiety, anxiousness
antagonizar—to antagonize
antepasado—ancestor

anteponer—to place before
anterior—prior, previous
anteriormente—previously
antes (de)—before
antesala—anteroom
anticoncepción *f*—contraception, birth control
anticonceptivo—contraceptive
anticuado—antiquated
antiguo—ancient, old, former
antipático—unpleasant, nasty
antitético—antithetical
antología—anthology
anulación *f*—annulment
anular—to annul
anuncio—notice, announcement
anzuelo—fishhook, bait
año—year
añoranza—nostalgia, homesickness
añorar—to miss
apaciguar—to quell
apadrinar—to serve as godfather
aparato—machine, device
aparecer—to appear
apartar—to separate, to move away
apasionado—fascinated, passionate
apelar—to appeal
apellido—last name
apenar—to sadden
apenas—scarcely
apertura—opening
aperturista—progressive, free market
apestar—to infect, to infest, to smell, to stink
apetecer—to be tempting
apetitoso—tempting, appetizing
aplastar—to crush, to squash
aplaudir—to applaud
apoderar—to empower, to authorize
apoderarse de—to seize
apogeo—apogee
aportación *f*—provision, contribution
aportar—to provide
aporrear—to bang, to strike
aposento—room, lodging
apóstol *m*—apostle

apoyar—to support
apoyo—support
apreciar—to appreciate
aprender—to learn
aprendizaje *m*—learning, apprenticeship
apresar—to take prisoner
apresurado—hurried, hasty
apretar—to press, to squeeze
aprobar—to approve, to pass
apropiado—appropriate
aprovechable—advantageous
aprovecharse de—to take advantage of
apuro—difficult situation
aquel—that
aquí—here
araña—spider
árbol *m*—tree
arca—trunk, chest
arco—arch
arco iris—rainbow
ardiente—burning
arena—sand, arena
arma *f (el)*—weapon
armado—armed
armadura—armor
armar—to arm
arqueólogo—archaeologist; archaeological
arquitectura—architecture
arte *m (sg)* y *f (pl)*—art
artesanía—craftmanship
artesano—artesan
articular—to articulate, to express
artritis *f*—arthritis
arrancar—to uproot, to tear out
arrasar—to devastate
arrastrarse—to crawl
arrebatar—to snatch
arreglar—to arrange, to fix
arreglo—arrangement
arrendar—to lease, to let, to rent
arriba—up
arrojar—to throw, to hurl
arroz *m*—rice
arruga—wrinkle

arruinarse—to be ruined
asado—roast
asaltante *m y f*—attacker
asaltar—to attack
ascenso—promotion, ascent
asear—to clean
asegurar—to assure
asemejar—to be similar to
asentar—to settle
asentir—to assent
asequible—accessible
aserradero—sawmill
asesinar—to murder
así que—so
asiático—Asiatic, Asian
asignar—to assign
asilo de ancianos—retirement home
asimilar—to assimilate
asimismo—also, likewise
asistencia—attendance, assistance
asistente *m y f*— assistant
asistente social—social worker
asistir—to attend
asomarse—to peek out
asombrar—to amaze
asombro—amazement, astonishment
aspecto—aspect, look
aspirador *m*—vacuum cleaner
aspirante *m y f*—candidate, contender
aspirar—to aspire, to vacuum
astuto—astute, clever
asumir—to assume
asunto—matter
atacar—to attack
atalaya—watchtower
ataque *m*—attack
atarantarse—to distract
atardecer *m*—dusk
atemorizar—to frighten
atender—to assist, to attend
atentado—attempt
atenuar—to diminish, to ease
ateo—atheist
aterrar—to terrify

aterrizar—to land (an airplane)
atinar—to manage to do something
atormentado—troubled
atraco—robbery, mugging
atractivo—attraction
atraer—to attract
atrás—behind
atrasado—delayed, overdue, backward, late
atrasarse—to be late, to fall behind
atraso—backwardness
atravesar—to cross
atreverse—to dare
atribuir—to attribute
atrio—atrium
atrocidad *f*—atrocity
atropellar—to run over, to trample
auditorio—auditorium, audience
auge *m*—boom
aula *f (el)*—classroom
aullar—to howl
aumentar—to increase
aumentarse—to grow
aumento—increase, growth, raise
aun—even
aún—still
aunque—although
ausencia—absence
austeridad *f*—austerity
austero—austere
autóctono—native, indigenous
automóvil *m*—automobile
autor/a—author
autoridad *f*—authority
autosuficiente—self-sufficient
auxilio—help
avanzar—to advance
avaro—greedy, miserly
ave *f (el)*—bird
avena—oats
avenimiento—advent
aventajado—outstanding, having the advantage
avergonzado—shameful, ashamed
averiguar—to verify, to check
avión *m*—airplane

avisar—to warn, to let know
ayer—yesterday
ayudante *m y f*—assistant, helper
ayudar—to help
ayuno—fast
azafata—stewardess
azar *m*—chance, fate
azogado—trembling
azufre *m*—sulfur
azul—blue
azul-verduzco—blue-green

B

babalao—santería priest
bacinica—bed pan
bachillerato—high school degree requiring students to pass an examination before college
bagaje *m*—background, baggage
bahía—bay
bailar—to dance
baile *m*—dance
bajar—to decrease, to decline, to descend, to go down
bajo—under, low, short
bajo electrónico—electric bass
balazo—shot, bullet wound
balbucear—to babble
baloncesto—basketball
baluarte *m*—bulwark, stronghold
bambuco—Colombian dance
bancarrota—bankruptcy
banco—bank, bench
banda—band, group, gang
bandazo—lurch
banquetero—gourmet
baño—bathroom
baraja—pack (of cards)
barato—cheap
barba—beard
barbacoa—barbecue
bárbaro—barbarian, great
barbilla—chin
barbudo—bearded

barco—ship
barra—bar, swipe
barrer—to sweep
barrera—barrier
barriada—slum
barril *m*—barrel
barrio—neighborhood
barro—clay
basalto—basalt
bastar—to be enough
batalla—battle
batir—to wag, to shake
bautizar—to baptize
bautizo—baptism
bebé *m*—baby
beber—to drink
beca—scholarship
becario—student with scholarship
behaviorismo—behaviorism
béisbol *m*—baseball
bélico—warlike
belleza—beauty
bello—beautiful
beneficiar—to benefit
benévolo—benevolent
beso—kiss
biblioteca—library
bien—good, well
bienes *m (pl)*—goods, property
bienestar *m*—well-being
bigote *m*—moustache
bigotón *m*—large moustache
bilingüe—bilingual
billete *m*—ticket, note, bill
bisabuelo—great grandparent
bisoñé *m*—toupée
bistec *m*—steak
blanco—white, target
bloqueo—blockade
bluyín *m*—blue jeans
bobado—foolish
bobería—nonsense, foolishness
boca—mouth
bocadillo—appetizer, snack, sandwich

boda—wedding
bolsa—bag
bolsillo—pocket
bomba—bomb
bombilla—lightbulb
bonachón/ona—kindly; easygoing person
boquiabierto—open mouthed, speechless
bordar—to embroider
borde *m*—edge
borrasca—thunderstorm
borroso—blurred
bosque *m*—forest, woods
botella—bottle
boxeador *m*—boxer
brasileño—Brazilian
brazo—arm
brillar—to shine
brillo—shine, brilliance
brindarse—to offer
bromear—to joke
brotar—to well up, to sprout
brote *m*—sign, hint, sprout
brujo—sorcerer
brumoso—misty
brutalidad *f*—brutality
buche—mouthful
buen grado—goodwill; **de buen grado**—willingly
buena voluntad *f*—goodwill
bufanda—scarf
buitre *m*—vulture
bujía—candle
bullente—bubbling
burguesía—middle class, bourgeoisie
burla—mockery, joke
burlarse de—to make fun of
burócrata *m y f*—bureaucrat
burocrático—bureaucratic
buscar—to look for
búsqueda—search
butaca—armchair

C

caballero—gentleman
caballerosidad—chivalry
caballete *m*—base
caballo—horse
cabellera—long hair
cabello—hair
cabeza—head
cabo—end
cacahuete *m*—peanut
cacerola—pot
cacique *m*—chieftain
cacto—cactus
cada—each
cada tanto—every once in a while
cadena—chain
cadena de montaje—assembly line
caer—to fall
café *m*—coffee
cafetero—coffee-producing
caída—fall
caja—box
cajetilla—packet (of cigarettes)
cal *f*—lime
calabaza—squash
calcetín *m*—sock
calendario—calendar
calidad *f*—quality
caliente—hot
calizo—chalky
calor *m*—heat
calumniar—to slander, to malign
callarse—to become quiet, to shut up
calle *f*—street
callejero—street, street map
callejón *m*—alley
cama—bed
cámara—legislative house
camarero—waiter
camarón *m*—shrimp
camastro—cot
cambiar—to change, to exchange
cambio—change, exchange

caminar—to walk
camino—road
camión *m*—truck
camisa—shirt
camiseta—T-shirt
campaña—campaign
campeón/ona—champion
campesino—peasant
campo—field, area
canal—conduit, pipe
canasta—basket
canción *f*—song
cancha—ball court
candela—candle
candidato—candidate
canónigo *m*—canon
canoso—gray-haired
cansado—tired
cantante *m* y *f*—singer
cantar—to sing
cantidad *f*—quantity, amount
canto—canticle, song, chant
cantor/a—singer
caña de azúcar—sugarcane
caos *m*—chaos
capa—cape, layer
capacitado—qualified
capataz *m*—foreman
capaz—capable
capital *f*—capital of country, province, etc.
capital *m*—monetary capital
capitalino—of the capital
capitanear—to captain
capítulo—chapter
caprichoso—whimsical
captar—to capture, to win
cara—face
¡caray! *exp*—good heavens!
cárcel *f*—jail
carente de—lacking in
caribeño—Caribbean
caricia—caress
cariño—affection
caritativo—charitable

carmesí—red
carne *f*—meat
carnicero—butcher
carpintería—carpentry
carta—letter, playing card
cartilla—booklet
cartón *m*—cardboard
carrera—career, course of studies
carretera—highway
casa—house
casabe *m*—cassava
casado—married
casarse con—to get married to
cascabel *m*—bell
casi—almost
castaño—chestnut brown
castellano—Castilian, Spanish
castigar—to punish
castigo—punishment
castillo—castle
casto—chaste
catalizador *m*—catalyst
catarata—waterfall
catecismo—catechism
catedrático—professor
catre *m*—cot
caucásico—Caucasian
caucho—rubber
caudillo—strongman
causa—cause
cautela—caution
cautiverio—captivity
cazador/a—hunter
cazar—to hunt
cazuela—pot
cebolla—onion
ceder—to cede, to yield
celoso—jealous
célula—cell
celular *m*—cellular telephone
cena—dinner
cenar—to dine
cenicero—ashtray
ceniza—ash

censo—census
censura—censorship, criticism
centella—flash, spark
centenar—hundred
centro—center, downtown
cerámica—ceramics, pottery
cercano—near
cerebro—brain
certeza—certainty
certidumbre *f* —certainty
cerveza—beer
cerrar—to close
cicatriz *f*—scar
ciego—blind
cielo—sky, heaven
ciencia—science
científico—scientist; scientific
cifra—figure
cigarrillo—cigarette
cima—peak, summit
cimiento—foundation
cine *m*—movie house, cinema, movies
circense—circuslike
cirujano—surgeon
cita—appointment
cítara—zither, a harplike musical instrument
ciudad *f*—city
ciudadano—citizen
clarear—to clear
claro—of course
clase *f*—class
claustro—cloister
claúsula—clause
clavar—to fix, to rivet
clave *f*—key
clavetear—to nail
clérigo—priest, clergy
clero—priest, clergy
cobija—blanket
cobrar—to charge, to collect
cobre *m*—copper
cocer—to cook
cocina—kitchen, cuisine
cocinar—to cook

cocinero—cook
coco—coconut
coche *m*—car
cochino—pig
código—code
codorniz—quail
cofradía—fraternity, religious brotherhood
cofre *m*—coffer
coincidir—to agree upon
cojera—lameness
cojo—lame
cola—tail
colarse—to seep, to sneak
colcha—bedspread, quilt
colectivo—group, bus
colega *m* y *f*—colleague
colegio—high school, school
colgar—to hang
colilla—cigarette butt
colocar—to place
Colón *m*—(Christopher) Columbus
colonia—colony
colorado—red
coloso—colossus
columnista *m* y *f*—columnist
combatir—to combat
comedor *m*—dining room
comentarista *m* y *f*—commentator
comenzar—to begin
comer—to eat
comerciar—to trade, to do business
comercio—trade, business, commerce
comestibles *m (pl)*—food, groceries
cometer—to commit
comida—food
comisura—corner
comodidad *f*—comfort
cómodo—comfortable
compadecer—to pity, to feel sorry for
compadre *m*—friend, ally, one's child's godparent
compañero—companion, comrade, pal
compañero de cuarto—roommate
compartir—to share
compás *m*—compass, rhythm, beat

compatriota *m y f*—compatriot, countryman/woman
compendio—compendium, collection
competencia—competition
complacer—to please
complejidad *f*—complexity
complicidad *f*—complicity
comportamiento—behavior
comprar—to buy
comprender—to comprise, to comprehend, to understand
comprometer—to obligate
compromiso—obligation
computadora—computer
común—common
comunidad *f*—community
con tal de—as long as
concebir—to conceive
concertar—to agree upon
conciliar—to reconcile
concha—shell
condenar—to condemn
conducir—to lead to, to drive
confeccionar—to make (*esp.* dressmaking and tailoring)
confesionario—confessional
confiable—trustworthy
confiar a—to confide in
congelar—to freeze
congresista *m y f*—congressman/woman
congreso—congress, meeting, conference
conjeturar—to conjecture
conjunto—group
conjura—conspiracy
Cono Sur—Southern Cone: Argentina, Chile, and Uruguay
conocer—to know, to meet
consabido—well known
consciente—conscious
consecuencia—consequence, result
conseguir—to get
consejero—advisor
consejos *m (pl)*—advice
conservador/a—conservative
consistir en—to consist of

consolidarse—to consolidate
constar de—to be made up of
constructor *m*—construction worker
constructora—construction firm
construir—to construct, to build
consuelo—consolation
contar—to count, to include, to tell
contar con—to count on
contener—to contain
contento—content, happy
contestador automático *m*—answering machine
contienda—contest
contra—against
contraataque *m*—counterattack
contrato—contract
controvertido—controversial
convenir—to be suitable, to be a good idea
convertirse en—to become
cónyuge *m y f*—spouse
copa—glass
copal *m*—tree resin used in the preparation of varnish and incense
copo de nieve—snowflake
corazón *m*—heart
corbata—tie
cordero—lamb
cordillera—mountain range
cordón *m*—cord
corona—crown
coronar—to crown
coronel *m*—colonel
cortar—to cut
corte *f*—court
cortejar—to court
cortesía—courtesy
corteza—crust, bark (of a tree)
cortina—curtain
corredor *m*—corridor, passage
corregidor *m*—viceroyal delegate
corregir—to correct
correligionario—fellow
correo—mail
corriente—ordinary; *f* electric current
corrupto—corrupt

cosecha—crop
cosechar—to harvest
coser—to sew
cosmopolita *m y f*—cosmopolitan
costa—coast
costado—side
costear—to keep close to, to pay for
costoso—costly
costumbre *f*—custom
costura—sewing
cotidiano—everyday
creador/a—creator
crear—to create
crecer—to grow
creciente—growing
credo—creed
creencia—belief
creer—to believe
crema—cream
crematístico—financial
crepa—crepe
cresta—crest
criar—to raise, to bring up
crimen *m*—crime
crispación—tension
cristal *m*—glass
cromado—chromium plated
crucero—intersection
crueldad *f*—cruelty
cruz *f*—cross
cruzar—to cross
cuadro—picture, chart, table
cuajar—to clot, to curdle
cual—which
cualquier—whichever
cuartel *m*—barracks
cuarto—room; fourth
cuarzo—quartz
cuate—buddy
cubo—cube
cubrir—to cover
cubrirle las espaldas—to cover someone's back
cuchillo—knife
cueca—Chilean dance

cuello—collar, neck
cuenta—account, bill
cuentista *m y f*—short-story writer
cuento—story
cuero—leather
cuerpo—body
cuervo—crow
cuesta—basket; slope
cueva—cave
cuidado—care
cuidar—to take care of
cuita—worry, trouble
culpa—blame
cultivo—cultivation
culto—learned, educated
cumpleaños *m (pl)*—birthday
cumplir—to fulfill, to comply
cuota—quota, fee
cura *m*—priest
curandero—native herbalist
curso—course
cúspide *f*—cuspid
cuy *m*—guinea pig

CH

chamarra—sheepskin jacket, sweater
chamba—work, employment (*Mex*)
chambita—little job *(Mex)*
champaña *m*—champagne
charco—puddle
charlar—to chat
charol *m*—patent leather
chequeo—checkup
chicle *m*—chewing gum
chico—boy, child; small; **chica**—girl
chicha—alcoholic beverage made with fermented corn
chilango—resident of Mexico City
chile *m*—chili pepper
chileno—Chilean
chiquito—small
chisme *m*—gossip
chispa—spark
chiste *m*—joke

chocar—to hit, to collide, to shock
chófer (o **chofer**) *m* y *f*—chauffeur, driver
chomba—sweater, jumper
choza—hut

D

daga—dagger
dama—lady
dañino—harmful
daño—damage
dar—to give
dar a luz—to give birth
dar ánimos—to encourage
dar pie—to give cause
dar por sentado—to take for granted
darse cuenta de—to realize
darse de cabeza—to crash headlong
darse por + *verb*—to be considered
dar una vuelta—to take a walk
datos—data, facts
de hecho—in fact
de moda—fashionable
de modo que—so, in such a way that
de nuevo—again
de reojo—out of the corner of one's eye
de repente—suddenly
de turno—on duty
de vez en cuando—once in a while
de vuelta—in return
deber *m*—duty, homework
deber *v*—to owe; should, must
debidamente—properly
debido a—owing to
débil—weak
debilitar—to weaken
decapitado—decapitated
decena—quantity of ten
decente *m* y *f*—decent, proper, nice
decretar—to decree
dedicarse—to devote oneself
dedo—finger
defensor/a—defender
deferencia—deference

deficitaria—deficit producing
deglutir—to swallow
degradante—degrading
deidad *f*—deity
dejar—to leave
delantal *m*—apron
deletrear—to spell
delicado—delicate
delincuente *m* y *f*—criminal
delito—crime
demanda—demand, petition, claim
demás—others
demonio—devil
demorar—to hesitate
deparar—to bring, to afford
departamento—department, district, apartment
depender de—to depend upon
deporte *m*—sport
derecho *adj*—right, straight
derecho *n*—right
derogar—to repeal, to rescind
derretir—to melt
derribar—to demolish
derrocar—to overthrow
derrota—defeat
derrotar—to defeat
derrumbar—to destroy
desacierto—error
desafiante—defiant
desafiar—to defy
desafío—challenge
desaforado—uncontrolled
desafortunadamente—unfortunately
desahogado—tranquil
desajuste—breakdown, imbalance
desalmado—heartless
desamparado—helpless
desangrar—to bleed
desanimarse—to become discouraged
desaparecer—to disappear
desaparición *f*—disappearance
desarrollarse—to develop
desarrollo—development
desastroso—disastrous

desatar—to unleash
desatento—inattentive
desazón *f*—unease, anxiety
desbaratar—to wreck
desbocado—runaway
desbordar—to overflow, to burst
descalabro—setback
descansar—to rest
descendiente *m y f*—descendent
descifrar—to decipher
descomponer—to decompose, to break down
desconfianza—mistrust
desconfiar—to mistrust
desconsolado—disconsolate
descubrimiento—discovery
descubrir—to discover, uncover
desde—since, from
desde luego—of course
desdén—scorn
desdeñar—to disdain
desdichado—unfortunate
desear—to desire, to wish
desechable—disposable
desembocadura—mouth (of a river)
desempeñar—to undertake, to carry out
desempeñar un papel—to play a role
desempleo—unemployment
desencadenar—to unleash, to give rise to
desengañado—disillusioned
desentonado—out of tune
desenvuelto—fluent, natural
deseo—wish, desire
deseoso—desirous
desequilibrio—disequilibrium, imbalance
desértico—deserted
desesperado—hopeless, desperate
desfalco—embezzlement
desfilar—to parade
desgarbado—ungainly, clumsy
desgastar—to wear out
desheredados *m (pl)*—underprivileged
deshumanizar—to dehumanize
desierto—deserted
desigualdad *f*—inequality

desilusionar—to disillusion, to disappoint
desinteresado—altruistic
deslavado—washed out
desleal—disloyal
deslumbrar—to dazzle
desnudo—naked
desobedecer—to disobey
despacho—office, dispatch
despampanante—stunning
despectivo—insulting, contemptuous
despedazar—to shatter, to tear into
despensa—pantry
desperdiciar—to waste, to squander
despertar—to awaken
desplazar—to move
desplomarse—to collapse
despojar—to strip
despojarse—to rid oneself
desposarse—to get married
despreciar—to scorn
desprecio—scorn
desprestigiar—to discredit
desprovisto—lacking, devoid of
desquiciado—confused
desquitarse—to get even
desquite *m*—revenge
destacado—noteworthy, recognized
destacamento—detachment
destacar—to stand out, to distinguish
destajo—piecework
destapar—to open, to remove the lid of
desterrado—exile
desterrar—to exile
destruir—to destroy
desvelar—to reveal, to try hard
desvelos *m (pl)*—efforts
desventaja—disadvantage
desventurado—unfortunate
deterioro—deterioration
detrás—behind
deuda—debt
devolver—to return
día *m*—day
diáfano—diaphanous

diario—daily, daily newspaper
dibujar—to draw, to sketch
dictadura—dictatorship
dictar—to dictate
dicho—saying
dichoso—fortunate, blessed
diente *m*—tooth
diferir—to defer, to postpone, to differ
dificultar—to make difficult
difundir—to diffuse
digno—worthy
dilación *f*—delay
diminuto—tiny
dinero—money
dios *m*—god
diosa *f*—goddess
diputado—representative
dirigente *m* y *f*—manager, leader
dirigir—to direct, to oversee
disco—record
discreto—discreet, modest
discurso—discourse, speech
discutir—to discuss, to argue
disensión *f*—disagreement
diseñar—to design
disertar—to lecture
disfrazar—to disguise
disgustado—displeased
disidente *m* y *f*—dissident
disimulo—pretense
disminuir—to diminish
disociar—to disassociate from
displicencia—contempt, nastiness
disponer—to arrange, to decide
disponible—available, ready
dispositivo—device
dispuesto—disposed, available
disputa—dispute
distraer—to distract
diván *m*—couch
diverso—diverse, different
divertido—fun
divinidad *f*—divinity
divorciarse—to divorce

divulgación *f*—revelation, release, circulation
doblarse—to double; to fold
docto—learned, educated
doctorado—doctorate
doler—to hurt
dolido—hurt
dolor *m*—pain
domesticar—to domesticate, to tame
domicilio—residence
dominar—to master, to dominate
domingo—Sunday
dominio—dominion, domination
dominó—dominoes
don *m*—gift; title of respect
doncella—maiden
donde—where
donjuanesco—Don Juanesque, seductive
dormir—to sleep
dormitorio—room
dosis *f*—dose
dotado—blessed
dote *f*—dowry
dramaturgo—playwright
droga—drugs
dudar—to doubt
dueño—owner
dulce—sweet
duplicar—to double, to duplicate
durante—during
durar—to last
duro—hard

E

ebrio—drunk
eclesiástico—clergyman, ecclesiastical
echar a + *verb*—to begin to + *verb*
echar en falta—to miss
echar la culpa—to cast blame
edad *f*—age
edicto—edict
edificio—building
educado—well mannered
educar—to educate, to teach manners

efectista—dramatic
eficaz—efficient, effective
egipcio—Egyptian
egresado—graduate, student who has completed a
  course
Eje *m*—Axis nations of Italy and Germany during World
  War II
ejecutar—to execute
ejecutivo—executive
ejemplo—example
ejercer—to exercise, to practice
ejercicio—exercise
ejército—army
elaborar—to manufacture, to make
electricista *m* y *f*—electrician
elegir—to elect
elogiar—to praise, to eulogize
elogio—praise
elucubración *f*—reflection
eludir—to avoid
emanar—to emanate
embarazada—pregnant
embarazo—pregnancy, difficult situation
emborracharse—to get drunk
emboscado—crouching, waiting
embrujo—spell, enchantment
emergir—to emerge
emisario—emissary
emitir—to emit, to issue
empalagoso—repugnant
empanada—meat turnover
emparedado—sandwich
emparrandar—to party
empate *m*—draw, tie
empeño—duty, responsibility
emperador *m*—emperor
empezar—to begin
empleado—employee
emplear—to employ, to use
empleo—job, employment
emplumado—feathered
emprender—to undertake
empresa—undertaking, business firm
empresario—employer, businessman

empujar—to push
en aquel entonces—at that time
en blanco—blank
en boga—in vogue, fashionable
en busca de—in search of
en ciernes—in its infancy
en estricto rigor—strictly speaking
en pleno rostro—square in the face
en primer término—in the foreground
en pro de—in favor of
en vano—in vain
en vez de—instead of
enajenación *f*—alienation
enajenar—to alienate
enamorarse de—to fall in love with
enardecer—to inflame, to cause to burn
encabezar—to head
encabronarse—to get pissed off
encajonar—to pack, to fit
encandilado—dazzled
encantador/a—enchanting
encarcelar—to jail, to imprison
encargarse de—to take charge of
encargo—charge, responsibility
encarnación *f*—incarnation
encarnar—to incarnate
encender—to light, to ignite
encendedor *m*—lighter
encerrar—to shut, to lock away, to enclose
encima—on top
encinta—pregnant
encomendero—holder of a large parcel of land
encomienda—large parcel of land
encomio—encomium, praise
encontrar—to meet, to encounter, to find
encubierto—covert
encuentro—encounter
encuesta—survey
enchufe *m*—plug
endeudar—to get into debt
enemigo—enemy
enfermar—to make sick
enfermedad *f*—illness
enfermera—nurse

enfermería—infirmary
enfermizo—sickly
enfermo—sick
enfoque *m*—focus
enfrentarse—to confront
engalanar—to decorate
engañar—to delude, to trick
engendrar—to engender
engorroso—bothersome
enlace *m*—link, go-between
enloquecer—to drive crazy
enmarañado—ensnarled
enmienda—amendment
enmudecer—to make mute, to become mute, to be
    speechless
enojo—anger
enorme—enormous
enquistado—wedged, stuck
enriquecerse—to get rich
enriquecimiento—enrichment
enroscado—curled or rolled up
ensañamiento—anger, fury
ensayista *m* y *f*—essayist
enseñar—to teach
ensimismado—absorbed, lost in thought
ente *m*—entity, institution
entender—to understand
enterarse—to find out
entero—entire, whole
enterrar—to bury, to inter
entidad *f*—body, firm
entierro—burial
entonces—then
entorno—surroundings, environment
entrada—entrance
entrañar—to involve
entrañas *f (pl)*—entrails
entrar—to enter
entre—among
entregar—to submit, to turn over to
entregarse—to submit oneself, to yield
entrelazar—to interlace
entrenamiento—training
entrevista—interview

entrevistar—to interview
enumerar—to enumerate
envejecer—to grow old
envenenar—to poison
enviar—to send
envidiar—to envy
enviudar—to become widowed
envuelto—wrapped up
época—epoch, period of time
equilibrio—equilibrium, balance
equinoccio—equinox
equipo—team, equipment
equivocarse—to be mistaken
erguir—to rise, to stand erect
erosionarse—to erode
erudito—scholar, learned
errante—wandering
erróneo—erroneous
es decir—that is
escala—stopover (airline)
escaldado—scalded
escalera—stairs
escama—fish scale
escarbarse—to scrape, to pick
escarmentar—to learn one's lesson
escarmiento—trick
escasear—to be scarce
escasez *f*—scarcity
escena—scene, stage
esclavización *f*—enslavement
esclavo—slave
escoger—to choose
escolar *m* y *f*—school, school child
esconder—to hide
escribir—to write
escribir a máquina—to type
escritura—writing, scripture
escrutar—to scrutinize
escuadrón *m*—squadron
escuela—school
esculpir—to sculpt
escultura—sculpture
escupir—to spit
esfera—sphere

esfuerzo—effort
espalda—back
espalda mojada—illegal worker
espantoso—frightening, terrible
esparcir—to scatter, to spread
especia—spice
especie *f*—kind, sort
espectro—specter, ghost
espejismo—mirage
espejo—mirror
esperar—to hope, to wait
espeso—thick
espía *m y f*—spy
espiga—spike
espíritu *m*—spirit
esponjar—to sponge, to fluff up
esposo—husband; **esposa**—wife
esquema *m*—outline, diagram
esquimal *m y f*—Eskimo
esquina—corner
esquivez *f*—shyness
estabilidad *f*—stability
estabilizarse—to stabilize
establecer—to establish
establecerse—to settle
estación *f*—season, station
estacionar—to park
estadísticas *f (pl)*—statistics
estado—state
Estados Unidos—United States**
estadounidense *adj*—U.S.; *m y f*—U.S. citizen
estafeta—sub–post office
estallar—to explode, to break out
estancado—stagnant
estándar *m*—standard
estante *m*—shelf
estaño—tin
estar de acuerdo—to agree
este—east
estela—wake, trail
estereotipo—stereotype
estética—aesthetic
estiércol *m*—manure
estilo—style

estímulo—stimulus
estipular—to stipulate
estirar—to stretch out
estirpe *f*—lineage
estómago—stomach
estopa—burlap
estrangular—to strangle
estrategia *f*—strategy
estratificación *f*—stratification
estrecho de Bering—Bering Strait
estrecho de Magallanes—Straits of Magellan
estrella—star
estremecer—to shiver, to tremble
estrenar—to premiere, to show or wear for the first time
estreñimiento—constipation
estropear—to break; to ruin
estrujar—to wring out
estudiante *m y f*—student
estudiar—to study
estudio—study
estudioso—studious, specialist
ética—ethics
étnico—ethnic
etnólogo—ethnologist
eucaristía—Eucharist
Evangelio—Gospel
evitar—to avoid
evolucionar—to evolve
examen *m*—exam
excavar—to excavate
excluir—to exclude
exigencia—demand
exigir—to demand
exiguo—paltry
exiliado—exile
exilio—exile
existir—to exist
éxito—success
éxodo—exodus
expandirse—to expand
experimentar—to experience
explicar—to explain
explorador/a—explorer

explotar—to exploit, to explode
exponer—to expound, to expose
exportador/a—exporter
exportar—to export
expresar—to express
expropiar—to expropriate
expulsar—to expel
extender—to extend
extorsionar—to extort
extraer—to extract
extranjero—stranger, foreigner
extrañar—to miss, to surprise
extraño—strange
extraviar—to misplace, to lose
extremo—extreme, far, far end

F

fábrica—factory
fabricar—to manufacture
facción *f*—faction, party
faccionismo—factionalism
fácil—easy
factura—bill
facultad *f*—discipline, faculty, school (of a university)
faisán *m*—pheasant
falda—skirt
faltar—to be lacking
fallo—mistake
familiar *m* y *f*—of the family, relative
farmacopea *f*—pharmacopoeia
faro—lighthouse
farsa—farse
fase *f*—phase
fatigar—to tire
favorecer—to favor
fe *f*—faith
fealdad *f*—ugliness
fecha—date
felicidad *f*—happiness
feligrés/esa—parishioner
feo—ugly

feraz—fertile
feria—fair
feriado bancario—bank holiday
feroz—ferocious
férreo—powerful, rigid
ferrocarril *m*—railroad
fetichista *m* y *f*—fetishist
fiarse de—to trust
ficha—file
fidelidad *f*—faithfulness
fiebre *f*—fever
fiel—faithful
fierro—iron
fijarse en—to notice
fila—row
filudo—sharp
fin *m*—end; **a fines de**—at the end of
fin de semana *m*—weekend
financiar—to finance
financiero—financier
finanzas *f (pl)*—finances
fingir—to feign, to pretend
fino—fine, refined
firmar—to sign
fiscalizador *m*—investigator
físico—physicist
flaco—thin
flauta—flute
flor *f*—flower
florecer—to flourish
flotilla—fleet
fluir—to flow
flujo—flow
fogoso—passionate
folleto—pamphlet
fomentar—to promote, to encourage
fondo—fund, bottom
foráneo—foreign
forjar—to forge
formar—to shape, to form
formulario—application, form
fortalecer—to fortify, to strengthen
forzado—forced

**Note that *los Estados Unidos* takes a plural verb, while *Estados Unidos* (without the article) takes a singular verb.

fotógrafo—photographer
fracasar—to fail
fracaso—failure
fraile *m*—friar
francés/esa—French
franja—fringe
frase *f*—sentence
fraternidad *f*—fraternity, brotherhood
frazada—blanket
frenesí *m*—frenzy
frente *f*—forehead
frente a—opposite
frijol *m*—bean
frío—cold
frívolo—frivolous
frondoso—exuberant
frontera—border
fruta—fruit
frutero—fruit
fuego—fire
fuente *f*—source, fountain
fuera—outside
fuerte—strong; *m*—fort
fuerza—force
fugaz—fleeting
fulminante—explosive, furious
fumar—to smoke
funcionario—official, government worker
fundador/a—founder
fundamento—foundation, grounds, basis
fundirse—to merge
funesto—disastrous, fateful
fusilar—to shoot
fútbol *m*—soccer

G

gaceta—gazette, newspaper
galardonar—to award a prize to
gallego—Galician
galleta—cookie
gallina—chicken, hen
gama—range
ganacia—profit, earning

ganador/a—winner
ganar—to win, to earn
gancho—hook
garantizar—to guarantee
garganta—throat
garrocha—pike, lance
garrochista *m* y *f*—pole-vaulter
gaseosa—soft drink
gastar—to spend
gasto—expense
gato—cat
gaviota—seagull
gélido—freezing
gemelo—twin, pair
género—gender, genre
genio—genius
gente *f*—people
gerente *m* y *f*—manager, director
gestionar—to negotiate
gesto—gesture
gigantesco—gigantic
girar—to revolve
globo—balloon
gobernador/a—governor
gol *m*—goal
golfo—gulf
golpe *m*—blow
golpear—to strike, to hit
gollete *m*—neck
goma—gum
gota—drop
gozar—to enjoy
grabación *f*—recording
grabar—to tape, to record
gracioso—amusing
grado—degree
graduado—graduate
graduarse—to graduate
Gran Muralla China—the Great Wall of China
grano—grain
granos de cacao—cacao beans
gratis—free
gratuito—free, gratuitous
gremio—guild

gritar—to yell, to scream
grito—yell, scream
Groenlandia *f*—Greenland
grueso—thick
gruñir—to groan
grupúsculo—small group, splinter group
guagua—baby *(Chile)*
guapo—handsome
guardar—to keep
guarecerse—to shelter
guarnición *f*—garrison
gubernamental—governmental
güemilere *m*—santería ceremony
guerra—war
guerrero—warrior
guerrillero—guerrilla
güevón—idiot
guiñar—to wink
guión *m*—outline, script
gusano—worm
gustar—to please

H

haber—to have
habitante *m y f*—inhabitant
habitar—to inhabit
habla *f (el)*—speech
hablar—to speak
hablatín—talkative
habsburgo—Hapsburg
hace + *time*—*time* + ago
hacendado—landowner
hacer—to make, to do
hacer caso—to notice, to pay attention
hacer hincapié—to emphasize, to stress
hacerse—to become
hacerse cargo de—to take charge of
hacerse el remolón—to shirk
hacerse valer—to show one's worth
hacia—toward
hacienda—estate
Hacienda—Finance
hallar—to find

hamaca—hammock
hambre *f*—hunger
hamburguesa—hamburger
harina—flour
harto—full, fed up
hasta—until
hay—there is, there are
hazaña—exploit, feat
hebreo—Hebrew
hechicería—sorcery
hecho—fact
hembra—female, woman
hendidura—crack, split
heredar—to inherit
heredero—heir
herejía—heresy
herencia—heritage
herida—wound
herir—to wound, to injure
hermanastro—stepbrother
hermano—brother; **hermana**—sister
hermoso—beautiful
hermosura—beauty
héroe—hero
heroína—heroine
herramienta—tool
herrumbroso—rusty
heterogeneidad *f*—heterogeneity
híbrido—hybrid
hierba—herb
hijo—son, child; **hija**—daughter, child
hilo—thread
hiperkinético—hyperactive
hipódromo—racetrack
hipoteca—mortgage
historiador/a—historian
hogar *m*—home
hoja—sheet, leaf
hojear—to leaf through
holandés/esa—Dutch
hombre *m*—man
homeópata *m y f*—homeopath
homogéneo—homogeneous, uniform
honrar—to honor

hora—time, hour
horario—schedule
horizonte *m*—horizon
horno—oven
horno de microondas—microwave oven
horripilante—horrible, spine-chilling
hospedaje *m*—accommodations, lodging
hostia—host
hostil—hostile
hoy—today
hoy día—today
hoy en día—today, currently
hoyo—hole
huachafo—tacky
huayno—Peruvian dance
huelga—strike
huérfano—orphan
huerto—garden
hueso—bone
huevo—egg
humeante—steaming
húmedo—damp
humo—smoke
hundir—to sink
hurón *m*—ferret
husmear—to nose around, to sniff out

I

idear—to devise, to think up
idioma *m*—language
idiotez *f*—stupidity
iglesia—church
igualdad *f*—equality
igualitario—egalitarian
Ilustración *f*—Enlightenment
imagen *f*—image
impacientar—to exasperate
impagable—unpayable, invaluable
impartir—to give, to impart
impávido—powerless, weak
impeler—to propel
imperar—to prevail
imperio—empire

imponer—to impose
imposibilitar—to make impossible
imprescindible—essential, indispensable
impreso—printed
improvisado—impromptu, unlikely
impuesto—tax
impugnar—to contest, to challenge
impulsar—to drive, to propel
inabarcable—unmanageable
inadvertido—unnoticed
inagotable—inexhaustible
incansable—tireless
incendio—fire
incertidumbre *f*—uncertainty
incienso—incense
incipiente—early, incipient
incluir—to include
incomodar—to discomfort, to make uncomfortable
incongruencia—incongruence, inequality
incontable—countless
incontenible—unbearable, uncontrollable
incorporarse—to sit up
incrementar—to increase
incremento—increase
inculpar—to accuse
indebido—improper, unlawful
independizarse—to become independent
indeseado—unwanted
indicio—indication, sign
indigenista *m* y *f*—researcher interested in native or indigenous peoples
indignarse—to become indignant
indumentaria—attire
ineficaz—inefficient
inepto—inept
inestable—unstable
infiel—unfaithful
inflamatorio—inflammatory
influjo—influx
influyente—influential
informática—computer information technology
ingeniero—engineer
ingenio—ingenuity, sugar mill
inglés/esa—English

ingresar—to enter, to be admitted
ingreso—income
iniciar—to initiate
iniquidad *f*—iniquity
inmenso—immense
inmerso—immersed
inmigrar—to immigrate
inmutar—to upset
innovador—innovative
inocuo—harmless, innocuous
insaciable—insatiable
inscribirse—to enroll
inseguridad *f*—insecurity
insípido—insipid, weak
insólito—very unusual
instalar—to install
instigador/a—instigator
insurgente *m y f*—insurgent
insurrecto—rebel
insustituible—irreplaceable
integral—brown (rice), whole wheat (bread)
integrante *m y f*—member, constituent
integrar—to integrate
íntegro—necessary, complete
intelecto—intellect
intencionado—deliberate, intentional
intendente *m y f*—administrative chief
intentar—to attempt
intento—attempt
interesar—to interest
interrumpir—to interrupt
intrépido—daring
intrigar—to plot
intrincado—intricate
intrínseco—intrinsic
inundación *f*—flood
inusitado—uncommon, rare
invasor *m*—invader
inventar—to invent
inversión *f*—investment
inversionista *m y f*—investor
invertir—to invest
investigador/a—researcher
invierno—winter

invitado—guest
involucrar—to involve
ir—to go
irlandés/esa—Irish
irreemplazable—irreplaceable
isla—island
istmo—isthmus
izquierda—left
izquierdista *m y f*—leftist

J

jalarse—to get started on, to jump into
jamás—never
jamón *m*—ham
jarabe *m*—syrup
jardín *m*—garden
jardinero derecho—right fielder (baseball)
jaula—cage
jefe/fa—boss, chief
jengibre *m*—ginger
jerárquico—hierarchic
jeroglífico—hieroglyphic
jesuita *m*—Jesuit
jitomate—tomato
joder—to screw up
jodido—all screwed up
jonrón *m*—home run
jornada—workday
joropo—Venezuelan dance
joto—gay, homosexual
joven *m y f*—young; youth
joyas—jewelry
jubilarse—to retire
judío—Jew
juego—game, set
Jueves Santo—Holy Thursday, Maundy Thursday
juez *m*—judge
jugar—to play
juguete *m*—toy
juguetear—to play with, to toy with
junta—military coalition, committee
juntar—to join
juntar cabos—to make ends meet

juramento—oath
justiciero—righteous
justificado—justified
juventud *f*—youth
juzgar—to judge

K

kilómetro cuadrado—square kilometer

L

laberinto—labyrinth
labio—lip
labrador/a—laborer, farmer
lactancia—breast-feeding
ladino—mestizo, one who is not Indian
lado—side
ladrón/ona—thief
lago—lake
lágrima—tear
lana—wool
languidecer—to languish
lanzar—to mount
lápiz *m*—pencil
lápiz labial—lipstick
laquear—to lacquer
largo—long
largo plazo—long term
lastimoso—pitiful
lata—tin, tin can, bother
latifundio—large rural estate
lavado—washing
lavandera—laundry worker, washer woman
lavaplatos—dishwasher
lavar—to wash
laxo—slack, lax
lazo—bond
lealtad *f*—loyalty
lector/a—reader
leche *f*—milk
lechón *m*—suckling pig
lechuga—lettuce
leer—to read

legar—to bequeath
legitimidad *f*—legitimacy
legua—league
lejanía—distance
lejos—far
lema *m*—slogan
lengua—language
lenguaje *m*—language; speech
lentes *m (pl)*—glasses
lentitud *f*—slowness
lento—slow
lepra—leprosy
letrero—sign
levantamiento—uprising
levantar—to raise
levantar el ánimo—to raise one's spirits
levemente—slightly
ley *f*—law
leyenda—legend
libanés/esa—Lebanese
libertad *f*—freedom
libidinoso—lewd
libre—free
libre comercio—free trade
libre derecho—free right
librería—bookstore
libro—book
licencia—license, permission
licenciatura—university degree equivalent to Master of Arts
licorera—decanter
líder *m*—leader
liderazgo—leadership
liga—league
ligado—attached
limeño—from Lima, Peru
limpiar—to clean
limpieza—cleanliness
limpio—clean
lino—linen
lisonjear—to flatter
liviano—thin, slight, light
loable—laudable, praiseworthy
lobo—wolf

locura—insanity
lodo—mud
lograr—to manage, to achieve
logro—achievement
longitud *f*—longitude, length
loro—parrot
los (años) setenta—the seventies
lucero de alba—dawn star
lucir—to shine
lucha—struggle
luchar—to struggle
luego—then
lugareño—villager
lugarteniente *m*—deputy
lujo—luxury
luna—moon
lunes *m*—Monday
luterano—Lutheran
luz *f*—light

LL

llaga *f*—wound, sore
llama—flame
llamada—call
llamar—to call
llamativo—flashy, gaudy, showy
llanura—plain
llegada—arrival
llegar—to arrive
llegar a ser—to become
llenar—to fill
lleno—full
llevar—to carry
llevar a cabo—to carry out
llevar al monte—to take to the hills
llorar—to cry
llover—to rain
lluvia—rain

M

macetero—flowerpot
machista—macho

macho—male
madera—wood
madre *f*—mother
madrina—godmother
madrugada—dawn
madurar—to mature
maestro—teacher
magia—magic
maíz *m*—corn
majadero—idiot, clownish
mal *m*—evil
mal de ojo *m*—evil eye
mal genio—bad character; **de mal genio**—grumpy
mala pata—tough luck
malbaratar—to juggle
maldecir—to swear
maldito—damned
malentendido—misunderstanding
maltratar—to mistreat
maltrecho—beaten up, battered
Malvinas *f (pl)*—Falkland Islands
manada—flock
manco—one-armed
mandar—to order, to send
mandato—command
mandíbula—jaw
mando—command
manejar—to drive
manejos *m (pl)*—operations
maní *m*—peanut
maniático—fussy
manicomio—insane asylum
manifestación *f*—demonstration, riot
manifestar—to show, to reveal, to demonstrate
maniobra—maneuver
maniquí—model, dummy, mannequin
mano *f*—hand
mano de obra *f*—labor, workforce
manojo—handful
manta—blanket
manteca—lard
mantel *m*—tablecloth
mantener—to maintain
mantenimiento—sustenance, upkeep

mañoso—skillful
maquila—assembly-line factory located on the border
maquiladora—small factory or workshop
maquillaje *m*—makeup
máquina—machine
mar *m* o *f*—sea
marcar—to dial
marcial—martial
marchar—to leave
margen *m*—margin
marianismo—Marianism, the veneration of the Virgin Mary
marido—husband
marinera—popular dance of Chile, Peru, and Ecuador
mariposa—butterfly
martirio—martyrdom
más—more
más o menos—more or less
masa—dough, mass
máscara—mask
masón *m*—mason
matar—to kill
mate *m*—tealike beverage brewed from the mate plant
materno—maternal
matiz *m*—shade
mayor—greater, older
mayoral *m*—chief herdsman
mayoría—majority
mecenas *m* y *f*—patron
mecer—to rock
mediador/a—mediator
mediados de—the middle of
mediante—by way of
mediar—to intercede
médico—doctor
medida—measure
medio—half
medioambiente *m*—environment
mediocridad *m*—mediocrity
mediodía *m*—noon
medios—means
medir—to measure
mejilla—cheek
mejor—better, best

mejorar—to improve
melena—hair, mane
mendigo—beggar
menguado—reduced, diminished
menguar—to diminish
menor—least, youngest
mensaje *m*—message
mensual—monthly
mensualidad *f*—monthly payment
menta—mint
mentar—to mention
mente *f*—mind
mentir—to lie
mercader *m*—trader
mercado—market
mercante *m*—merchant
mes *m*—month
mesa—table
mesero de restorán—waiter
meseta—plateau
meta—goal
meter—to put, to place
metro—meter
mezcla—mixture
mezclar—to mix
miedo—fear
miel *f*—honey
miembro—member
mientras—while
mientras tanto—meanwhile
migrar—to migrate
mil—thousand (1,000)
milagro—miracle
milenio—millennium
milicia—militia
militar *m*—military, soldier
milpa—corn
mina—mine
minería—mining
minero—miner, mining
minifalda—miniskirt
ministro—minister
minoría—minority
minoritario—minority

mirada—glance, stare
mirar—to look
misa—mass
misericordioso—merciful
mismo—same
mitad *f*—half
mito—myth
mitológico—mythological
modales *m (pl)*—manners
moderado—moderate
modificarse—to change, to modify
modo—way, method
mofarse de—to mock
molestar—to bother
molestia—bother
monja—nun
monolingüe—monolingual
monstruo—monster
montar—to get into (a car), to mount
morado—purple
morder—to bite
moreno—dark
morir—to die
moro—Moor
mortalidad infantil *f*—infant mortality
mostachón *m*—large moustache
mostrar—to show
moto *f*—motorcycle
movilizar—to mobilize
movimiento—movement
muchacho—boy; **muchacha**—girl
muchedumbre *f*—crowd
muda—change
mudarse—to move
mudo—mute, speechless
mueble *m*—furniture
mueca—grimace
muella—tooth
muelle *m*—wharf
muerte *f*—death
muerto—dead
muestra—display
mugriento—filthy
mujer *f*—woman

mujeriego—womanizer
mulato—mulatto, person of Caucasian and African heritage
multicine *m*—multiplex cinema
mundial—world, worldwide
mundo—world
municipio—municipality
muralista *m* y *f*—mural painter
murallón *m*—large wall
muro—wall
musgo *m*—moss
mutuamente—mutually

N

nacer—to be born
nacimiento—birth
nadie—nobody
narcotraficante *m* y *f*—drug dealer
nariz *f*—nose
narrar—to narrate
natalidad *f*—birth
naturaleza—nature
navaja—dagger
nave *f*—ship
navegar—to sail
Navidad *f*—Christmas
navideño—Christmas
necesitar—to necessitate
negar—to deny
negocios *m (pl)*—business
negro—black
neoyorquino—New Yorker; New York
nepotismo—nepotism
nicaragüense *m* y *f*—Nicaraguan
nido—Nest
niebla—fog
nieve *f*—snow
niñera—nanny
niñez *f*—childhood
niño—child, boy; **niña**—child, girl
niquelado—nickel plated
nitrato *m*—nitrate
nivel *m*—level

no obstante—nevertheless, however
noche *f*—night
nombramiento—appointment
nombrar—to appoint
nombre *m*—name
nordeste—northeast
nórdico—Nordic
norma—norm, standard
norte *m*—north
norteamericano—(North) American
norteño—northern; northerner
nota—grade
noticias *f (pl)*—news
novedad *f*—novelty, piece of news
novedoso—innovative
novela radiofónica—radio soap opera
novio—boyfriend; **novia**—girlfriend
nube *f*—cloud
nuca—nape of the neck
nudo—knot
nuera—daughter-in-law
Nuevo Mundo—New World
nunca—never

O

obesidad *f*—obesity
obispo—bishop
objetivo—objective
oblea—wafer used in the Mass
obligar—to oblige, to force
obra—work
obra de teatro—play
obrero—worker
obsequiar—to present, to give
obstáculo—obstacle
obstante; no obstante—nevertheless
obtener—to obtain
oca—goose
ocioso—idle
ocultar—to hide
ocupar—to occupy
ocuparse de—to look after, to deal with
oda—ode

odiar—to hate
oeste *m*—west
oficiante *m y f*—officiant
ofrecer—to offer
ogro—ogre
oído—ear
oír—to hear
ojeada—glance
ojera—bag under the eye
ojeroso—haggard, with bags under the eyes
ojo—eye
ola—wave
oleada—wave
oleoducto—oil pipeline
oler—to smell
olor *m*—smell, odor
olvidar—to forget
olvido—forgetfulness
olla—pot
onda—wave
ondulación—undulation
ondulante—undulating
onírico—dream
onomástico—relating to names; name day, saint's day
opaco—opaque
oponer—to oppose
opositor/a—opponent, candidate
oprimir—to oppress
optar—to opt, to choose
oración *f*—prayer, sentence
orador/a—orator, speaker
orden *m*—order; *f*—religious order
ordenado—ordained
ordenamiento—legislation
ordenar—to order
oreja—ear
orfebrería—silver- and goldsmithing
orfelinato—orphanage
organillo—barrel organ
orgullo—pride
orgulloso—proud
origen *m*—origin
oriundo—native
oro—gold

orquídea—orchid
oscilación *f*—fluctuation
oscuridad *f*—darkness
oscuro—dark
oso—bear
otomano—Ottoman
otoñal—autumnal
otorgar—to award, to present
oveja—sheep

P

pacífico—peaceful
pactar—to agree to, to strike a deal with
padecer—to suffer
padre *m*—father
padres *m (pl)*—parents
padrino—godfather
paga—pay (television)
pagadero—payable
pagar—to pay
pago—pay
país *m*—country
paisaje *m*—landscape
paja—straw
pájaro—bird
palabra—word
paladín *m*—champion
pálido—pale
paloma—dove
panqueque *m*—pancake
pantalón *m*—trousers, pants
pantalla—screen
pantano—swamp, marsh
pañal *m*—diaper
paño—cloth, material
papa—potato
Papa *m*—Pope
papel *m*—paper, role
papelero—wastepaper basket
paquete *m*—package
par *m*—couple, pair
para—for
paradigma *m*—paradigm, example

paradoja—paradox
paraguas *m*—umbrella
paraíso—paradise
parar—to stop
parecer—to seem
parecido—similar
pared *f*—wall
pareja—couple
parentela—family, relations
parentesco—relationship
pariente/a—relative
párpado—eyelid
parque *m*—park
parrilla—grating, barbeque
parsimonia—deliberation, calmness
partera—midwife
particular—private, particular
partidario—supporter, partisan
partido—party, match
partir—to leave; **a partir de**—starting with
parto—birth
pasado—past
pasaje *m*—passage, ticket, fare
pasar por alto—to ignore
Pascua—Easter
pasillo—aisle, hallway
paso—step
pata—foot, paw
patata—potato
patente *f*—license plate number (of car)
paterno—paternal
patetismo—pathos
pato—duck
patria—homeland, native country
patria potestad *f*—patriarchal right
patricio—patrician
patrocinar—to sponsor
patrón/ona—owner
paupérrimo—impoverished
pavimento—pavement
pavo—turkey
payaso—clown
payo—peasant
paz *f*—peace

pebre *m*—Chilean condiment
pecar—to sin
pecho—chest
pedestre—on foot, run-of-the-mill
pediatra *m y f*—pediatrician
pedir—to ask for
pedir cuenta—to call to account
pegar—to hit, to strike
peinado—groomed, hairdo
peldaño—step, rung
pelear—to fight
película—movie, film
pelo—hair
pelota—ball
peludo—hairy
peluquero—hair stylist
peluquín *m*—toupee
pena—punishment, sorrow
pendiente—pending, outstanding
pensador/a—thinker
pensamiento—thought
pensar—to think
pensión estudiantil *f*—student boarding house
penumbra—semidarkness
penuria—penury, poverty
peón *m*—unskilled laborer
peor—worse
pepenador/a—homeless person
pequeño—little, small
perder—to lose
perderse—to get lost
pérdida—loss
perdurar—to endure, to last
perecedero—perishable
perecer—to perish
perenne—perennial, lasting
perfeccionar—to perfect
perfil *m*—profile
periódico—newspaper
periodismo—journalism
periodista *m y f*—reporter
peripecia—incident
perito—expert, technician
perjudicar—to harm, to damage

perla—pearl
permiso—permission
personaje *m*—character
pertenecer—to pertain, to belong
pértiga—pole
pertrechos *m (pl)*—supplies, gear
peruano—Peruvian
perro—dog
pesar—to weigh
pese a—despite, in spite of
pesimismo—pessimism
peso—weight
pestaña—eyelash
petrolífero—oil
pez *m*—fish
piadoso—pious
piafante—stampeding
picado—sting
pico—beak
pie *m*—foot
piedra—stone
piel *f*—skin
pierna—leg
pieza—piece
pimentón *m*—paprika
pino—pine tree
pintor/a—painter
pintoresco—picturesque
pintura—painting
pipa—pipe
pirata informático *m*—computer hacker
pisar—to walk upon, to tread on
piscina—pool
piso—floor
pitillera—cigarette case
pizca—pinch
placer *m*—pleasure
plagar—to plague
planchado—ironing
planchadora—ironer
planchar—to iron
planear—to plan
plano—flat
planta—plant

plata—silver, money
plataforma—platform
plátano—plantain
platería—silversmithing
plato—dish
playa—beach
plebeyo—plebian
pleito—lawsuit
pleno—full, complete
plenitud *f*—completeness, fullness
pliegue *m*—fold
plomero—plumber
pluma—feather
pluralidad *f*—diversity, plurality
población *f*—population
poblar—to populate
pobre—poor
pobreza—poverty
poco—little; *(pl)*—few
poco a poco—little by little
poder *m*—power
poder *v*—to be able to
poderoso—powerful
poesía—poetry
polémica—disagreement, controversy
polemizar—to debate, to argue
polígamo—polygamous
politeísta *m* y *f*—polytheist
política—politics, policy
político—politician
póliza—policy
polvear—to dust
polvo—dust
polvoriento—dusty
pollo—chicken
poner—to put, to place
poner a salvo—to put in a safe place
poner de relieve—to highlight
poner en tela de juicio—to call into question
poner fin—to put an end
ponerse de pie—to stand up
ponzoña—venom, poison
popoff—ancient, high-class
por—by, for

por ciento—percent
por doquier—everywhere
por eso—therefore, accordingly
por lo general—generally
por lo menos—at least
por lo tanto—accordingly, therefore
por su cuenta—on one's own
por un lado—on the one hand
porcentaje *m*—percentage
porcino—pig
poroso—porous
porotos granados—a Chilean bean dish
portarse—to behave oneself
portátil—portable
portavoz *m* y *f*—spokesperson
portero—doorman
postgrado—graduate student
postre *m*—dessert
postura—posture, position
potencia—power
práctica—practice
precio—price
precipitar—to precipitate, to hasten
precolombino—pre-Columbian
predilecto—favorite
predicar—to preach
prejuicio—prejudice
premiar—to award
premio—prize, award
prenda—garment, article of clothing
prender—to turn on, to light
prensa—press
preponderar—to prevail
presión *f*—pressure
presionar—to put pressure on
preso—prisoner
préstamo—loan
prestanombre *m*—front man
prestar—to borrow, to lend
prestigio—prestige
pretender—to aspire to, to attempt, to claim
pretendiente *m* y *f*—candidate, pretender
prevaleciente—prevalent
prevenir—to prevent, to warn

previsión *f*—precaution, forecast
previsor—prudent, farsighted
prieto—tight
prima—cousin, insurance premium
primado—primate
primero—first
primo—cousin
principios de—beginning of
prisionero—prisoner
privado—private
privilegiado—privileged
probar—to prove, to taste, to sample
procedencia—origin
proceder *m*—conduct, behavior
proceder *v*—to proceed
prócer *m*—dignitary
proclamar—to proclaim
pródigo—extravagant, lavish, prodigal
proeza—exploit, deed
prófugo—fugitive
profundo—deep, profound
progenitor/a—parent
progresista *m y f*—progressive
prohibir—to prohibit
prole *f*—offspring
promedio—average
promesa—promise
prometedor—promising
promotor/a—promoter, instigator
promover—to set up, to promote
promulgación *f*—promulgation, enactment
pronosticar—to predict, to forecast
pronto—soon
propagar—to spread
propasar—to exceed, to go too far
propicio—favorable
propiedad *f*—property
propiedad privada—private property
propietario—owner
propio—own
proporcionar—to allocate
propósito—purpose
prosa—prose
protectorado—protectorate

proteger—to protect
proveer—to supply, to provide
proveniente—coming from
provenir de—to come from
provincia—province
provinciano—provincial
próximo—next
proyectar—to project
proyecto—project
prueba—quiz, test, proof
psíquico—psychic
publicar—to publish
¡pucha!—Good heavens!
pudiente—well-off, wealthy
pudor *m*—shame
pueblerino—village
pueblo—village
puente *m*—bridge
puerta—door
puerto—port
puertorriqueño—Puerto Rican
puesto—position
puesto que—because
pujanza—vigor, strength
pulpo—octopus
punta—point
punto—dot
punto de vista—point of view
puntual—on time, reliable
punzar—to stab
puñado—fistful
puñal *m*—dagger
puño—fist
pureza—purity
purgar—to purge

Q

quebradizo—frail, brittle
quebrantar—to break
quedar—to be left
quedarse—to remain, to stay
quehacer *m*—task
queja—complaint

quejarse—to complain
quemar—to burn
querida—girlfriend
queso—cheese
quiebra—villa, farm
quietud *f*—quietness
quinta—bankruptcy
quintacolumnista *m* y *f*—traitor
quitar—to take off, to remove
quizás—perhaps

R

rabieta—temper tantrum
radicarse—to settle, to establish roots, to live
raíz *f*—root
ramillete *m*—bouquet, bunch
rana—frog
ranchera—Mexican dance
rápido—quick
rara vez—rarely
raro—strange
rascacielo—skyscraper
rascar—to scrape, to scratch
rasgo—trait, feature
ratico—a short while
raya—dash
rayo—ray, beam
raza—race
razón *f*—reason
reaccionar—to react
reaccionario—reactionary
reafirmar—to reaffirm
real—royal, real
realista *m* y *f*—royalist
realizar—to fulfill, to make happen
reato—harness
rebajar—to humiliate, to humble, to reduce
rebaño—flock
rebelarse—to rebel
rebote *m*—rebound, bounce
recapturar—to recapture
recelo—suspicion, mistrust
receta—recipe

recetar—to prescribe
recibir—to receive
reciente—recent
reclamar—to demand, to ask for
recobrar—to recover
recocer—to stew
recoger—to gather
recolector/a—gatherer
recompensa—recompense
recóndito—hidden, secret
reconocer—to recognize
recordar—to remember
recortado—cut, jagged
recorrer—to travel through, to cover
recurso—resource
recurrir—to turn to, to resort to
rechazar—to reject
rechoncho—chubby
red *f*—net
Red *f*—the Internet
redactar—to draft, to write up
redondo—round, great *(sl.)*
reducción *f*—parish, mission
reducir—to reduce
reelegir—to reelect
reemplazar—to replace
refinamiento—refinement
refinería—refinery
reflejar—to reflect
reforma—reform
reforzar—to reinforce
refregar—to scrub, to rub
refresco—refreshment, soft drink
refrigerador *m*—refrigerator
regalar—to offer as a gift
regalo—gift
regañar—to tell off, to argue, to scold
regir—to rule, to govern
registrar—to search, to register
regla—rule
reglamentar—to regulate, to impose rules upon
regresar—to return
regreso—return
rehén *m*—hostage

rehusar—to refuse
reina—queen
reinante—ruling, reigning
reinar—to reign
reino—kingdom
reírse—to laugh
reiterar—to repeat
reivindicación *f*—claim, demand
relampazgo—flash of lightening
relato—tale
religioso—religious, member of a religious order
reloj *m*—watch
relleno—filling
remanente *m*—surplus
remolón—lazy, apathetic
renacimiento—renaissance
rencor *m*—resentment, bitterness
rendir—to surrender
rendir pleitesía—to submit, to obey
renombre *m*—renown, fame
renovar—to renew
renumeración *f*—recompense
renunciar—to renounce
reparo—objection
repartir—to distribute, to partition
repasar—to review
repentinamente—suddenly
repentino—sudden
reponerse—to recover
reportaje *m*—report, article
reportero—reporter
representación *f*—representation, performance
representar—to represent, to perform
reptar—to crawl
repudiable—disowned
requerer—to require
requisito—requirement
resbalar—to slip, to slide
rescatar—to ransom
resentimiento—resentment
resfriado—chilly; **estar resfriado**—to have a cold
resguardo—secret, protected
residir—to reside, to live with
respaldar—to support, to back

respaldo—back
respetar—to respect
respirar—to breath
responder—to respond
respuesta—response
resquejabrado—cracked
restablecer—to reestablish
restos *m (pl)*—remains, leftovers
restregar—to rub
restringir—to restrict
resultado—result
resurgir—to revive
retener—to retain
retirada—retreat
retirarse—to withdraw
retocarse—to retouch
retorno—return
retratar—to portray
retrato—portrait
retroceder—to back up
reunión *f*—meeting
reunirse—to meet
revalorizar—to reassess, to increase the value of
revestimiento—covering
revista—magazine
revuelta—setback
rey *m*—king
Reyes Magos *m (pl)*—Three Kings Day (January 6)
rezar—to pray
ribera—bank, shore
rienda—rein
riesgo—risk
rincón *m*—corner
río—river
riqueza—riches, wealth
ritmo—rhythm
rito—rite
rivalidad *f*—rivalry
rivalizar—to rival, to compete with
rizado—curly
robar—to steal
roca—rock
rocoso—rocky
rodaja—slice

rodar—to roll
rodear—to surround
rodilla—knee
rogar—to plead, to beg
rojo—red
romper—to break
ron *m*—rum
ropa—clothing
ropa de mezclilla—light garment woven from
    different types of thread
rostro—face
rotación *f*—rotation, circle
roto—broken, torn
rótulo—sign, title
rotundo—round
rubio—blond
rudeza—coarseness
rudo—coarse, rough
rueda—wheel
ruina—ruin
rumbo—direction, course
rumor *m*—rumor, sound
ruptura—rupture, break
ruta—route
rutina—routine

S

sábado—Saturday
sabana—savannah
saber—to know
sabido—known
sabroso—tasty
sacar—to take out, to remove
sacar de quicio—to drive one crazy
sacerdote *m*—priest
sagrado—sacred
sal *f*—salt
sala de concierto—concert hall
salchicha—sausage
salir bien—to do well
saltar—to jump (over)
salto—jump
saludar—to greet

saludo—greeting
salvaje—savage
salvo—except
sandalia—sandal
sánduiche *m*—sandwich
sangrar—to bleed
sangre *f*—blood
sangriento—bloody
sano—healthy
santiaguino—from Santiago, Chile
santo—saint
santo patrón—patron saint
santuario—sanctuary
sarampión *m*—measles
sargazo—gulfweed
secador *m*—dryer
secar—to dry
secuaz *m y f*—minion
secuela—consequence, aftermath
secuestrar—to kidnap
secundar—to support, to back
sed *f*—thirst
sedante *m*—sedative
seductor—seductive, attractive
seguidor/a—follower
seguir—to follow, to continue
según—according to
seguridad *f*—certainty, safety
seguro—safe, secure, insurance
seiscientos—the sixteen hundreds
selva—jungle
selvático—forest, jungle
sellar—to seal
semáforo—traffic light
semana—week
sembrar—to sow
semejante—similar
semejanza—similarity
semilla—seed
sencillo—simple
sensibilidad *f*—sensitivity, feeling
sentido—sense
sentirse—to feel
señal *f*—sign

señalar—to point out
separarse—to move away
sequía—drought
ser *m*—being
serenata—serenade
serpiente *f*—snake
servidor/a—servant
servilismo—subservience
servir—to serve
setecientos—the seventeen hundreds
setenta, los (años)—the seventies
sexto—sixth
siempre—always
sien *f*—temple
siervo—servant
sierra—mountain range
siglo—century
significado—meaning
signo de interrogación—question mark
siguiente—following
silvestre—wild
silla—chair
sillón *m*—armchair
simplista—simplistic
sin—without
síndrome *m*—syndrome
sin embargo—nevertheless
sin lugar a dudas—without a doubt
sindicato—labor union
siniestro—sinister
sino—but
síntoma *m*—symptom
sirvienta—servant
sitio—place
siútico—tacky
soberanía—sovereignty
soberano—sovereign
soberbia—pride
soborno—bribe, bribery
sobrar—to be left over, to spare
sobre—about
sobrellevar—to bear, to endure
sobremesa—period after a meal
sobrenatural—supernatural

sobreponer—to overcome
sobresaliente—outstanding
sobresalir—to excel
sobrevivir—to survive
sobrino—nephew; **sobrina**—niece
sociedad *f*—society
socio—member, partner
socorrer—to help
socorro—help
sofocar—to suffocate
sol *m*—sun, monetary unit of Peru
solazar—to amuse, to entertain
soldado—soldier
solemnidad *f*—solemnity
soler—to be in the habit of
solicitar—to request, to apply for
solitario—solitary, lonely
soltero—bachelor
sollozar—to sob
sombrío—gloomy
someter—to submit
sonar—to make noise, to sound
sonreír—to smile
sonriente—smiling
sonrisa—smile
soñador/a—dreamer
soñar (con)—to dream (about)
soplar—to blow
sorber—to sip
sorbo—sip
sordo—deaf
sorprendente—surprising
sorprender—to surprise
sospechar—to suspect
sostén *m*—support, bra
sostener—to sustain, to propose
suave—soft
suavizar—to soften
subir—to raise, to go up, to climb
súbito—sudden
sublevación *f*—uprising
subrayar—to underscore
subyugar—to subjugate
Sudamérica—South America

sudar—to sweat
sudeste *m*—southeast
sueldo—salary
suelo—floor
sueño—dream
suerte *f*—luck
suéter *m*—sweater
sufragio—suffrage
sufrir—to suffer
sugerir—to suggest
suicidarse—to commit suicide
sumergir—to submerge
suministrar—to supply
sumir—to sink
superación *f*—improvement, progress
superar—to outdo
superávit *m*—surplus
superficie *f*—surface
supermercado—supermarket
suplicar—to plead
suprimir—to suppress
sur *m*—south
surcado—furrowed
surrealismo—surrealism
suspicacia—suspicion
suspirar—to sigh
susto—fright
sustraer—to subtract

T

taberna—tavern
tabla—plank, board
tablero—game board
tablón *m*—plank, large board
tal como—such as
tal vez—perhaps
taladrar—to drill, to bore
talento—talent, intelligence
taller *m*—workshop
tamaño—size
también—also
tambor *m*—drum
tampoco—neither

tanto como—as well as, as much as
tapete *m*—runner
taquigrafía—shorthand
tarde *f*—afternoon
tardón/ona—person who is unpunctual or habitually late
tarea—work, task
tarjeta—card
tarjetahabiente *m* y *f*—cardholder
tasa—rate
taxista *m* y *f*—taxi driver
taza—cup
té *m*—tea
techo—roof
tejer—to weave, to knit
tejido—weaving, knit cloth, garment
tela—cloth
tele *f*—television
telefonazo—ring
telenovela—television soap opera
telefónico—by telephone
televidente *m* y *f*—television viewer
televisor *m*—television set
telúrico—terrestrial, earthy
tema *m*—theme, subject
temer—to fear
temible—fearsome
temido—feared
temor *m*—fear
templo—temple
temporada—season
temprano—early
tenaza—pliers
tender—to tend, to stretch out, to hand
tenedor *m*—fork
tener—to have
tener en cuenta—to take into account
tener éxito—to be successful
tener ganas de—to feel like
tener lugar—to take place
tener razón—to be right
teniente *m*—lieutenant
tentación *f*—temptation
tentar—to tempt

tenue—fine, tenuous
tercermundista *m y f*—of the Third World
tercio—third
término—term, end
ternura—tenderness
tertulia—meeting, get-together, conversation group
terraplén *m*—embankment
terrateniente *m y f*—landowner
terraza—terrace
terremoto—earthquake
terreno—terrain, land, piece of property
territorio—territory
tesón *m*—tenacity
tesoro—treasury
tetero—baby bottle
tibio—warm
tiburón *m*—shark
tiempo—time
tierra—land
tierra baja—lowlands
tiesto—flowerpot
tinieblas *f (pl)*—darkness
tinto—red (wine)
tintorería—dry cleaner
tío—uncle; **tía**—aunt
tipo—type, guy
tira nacos—tobacco colored
tiranía—tyranny
tirano—tyrant
tirar—to throw
títere *m*—puppet
tocar—to touch; **tocar** + *verb*—to be responsible for + *verb*
todavía—still
todo—all
tolerancia—tolerance
tomar—to take
tomate *m*—tomato
tonelada—ton
tono—tone
tontería—foolishness
toque de queda *m*—curfew
tormenta—storm
tornarse—to become

tornasolado—iridescent
torvo—fierce
torreón *m*—large fortified tower
tos *f*—cough
totalidad *f*—entirety, totality
trabajador/a—worker
trabajar—to work
trabajo—work, labor
traducir—to translate
traer—to bring
traficar—to traffic, to deal in
tragafuego—fire eater
trago—gulp
traición *f*—treachery, betrayal
traicionar—to betray
traje *m*—clothing, costume, outfit
tramar—to plot
tranca—bar, cudgel
tranco—stride
trapo—rag
tras—behind, because of
trasero—rear, back
trasladar—to relocate, to transfer
traslúcido—translucent
trasluz *m*—reflected light
tratadista *m y f*—essayist, treatise writer
tratado—treaty
tratamiento—treatment
tratar—to treat, to deal with
tratar de—to try to; **tratarse de**—to be about
travesía—crossing
trazar—to draw, to trace
tregua—truce, break
treinta—thirty
tren *m*—train
trenza—tress, plait of hair, braid
trenzado—plaited
tribu *f*—tribe
tripas—intestines, guts
triplarse—to triple
triste—sad
tristeza—sadness
triunfo—triumph
tronco de negocio—some deal

trono—throne
tropa—troop
trozo—extract, excerpt
truculento—horrifying, terrifying
tubo—pipe
tuerto—one-eyed
tumba—tomb
tumefacto—swollen
túnica—tunic
turbante *m*—turban
turbar—to disturb, to upset
turbio—cloudy, turbulent
tutear—to address someone in the familiar form of *you* (*tú*)
tutela—guardianship

U

ubicar—to locate
ubicuo—omnipresent, ubiquitous
última unción *f*—last rites
último—last
umbral—threshold, bounds
una vez—once
unir—to unite
unirse—to unite, to come together
universidad *f*—university
universitario—university
uña—fingernail
urdimbre *f*—warp
usuario—user
usurpador/a—usurper
útil—useful

V

vaca—cow
vaciar—to empty
vacilar—to hesitate
vacío—empty
vagabundo—tramp, vagabond
valer—to be worth; **valerse de**—to make use of
valioso—worthy, valuable
valor *m*—value

valorización *f*—appreciation
valla—fence, hurdle
valle *m*—valley
variado—varied, assorted
variante *f*—variation, version, variant
varón *m*—male, man
vasija—clay vessel
vaso—glass
vecino—neighbor
vedar—to prohibit
vejez *f*—old age
vela—candle
velatorio—wake
veleidades *f (pl)*—whims, frivolities
veleidoso—capricious
velo—veil
velocidad *f*—speed
veloz—swift
vello—down, hair
vena—vein
vencer—to conquer, to vanquish
vender—to sell
venerado—venerated
venezolano—Venezuelan
vengarse—to avenge
vengativo—vengeful
venir—to come
venir a menos—to go downhill
venir de una mala—to come through a rough time
venta—sale
ventaja—advantage
ventana—window
ventanal *m*—large window
ver—to see
verano—summer
verdad *f*—truth
verdadero—true
verde—green
verdura—vegetable
vereda—path
vergüenza—shame
verídico—true
vertiginosamente—dizzily
vestíbulo—entrance hall, vestibule

vestigio—vestige
vestimenta—wardrobe, clothes
vestir—to dress
vez—time
vía—way, route
viajar—to travel
viaje *m*—voyage, trip
vibrante—shaking
vicio—vice
víctima—victim
vida—life
vidrio—glass
viejo—old
viento—wind
viernes *m*—Friday
vigencia—validity
vigente—in force, in use
vigilar—to watch over
vigilia—vigil
vínculo—link
vino—wine
viña—vineyard
violación—rape
violar—to violate, to rape
virreinato—viceroyalty
virrey *m*—viceroy
visitador/a—representative
visitador/a social—social worker
visitante *m* y *f*—visitor
visitar—to visit
vislumbrar—to glimpse
viso—glint
vista—sight, view
vista gorda—blind eye
vistazo—glance
vitrina—display case, showcase
viudo—widower; **viuda**—widow
víveres *m (pl)*—provisions, supplies
vivienda—housing
viviente—living
vivir—to live
vocablo—word, term
vociferante—vociferous, shouting
volante—flying

volar—to fly
volcán *m*—volcano
voluntad *f*—will
volver—to return; **volverse**—to become
voraz—voracious
votante *m* y *f*—voter
votar—to vote
voz *f*—voice
vuduista *m* y *f*—one who practices voodoo
vuelo—flight
vuelta—return
vulgata—Vulgate, official party line
vulnerar—to wound

Y

y—and
ya—already
ya que—since
yanqui *m* y *f*—Yankee
yema—yolk, fingertip
yerba—herb, grass
yerno—grandson
yídich *m*—Yiddish (language)
yodotánico—containing iodine

Z

zaguán *m*—vestibule
zapato—shoe
zarpa—paw, hand
zona—zone

Credits and Acknowledgements

Photo Credits

p.1, Gianni Dagil Orti/Corbis; p.5, Latin Focus; p. 7, Charles & Josette Lenars/Corbis; p. 13, Stephanie Colasanti/Corbis; p. 16, MAS; p. 27, Courtesy of the OAS; p. 32, Reproduced with permission of the General Secretariat of the OAS; p. 39, Hulton Getty Picture Library; p. 42, AFP/Corbis; p. 45, Bettmann/Corbis; p. 59, Center, Owen Franken/ Corbis; p. 59, Upper left, Alison Wright/Corbis; p. 59, Upper right, The Purcell Team/Corbis; p. 59, Lower left, Sean Sprague/Stock Boston; p. 59, Lower right, Peter Menzel/Stock Boston; p. 68, Craig Lovell/Corbis; p. 74, Renzo Gostoll/AP Photo/Wide World Photos; p. 87, Jim Whitmer/Stock Boston; p. 91, Sean Sprague/Stock Boston; p. 94, Peter Menzel/Stock Boston; p. 111, Owen Franken/Corbis; p. 114 Ed Malitsky/The Liason Agency; p. 117, Catherine Karnow/Corbis; p. 120, Beryl Goldberg; p. 123, Chip & Rosa Maria de la Cueva Peterson; p. 124, Bettmann/Corbis; p. 137, Owen Franken/Corbis; p. 140, Anne Hodalic/The Liason Agency; p. 143, Ulrike Welsch; p. 146, Layle Silbert; p.150, Jeff Albertson/Stock Boston; p. 152, Tiziana & Gianni Baldizzone/Corbis; p.154, Ulrike Welsch; p. 156, Will & Deni McIntyre/PhotoResearchers Inc.; p. 177, AFP/Corbis; p. 183, AFP/Corbis; p. 187, Sean Sprague/Stock Boston; p. 205, Ulrike Welsch; p. 209, Danny Lehman/Corbis; p. 211, Tim Mosenfelder/Corbis; p. 212, Spencer Grant/Stock Boston; p. 215, Ulrike Welsch; p. 219, Spencer Grant/Stock Boston; p. 220, AFP/Corbis.

Literary Credits

Pablo Neruda: "Cortés" and "Cita de cuervos" (vol. Canto General), @1950 reprinted with the permission of Agencia Literaria Carmen Balcells, S.A.; Gabriel García Márquez: extract from "El general en su laberinto", @1989 reprinted with the permission of Agencia Literaria Carmen Balcells, S.A.; Elisabeth Burgos: extract from "Me llamo Rigoberta Menchú", @1985 reprinted with the permission of Agencia Literaria Carmen Balcells, S.A.; Luis Zalamea: "Obertura" permission from author; Marjorie Agosín: selections from "Sargazo" and "Círculos de locura" permission from author; Bárbara Mujica: "Cómo ser una abuela «hip»" permission from author; Elizabeth Subercaseaux: "Las diez cosas que una mujer en Chile no debe hacer jamás" permission from author; Ana Teresa Torres: "Vagas desapariciones" permission from author; Jaime Collyer: "Dios, que está en tantas partes" permission from author Plinio Apuleyo Mendoza, Carlos Alberto Montaner, Álvaro Vargas Llosa: "Retrato de familia" from *Manual del perfecto idiota latinoamericano* reprinted with the permission of Plaza & Janes Editores, S.A.; Carlos Fuentes: "La frontera de Cristal" reprinted with the permission of Agencia Literaria Carmen Balcells, S.A.

Índice general